教育追寻美好又完整的人

宁夏生态移民子女教育支持研究

孟 筱 ◎ 著

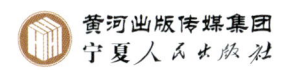

黄河出版传媒集团
宁夏人民出版社

图书在版编目（CIP）数据

宁夏生态移民子女教育支持研究 / 孟筱著. ——银川：宁夏人民出版社，2024.10. ——ISBN 978-7-227-08060-2

Ⅰ. D632.4；G527.43

中国国家版本馆 CIP 数据核字第 2024WM0093 号

宁夏生态移民子女教育支持研究

孟　筱　著

责任编辑　　管世献
责任校对　　陈　浪
封面设计　　沈家菡
责任印制　　侯　俊

黄河出版传媒集团
宁夏人民出版社　出版发行

出　版　人　　薛文斌
地　　　址　　宁夏银川市北京东路139号出版大厦（750001）
网　　　址　　http://www.yrpubm.com
网 上 书 店　　http://www.hh-book.com
电 子 信 箱　　nxrmcbs@126.com
邮购电话　　0951-5052104　5052106
经　　　销　　全国新华书店
印刷装订　　宁夏银报智能印刷科技有限公司
印刷委托书号　（宁）0031115

开本　　720 mm×980 mm　1/16
印张　　19
字数　　270 千字
版次　　2024 年 10 月第 1 版
印次　　2024 年 10 月第 1 次印刷
书号　　ISBN 978-7-227-08060-2
定价　　50.00 元

版权所有　　侵权必究

目 录

绪 论

第一节　研究背景……………………………………………003
第二节　研究目的及意义……………………………………009
第三节　文献综述……………………………………………011
第四节　研究思路与研究方法………………………………019
第五节　核心概念与理论基础………………………………027

第一章　移民子女教育的历史考察

第一节　国外移民子女教育…………………………………046
第二节　国内移民子女教育…………………………………057
第三节　宁夏生态移民子女教育……………………………062

第二章　宁夏生态移民子女教育的田野观察

第一节　移民"吊庄"…………………………………………085

第二节　走进J村 ……………………………………………… 087
第三节　J村小学教育图景 …………………………………… 092

第三章　移民政策与生态移民子女教育

第一节　物质支持与移民子女教育 …………………………… 108
第二节　学校建设与移民子女教育 …………………………… 114
第三节　环境变迁与移民子女教育 …………………………… 129

第四章　文化变迁与生态移民子女教育

第一节　物质文化对移民子女教育影响 ……………………… 140
第二节　精神文化对移民子女教育影响 ……………………… 149
第三节　制度文化对移民子女教育影响 ……………………… 158

第五章　生态移民子女教育支持若干问题的思考

第一节　纠结于扎根或离土矛盾中的教师 …………………… 171
第二节　迷茫于理想与现实困惑中的学生 …………………… 175
第三节　摇摆在应试教育与素质教育之间的课程与教学 …… 180
第四节　断裂在家庭、学校与社会之间的教育责任 ………… 187
第五节　迷失在追赶或守望中的教育期待 …………………… 192

第六章　生态移民子女教育支持体系建构

第一节　生态移民子女教育支持的价值意蕴……………………………204
第二节　生态移民子女教育支持体系建构的目标任务……………………220
第三节　生态移民子女教育支持体系建构的方法原则……………………236
第四节　生态移民子女教育支持体系设计…………………………………247

参考文献………………………………………………………………………277
附录　访谈提纲………………………………………………………………294
后记……………………………………………………………………………298

绪 论

绪 论

第一节　研究背景

教育担负着传播知识、传播思想、传播真理的重要使命，肩负着塑造灵魂、塑造生命、塑造时代新人的历史重任。教育关注人的全面发展，包括人的活动及人的需要和能力的全面发展，人的社会关系的丰富和人的个性的全面发展。教育的目标就是使每一个受教育者在体魄、知识、精神、智趣、人格等各方面得到全面提升。

宁夏西海固地区是国家最早实施区域性扶贫开发的"三西"地区之一，也是最早采取易地扶贫搬迁方式探索政策性移民的地区。早在1983年，宁夏按照"以川济山，山川共济"的战略要求和扶贫开发政策成功实施了吊庄移民，其后又陆续实施了"1236"工程、易地扶贫搬迁试点、宁夏中部干旱带县内生态移民、宁夏"十二五"中南部地区生态移民、宁夏"十三五"易地扶贫搬迁移民，先后实施6次有计划、有组织的大规模开发式移民，累计搬迁100多万贫困群众，约占宁夏总人口的1/6。移民搬迁工程的实施，逐步解决了宁夏西海固地区土地负载人口超载及贫困问题，而人口迁移也使生态环境得到修复与保护。40多年来，移民群众的生活发生了很大变化，他们搬迁到近城、靠水的移民安置区安家落户，成功实现"迁得出"；政府加大基础设施建设、加强社会管理，使搬迁移民站稳脚跟，成功实现"稳得住"；在此基础上，政府积极落实惠民政策，不断培育产业、促进就业，帮助移民脱贫致富。在致富的道路上，教育作为阻断贫困代际传递的重要途径，具有自身独特价值和不可替代性，它赋予人们知识技能，通过提升贫困人口科学文化素质，帮助贫困群众掌握脱贫致富的技能本领，从源头上激发脱贫内生动力。2015 年，《中共中央 国务院关于打赢脱贫攻坚战的决定》提出了包括教育支持在内的六种精准扶贫方式，并具体阐明了着力加强教育脱贫一系列行动计划。

调研发现，移民家庭对下一代持有较高的教育期望，"俺们没啥希望就来学校看个大门，这些娃娃们有前途"（2021 年 7 月 18 日，学校门卫的访谈记录）。"最早父母那辈人吊庄移民过来，条件很艰苦，这边风沙大，就连吃饭碗里都有沙子，只能依靠自己艰苦奋斗，开垦土地、学手艺，就是为了供我们几个上学"（2021 年 11 月 4 日，与 F 教师访谈记录）。关注生态移民子女，发展更加公平更有质量的教育，通过教育支持提升移民新生代综合素质能力，是促进移民可持续发展和社会全面进步的重要课题。

一、公平而有质量的教育是新历史方位下的美好教育愿景

公平而有质量的教育是新时代教育的新使命。党的十九大报告指出，"我国社会主要矛盾已经转化为人民日益增长的美好生活需要和不平衡不充分的发展之间的矛盾"。新的历史方位下，社会主要矛盾的转化在教育领域体现为人民日益增长的高质量教育需求和教育发展不平衡不充分之间的矛盾。宁夏作为西部地区、民族地区，受自然条件、历史因素、资源禀赋的影响，城乡、山川发展不协调的问题突出，与东部发达省份的发展差距也在拉大，特别是教育领域公共服务的差距，直接影响着群众的幸福指数。移民搬迁作为扶贫的有效方式，2020 年 12 月宁夏第十二届十二次党代会提出了"四大提升行动"，其中就包括百万移民致富提升行动和基础教育质

量提升行动。聚焦生态移民子女教育问题，就是将关注移民和关注教育相结合，通过教育实现移民子女在学业成就、个性发展、品格塑造等方面不断提升，把发展公平优质的教育作为教育改革的核心任务，以更加公平更有质量的美好教育生活促进移民子女全面发展和移民家庭可持续发展。

二、教育扶贫是阻断贫困代际传递的治本之策

贫困不仅是一种经济现象，更是一种文化现象。贫困不仅表现为经济方面的贫困，更表现为文化方面的贫困。扶贫不仅要扶经济，更要扶文化、扶教育。党的十九大报告指出，扶贫要同扶智、扶志相结合，将提升贫困人口的积极性、主动性、创造性摆在了更加突出的位置。美国人类学家奥斯卡·刘易斯认为："贫困文化是造成穷人贫困的重要原因，贫困文化使穷人目光短浅、视野狭窄、见识浅薄、缺乏社会认同感，从而使人产生宿命感、自卑感和摆脱当前生活的强烈无助感。"[①] 贫困文化是长期生活在贫困状态的人群特有的文化形态，贫困文化具有代际传递的特点，父辈受贫困文化影响产生的消极价值观会传递给子孙辈，形成对贫困落后生活的适应和对改善生活状态的冷漠悲观，出现文化的贫困链。

文化资本往往通过"再生产"的方式来获得、传承与转化。在贫困乡村，父辈的一言一行都是孩子学习、模仿的对象，父辈将其所掌握的文化知识、手艺技能等文化资本在家庭教育中耳濡目染地传递给子辈，实现文化资本在代际之间的再生产。同时，学校是文化资本再生产的另一场域，孩子进入学校学习学科知识、现代生活技能，形成具体的文化资本，再通过中考、

[①] 奥斯卡·刘易斯.桑切斯的孩子们：一个墨西哥家庭的自传[M].李雪顺，译.上海：上海译文出版社，2014：25.

高考等制度化考核方式进一步获得认可，形成制度化的文化资本，最终实现文化资本的再生产。无论是代际传递还是学校习得，无论是家庭场域还是学校场域，教育都是实现文化资本再生产的重要方式，是获得文化资本的重要途径。要实现脱贫致富，教育是重要的扶贫手段。通过教育，提升群众的科学文化素养和生产劳动能力，从而提高贫困地区的社会生产力，推动经济发展，摆脱落后贫困。

习近平总书记多次强调，"扶贫必扶智。让贫困地区的孩子们接受良好教育，是扶贫开发的重要任务，也是阻断贫困代际传递的重要途径"[1]。从贫困的代际传递来看，移民家庭父辈的人力资本水平是其家庭获得收入的重要因素，上一代所拥有的人力资本和社会资本可能通过代际传递的方式影响下一代。然而，教育作为促进阶层流动的重要方式，为阻断贫困代际传递提供了可能。许多移民家庭搬迁到发展条件较好的地方生活，其子女通过接受更优质的教育，获得更高的人力资本和社会资本积累，打破了贫困恶性循环的链条。因此，贫困地区的教育具有很强的正外部性特征，它不仅可以斩断贫困的恶性循环链，还能为贫困地区的经济社会发展输送优质的人力资源。发展教育脱贫一批，具有政策兜底性质，充分说明了教育担负着脱贫攻坚基础性、先导性、战略性的重要任务。

三、教育支持是促进贫困人口可持续发展的有效手段

贫困的发生，既有自然因素，也受社会条件和人为因素的制约。扶贫开发实践证明，"输血"式的扶贫开发方式只能解决燃眉之急，无法根治贫困。只有"造血"式的扶贫开发方式才能从根本上实现减贫脱贫。教育支

---

[1] 李淑敏. 推动乡村文化脱贫的五个维度［N］. 光明日报，2020-03-23.

持正是通过发展教育，把面向贫困地区和贫困群众的教育办好，不断提升贫困人口的科学文化素质和可持续发展能力，从根本上阻断贫困的代际传递。教育不仅是一项权利，同时也是对人们可持续发展能力的投资。不可否认，依赖外部物力投资，在一定时期内，贫困家庭可以获得一定的经济收入，但是如果不重视人力资本投资，外部力量撤走之后，返贫极易发生。扶贫脱贫的关键是贫困人口能力的提升，不仅包括生计能力，更重要的是素质能力的提升以及适应市场经济发展等综合能力的全面提升。因此，从长远来看，要从根本上消除贫困，离不开教育，要将教育作为摆脱贫困的治本之策，提升贫困地区及贫困人口的综合素质。

近年来，政府通过一系列政策支持，建立健全教育扶贫制度体系、学生资助体系，实施义务教育学校"全面改薄"工程、基础教育质量提升工程等重点工程措施，移民地区教育状况有了较大改善。但是，受旧有社会生活方式影响，移民群众思想观念落后、移民子女读书积极性不高导致的学业中断、发展内驱力不足等问题仍然存在。例如"读再多书，毕业还是要出去打工""女娃儿读书无用，早晚要出嫁"等固有观念，制约了移民子女全面发展的可能性。教育支持必须激发受教育主体的内生动力，形成可持续发展动力，发挥教育在扶贫开发中关键性作用，把"外部推动"和"内生动力"有效结合，实现"输血"式扶贫向"造血"式扶贫的转变。物质支持虽然是最基本的方式，但还需要内在的精神支撑，在教育支持过程中注意内外结合、精神和物质并举，在重视客观可见的物质支持基础上，还要重视主观体验的情感性支持和文化心理性支持等，采取外在支持与内在激励相结合的模式，通过激发移民子女学习内驱力，增强移民子女改变落后现状的意愿，培养自强不息的意志力。将教育支持的力量真正落到实处，使移民子女从接受帮助的被动者转变为寻求发展的主动者。

四、生态移民子女教育支持体系亟待完善

《中国教育扶贫报告（2016）》蓝皮书中明确提出，教育扶贫除了要加强对扶贫县的支持，还应关注城市中的困难家庭，农村的留守儿童、流动儿童等一些行走在城市或者是农村等社会偏远地区的群体。伴随生态移民搬迁工程实施和城乡义务教育一体化推进，生态移民子女这个庞大的群体在学习、成长和发展方面仍然面临诸多困难和问题。近年来，政府以及社会各界高度重视移民群众生活质量提升以及后续发展问题，移民子女成长环境不断优化，整体发展状况良好。但部分移民儿童仍面临着学业适应困难、情感慰藉缺失、家庭监护缺位、安全保障缺乏、心理健康状况不佳等问题。学校方面，部分安置区学校在一定程度还不能满足移民子女需求，优质教育资源供给不足，教育供需内容失衡。家庭方面，家庭教育不足，留守儿童仍然存在，祖父母只能给予基本生活照顾，在安全防护、心理健康、科学养育等方面的教育表现为乏力和无奈。社区方面，移民儿童课外活动场所缺乏，教育资源匮乏，面向儿童和家庭的教育公共服务滞后。移民子女健康成长关系到移民家庭整体素质的提升，关系到家庭的幸福和社会的和谐，关系到人民群众的切身利益。需要从政府层面加强顶层设计，提供政策支持和资源支撑，构建多元主体参与的教育支持体系，链接教育要素形成教育合力，保障移民子女发展基本权益，为他们的健康成长创造必要条件和良好环境。

绪 论

第二节 研究目的及意义

一、研究目的

教育人类学的研究不是对教育现象作孤立的静态的分析，而是注重对教育现象产生的广泛的社会背景作深入的情境化、脉络化的探究，从更为广阔的文化视野来研究教育这一人类特有的文化现象及其产生发展的社会原因。生态移民子女教育问题是伴随着生态移民搬迁工程而产生，他们的教育现实是在特定的社会发展脉络下，涵盖历史背景、自然生态、组织结构、社会关系等各种错综复杂的交互因素。聚焦生态移民子女教育，以政策和文化的发展脉络来分析和理解教育问题，呈现生态移民子女这一群体教育现象的复杂性、多样性及其个体差异性，是一个新的研究视角。生态移民子女既不属于大山里的孩子，也不属于城市中的儿童，对学校、家庭、社区教育生活进行参与式观察，获得对移民子女思想观念、学习方式、教育环境、风俗习惯等较为完整的了解，在此基础上，破解不同教育主体之间利益博弈、教育供需失衡、教育支持效能偏低的困境，从政策性支持、工具性支持、情感性支持、文化心理性支持四个维度，构建生态移民子女教育支持体系，形成政府、学校、家庭、社会教育支持合力。

二、研究意义

（一）理论意义

教育是个系统工程，生态移民子女的教育支持，不仅是教育问题，也离不开教育发展的社会背景。以社会支持理论为基础，从移民政策和文化变迁两个维度呈现生态移民子女教育现状，分析和探讨生态移民子女教育支持困境，构建生态移民子女教育支持体系。一方面，基于国家政策和社会需求做出学科回应，立足教育、人与社会发展的互动关系，挖掘生态移民子女教育支持的内涵与价值，丰富其理论意义，为建构生态移民子女教育支持体系奠定理论基础。另一方面，教育支持蕴含着深切的人文关怀，把教育获得感作为衡量办学质量的价值尺度和最高标准，从政策性支持、工具性支持、情感性支持、文化心理性支持四个维度提出了构建教育支持体系的具体思路，以促进教育公平为目标，满足移民家庭对美好教育生活的需求和期待。生态移民子女教育支持的研究也有利于对人口流动与教育关系的理解与把握，拓展教育学和社会学相关理论，亦与学术前沿一脉相承。

（二）实践意义

将社会支持理论应用于教育问题研究中，对打破教育研究单一学科壁垒、拓展教育实践具有重要意义。以宁夏生态移民安置区 J 村小学作为田野点，从移民政策与生态移民子女教育、文化变迁与生态移民子女教育这两个维度对生态移民子女教育现状进行呈现和解构，对教育场域中教育支持主体与教育支持客体的价值冲突、互动博弈进行深描，分析生态移民子女教育支持困境，构建生态移民子女教育支持体系，提高生态移民子女教育质量。一方面，为生态移民安置区学校发展提出思路，总结教育经验，帮助学校提出一些可行性改革方案，促进形成多元主体教育合力。另一方面，根据移民儿童教育需要，帮助其获得应有的学习和发展机会，增加可持续发展竞争力，从而规避贫困代际传递产生的教育、就业、文化、心理等问题，为生态移民子女充分发展、全面发展、可持续发展提供保障。

第三节 文献综述

一、移民子女教育研究

国外关于移民子女教育的研究，多以全球化为背景，以社会融入为目标，整体上经历了从隔离教育、分离教育、多元文化教育到跨文化教育的发展脉络，主要实施补偿性教育，提供教育基本公共服务，以教育融入促进社会融入。例如，法国实施无差别的学校教育、移民教育优先发展区政策（王军，2001），通过"入门班""特殊班级""教育优先发展区"等诸多政策，旨在改善移民子女的教育状况，培养移民子女的国家认同感，最终使其成为合格的法国公民（姜峰、肖聪，2011）。美国对移民子女加强先行教育、补偿教育的投入（张苏、刘莉莉，2009），通过政策顶层设计、专项政策安排，通过双语教育项目，促进了不同群体间的文化融合以及教育公平（薛二勇、朱月华，2016）。当移民儿童面临社会资本获取过程中的途径危机、多元文化交流中的标准危机、信息沟通过程中的互动危机时，通过丰富学习经验和拓展学习空间、增强多元文化的理解与认同，为学生创造理解、尊重的客观环境，促进移民儿童的社会融入（孙颖，2013）。德国从社会层面提供文化整合平台，经历了从分离式教育到多元互动、相互影响相互作用的跨文化教育的变迁，主要任务是帮助移民子女尽快掌握德语，为此在正规教学以外，特设补习班、外国人普通班。课程内容充分贯彻了融合、多元、平等、实用的理念，设置德语语言课程和德国国情课程；学校层面注重招收多元文化背景教师，实施以学生为中心的课程和教学活动；课程评估通过第三方展开定期评价，并在评价结果上不断优化融合课程；

树立以人为本的教育理念，承认多元移民身份，坚持国家认同教育作为终极目标，坚持多元文化教育与实践技能的结合（李海峰、徐辉，2021）。加拿大在课程资源和课程设计方面呈现多元教育的理念，组织学生开展各种活动、创设丰富的学习情境，建立基于家、校、社区多方合作的教育融入机制，促进流动儿童双重身份的社会认同，构建全面的移民社会融入服务体系和建立完善的心理干预机制等，以帮助流动儿童融入城市社会（杨茂庆、王远，2016）。瑞典尝试灵活运用多元一体化的移民教育理念，构建立体多元化的社会保障体系、多元共生性的教育情境以及公正均衡化的财政资助体系（梁成艾，2014）。

但是，需要进一步引起注意的是，西方国家种族歧视仍然存在，尤其在教育、住房、交通等方面存在明显的种族隔离、双重标准，这也是西方一些国家无法形成一个具有特色的民族的原因。在移民国家和殖民国家的历史发展进程中，形成不了核心文化。所以移民子女教育更多倾向于培养劳动力。例如，里斯本大学社会学研究与调查中心"移民和学校教育"的研究报告显示，葡萄牙部分学校仍存在种族歧视，移民学生的教育状况也表现出一些明显的特征：学前教育滞后、挂科率较高、辍学案例多发、学历较低等等，尤其是大多数非洲裔学生的成绩更差，挂科率更高，其归宿多半都是被送到职业教育学校。学校对来自非洲葡萄牙语国家的学生过分地向职业教育方面指引，也导致这些学生止步于本科教育之前。

我国移民子女教育与国外移民子女教育有本质的区别。其一，移民背景不同。其二，我国移民搬迁主要通过"扶智""扶志"来扶贫，阻断贫困代际传递。在保障搬迁移民子女"上好学""学得好"的基础上，让每一个孩子都有人生出彩的机会，最终实现物质生活和精神生活共同富裕。国内移民子女教育研究，主要是集中在学校教育和文化适应两个方面。学校教育中的移民子女教育困境主要表现为学生学不会、不愿学，认为学了没用的现实难题，导致移民家庭对子女教育产生无力感，继而对教育促进阶层流动缺乏必要动力和积极性（满忠坤，2015）。教师编制与学生人数增加不同步、师资队伍整体年轻、专业水平有待提高（吴红军、解光穆，2014），乡村教师呈现出实际收入与支出之间矛盾突出、社会期望值与自我社会地位认同度之间矛盾重重以及身心健康状况不良（刘飞，2015）。缺乏信息化教学设计的理念和必需的信息化教学设计知识及能力（马晓玲，2015），通过"国培计划"等形式系统地对教师进行信息化教学设计的培训，选派优秀教师到生态移民区支教。完善专项教育政策，增加教育经费投入，开发乡土教材（周宇、付海鸿，2013）。将生态建设的经费部分转移到移民的教育身上，从而使一份投入获得生态建设与促进教育的双重效益（王静爱、史培军、郝璐、高路，2008）。在文化心理方面，人格因素、家庭以及班级环境因素可共同影响内化性行为问题的发生（赵冉然等，2015）。家庭关怀、学校氛围、社会适应、社会支持和自我效能感等是影响儿童安全感的心理社会因素（廖传君，2015）。建构政府主导城乡联动的教育支持体系，发挥教育支持链条中学校的主阵地作用（季彩君，2016）。在生活卫生习惯、营养获得、生病治疗、家务劳动和娱乐活动等方面完善相关法律政策，保障移民安置区留守儿童合法权益（孔炜莉，2015）。

二、教育扶贫研究

教育扶贫是一项针对贫困人口人力资本增值、思想观念塑造、生产技能提升的综合性教育治贫活动，属于教育活动和教育固有功能在扶贫领域的延伸与拓展。需要家庭教育、学校教育、社会教育、自我教育和基础教育、中等教育、职业教育、高等教育、老年教育的统筹和协调互补，构建集"扫盲脱盲识字教育、知识文化素养锻造、劳动生产技能培训、创业创新能力培养"于一体的全纳式教育精准扶贫体系(段从宇、伊继东,2018)。深度贫困及边疆"老少边穷"地区,教育基础薄弱,发展落后,师资补充困难,教育质量偏低,重点是精准扶教育之贫。部分学生知识基础薄弱、学习困难、语言障碍,出现了厌学等问题,造成了知识贫困;缺乏足够的经济支持、渠道和资源,就业质量低下,造成能力贫困;心理自卑、人际关系敏感、焦虑抑郁、充满愧疚和无奈等心理特征和问题行为造成的心理贫困;处于贫困文化中的贫困家庭子女自幼受到亚文化基本态度和价值观的浸染,容易通过代际传递,形成封闭的循环,容易造成典型的"福利依赖"现象(付卫东,2021)。当前扶贫更多仍关注物质层面,缺乏对精神层面的关注,虽然教育硬件已经得到了极大改善,但是针对农村儿童的心理疏导却极为缺失,而这恰恰是这一群体最为迫切需要解决和最为严峻的问题所在(瞿连贵,石伟平,2020)。

我国的扶贫模式在时间和地区上呈现显著差异,在时间维度上和空间维度上要因地制宜。黔江民族自治县(今重庆市黔江区)石会中学创建了"四连"结构"双证式"教育扶贫模式,取得了教育与经济社会合一的发展(朱德全,2004)。"9+2"教育扶贫模式,即贫困学生在接受九年义务教育后能够再接受两年免费职业教育和培训(杨云,2009)。解决因学致贫的问题实行集中办学和"双语"教育的扶贫模式(周丽莎,2011),借助快速发展的互联网,宣传扶贫理念,精确扶贫对象的"互联网 + 教育"模式(江辰,王邦虎,2016)。高职院校基于内源式扶贫模式能够激发和培养扶贫对象的内生力量,对深度贫困地区解决就业问题、发展当地经济有巨大贡献(王菊,2018)。

贫困地区教育扶贫机制创新需要先进的教育观念支持、符合教育治理现代化的基本特征以及立足贫困地区发展实际。当相对贫困治理逐渐成为后扶贫时代贫困治理的核心内容,职业教育与精准扶贫在目标、对象、内容层面存在较强的内在耦合，职业教育参与相对贫困治理有利于巩固脱贫攻坚成果（许宇飞、罗尧成，2021）。深入挖掘各民族文化精髓，以精神文化扶贫带动教育扶贫（仲敏，2019），创新社会力量参与教育精准扶贫的体制机制，构建多元主体协同推进的教育精准扶贫开发格局。社会力量是推进精准扶贫的重要生力军，必须建立和完善广泛动员社会各方面力量参与教育扶贫的合作机制，鼓励和引导各类企事业单位、社会团体、非政府组织、国际组织等多方参与教育扶贫开发，充分发挥个人、学校和家庭在教育扶贫中的能动性和创造性，汇聚并拓展多元化的社会扶贫资本（代蕊华、于璇，2017）。

三、文化变迁与文化适应研究

从文化变迁对教育的影响来看，教育以文化为依托，教育活动的方方面面都体现着文化的因子，文化发生变迁，必然要求教育包括教育目的、教育内容、教育方式、教育制度等多方面做出相应变革，以适应社会文化大背景（李健，1996）。从教育推动文化变迁的作用机理来看，文化变迁横向的各个文化子系统之间由于发展的不均衡、不同步所引发一系列矛盾运动和纵向的物质、制度、心理意识诸多层面的矛盾运动以及文化主客体之间的矛盾运动是形成文化变迁的主要因素，而教育通过推动各个矛盾运动向前发展，进而加速文化的变迁。文化变迁促使移民对地域身份的认同不单纯是对迁入地的认同，更多的是对文化空间的认识和感知（祁莉霞，2010）。强化社区心理归属感以推动积极的文化适应，建立和完善民族心理调适机制以促进移民良好的心理适应（程建艳、丁凤琴，2014），延长义务教育、开展成人教育、拓展职业技术培训、加快易地扶贫搬迁移民的社会适应（李宗远、陈化育，2016）。在融入现代化城市的同时，移民子女无奈背离原生传统文化和生活方式，该群体在刚搬迁后的文化适应过程中还处于文化休克阶段，很容易成为两种文化的"边缘人"（李晓萱、程天君，2019），需要学校实施对口帮扶计划，丰富家庭文化资本，构建社区教育支持系统，促进自主性文化建构（李亚培、于海波，2021）。

四、教育支持研究

教育支持的研究常见于社会支持理论对教育现象进行分析进而构建教育支持体系。社会支持理论与实践的研究兴起于20世纪80年代末期，我国最典型的研究集中在心理学与社会学领域。从社会心理的角度，社会支持被界定为一个人通过社会联系所获得的能减轻心理应激反应、缓解精神紧张状态、提高社会适应能力的影响（李强，1998）。从社会学角度，社会支持被解释为一定社会网络运用一定的物质和精神手段对社会弱者进行无偿帮助的一种选择性社会行为（陈成文，2000）。随着社会支持研究的深入，社会支持理论与教育学相结合，使教育学逐渐走出传统的思维架设，跳出学校、家庭与社会的三分状态，将教育问题的分析与解决放置于政治、经济、社会、文化、教育的多维视野中，并与其他相关学科加强融合与互补。例如，社会支持与学习动机的研究（石学云，2005），社会支持与学习压力的研究（刘在花、毛向军，2013），社会支持与学校适应的研究（丁芳，2014），社会支持与学业成就的研究（郭雯婧、边玉芳，2013），社会支持与教育持续性的研究（赵银侠，2008）等。

教育支持应用于农村地区、民族地区、偏远地区弱势群体的研究较多。例如留守儿童、困境儿童、残疾儿童的教育支持研究，城市化进程中随迁子女教育支持研究以及老年教育和学前教育支持研究。为了保障留守儿童、困境儿童、残疾儿童受教育权利，通过构建教育支持系统提供关爱帮扶。在政府引领方面，加强顶层驱动，构建引导型制度环境；学校着重关注社交与学业，建设关怀型学校支持环境；家庭辅助方面，注重行为及关系引导，营造感化型家教环境；社区衔接方面，整合社会力量，优化社区教育支持环境（赵磊磊，2019）。有研究者提出构建普惠型儿童福利制度进行社会支持，实现福利供应中多元主体的责任分担，逐步平衡城市和农村之间的福利供应差异，形成家庭支持型的社会政策，实现儿童福利制度从补缺型向普惠型进行转型（万国威，2013）。教育需求呈现多元化和差异化特征，城市教育供给存在总量不足和结构失衡问题，构建城乡一体化的教育发展机制，采取差异化的教育供给策略（范国锋，2015）。整合各种社会资源，形成一个政府主导、部门联动、学校主抓、家庭尽责、社会参与、儿童为本的教育支持体系。加强顶层设计，增强留守家庭教育能力，动员社会力量广泛参与，提升留守儿童自我认同（周爱民、王亚，2021）。残疾儿童家庭教育学校发挥的作用最为突出，家长最担忧的问题是残疾儿童的就业，最需要的支持是专业支持（赵小红，2019）。在农民工市民化、随迁子女教育、成人教育、职业教育、老年教育以及巩固脱贫攻坚成果与乡村振兴的有效衔接方面，教育支持的研究也具有重要意义。"互联网+"背景下新生代农民工市民化的社区教育支持要提升农民工市民化水平的社区教育支持策略，提高新生代农民工市民化的综合质量（任慧敏，2020）。要充分认识"互联网+教育"背景下学习支持服务在远程教育学习中的重要性（于冰洁，2021）。随迁子女及其家庭潜能的激发，要从个人增能、人际增能和环境增能三个层面探讨随迁子女家庭教育的社会支持体系的建构路径（袁飞、冯跃，2021）。完善县域职业教育政策支持体系应该从办学经费投入机制、教师管理制度、教研教改项目管理、招生考试制度等多个方面着手（李丽坤、蓝洁，2021）。聚焦巩固脱贫攻坚成果同乡村振兴的有效衔接，要以教育为载体，推动乡村人力资本的积累与转化，践行文化责任、传承乡村记忆，需要构建具有鲜明乡村特色、服务和支持乡村发展的教育体系（张立新、张媛媛，2021）。

教育支持促进社会融入方面，制度与政策环境因素、家庭社会经济地位和教养方式、学业支持、学校管理、教师支持、同学支持对教育融入产生影响（尚伟伟，2018）。通过抗逆力理论和社会生态理论分析教育支持提升策略，其中微观系统(个体特质)是抗逆力生成的核心要素，中观系统(家庭)、外部系统（学校）、宏观系统（社会、社区）等环境生态系统都是抗逆力生成的外部保护因素（赵磊磊，2019），要加强家校社合育机制建设，增强社区适应教育，重视学校教育并关注家庭教育（刘延杰、任胜洪，2021）。

五、研究述评

目前有关生态移民子女教育支持的研究多见于教育扶贫、文化变迁与文化适应、社会支持等相关内容。主要从支持主体的角度来探讨，向支持客体提供所需资源或资金，以保障他们享有各项基本权利，提供基本公共服务。从教育支持主体作用于教育支持客体的角度主要关注政策制定、政策实施、支持效果等方面，很少从教育支持客体自身的角度去探讨，缺乏微观层面的深度挖掘。同时，也缺乏从多学科、多角度进行综合分析。自20世纪80年代至今，我国对教育支持的研究大多还是在国外社会支持理论预设的基础上开展的。分别从经济学、社会学、教育学等学科进行分析，取得了一些成果，尤其在我国教育扶贫的政策制定、实施过程和现实效益等方面提出了一些有建设性的意见，为进一步研究打下了很好的基础。从跨学科视角看，还存在学科衔接不紧、研究不全面等问题，主要表现为局限于特定的学科视角，遵循该学科的方法和调查方式，忽视了研究视角的多元化，在研究方法和内容上还存在一定的局限性。研究内容丰富但较为分散，关于教育、人与社会的关系研究不多。社会支持作为一种社会关系网，是个人在各种社会关系网络中所能获得的物质、精神、文化上的帮助和支持，是结构化、系统化、多维度的。界定社会支持系统中各支持主体，建构不同主体的社会支持维度，形成立体的教育支持结构非常重要。此外，已有文献对移民子女教育问题的关注，多出于均衡发展视角下补偿教育的立场，以教育的工具性价值促进阶层流动，有利于促进教育公平和教育均衡发展。本研究尝试将关注点转向教育与人发展内在关系的探寻，将从政策支持视角和文化变迁视角去梳理生态移民搬迁对移民子女教育产生的实际变化，从微观上分析不同支持主体在教育场域中存在的价值冲突和利益博弈对移民子女教育的影响。

第四节　研究思路与研究方法

一、研究思路

本研究按照"提出问题—历史考察—田野调查—分析问题—解决问题"的思路进行，遵循理论到实践的技术路线。在阅读文献理论的基础上，确定了研究选题。梳理国内外移民子女教育理论与实践，采用教育人类学研究方法，选取典型的生态移民安置区J村小学作为田野点，运用田野调查法、访谈法、参与观察法、文献研究法，从移民政策与生态移民子女教育、文化变迁与生态移民子女教育两个维度，对教育场域中教育支持主体与教育支持客体的价值冲突、互动博弈进行深描，呈现并分析生态移民子女教育现状，对生态移民子女教育发展若干问题进行思考。从政策性支持、工具性支持、情感性支持、文化心理性支持四个层面构建生态移民子女教育支持体系，促进形成政府、学校、家庭、社会教育支持合力。

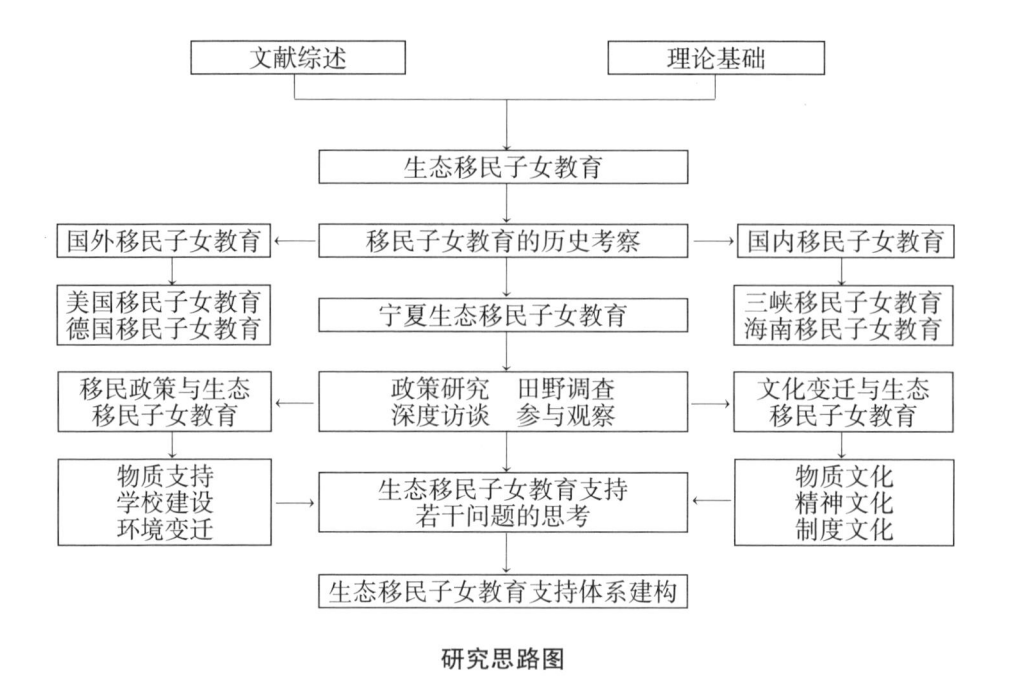

```
┌──────────────┐         ┌──────────────┐
│  文献综述    │         │  理论基础    │
└──────┬───────┘         └──────┬───────┘
       └────────────┬────────────┘
                    ▼
           ┌────────────────┐
           │ 生态移民子女教育 │
           └────────┬───────┘
                    ▼
┌──────────────┐ ┌──────────────────┐ ┌──────────────┐
│国外移民子女教育│←│移民子女教育的历史考察│→│国内移民子女教育│
└──────────────┘ └──────────────────┘ └──────────────┘
┌──────────────┐ ┌──────────────────┐ ┌──────────────┐
│美国移民子女教育│ │ 宁夏生态移民教育  │ │三峡移民子女教育│
│德国移民子女教育│ │                  │ │海南移民子女教育│
└──────────────┘ └──────────────────┘ └──────────────┘
┌──────────────┐ ┌──────────────────┐ ┌──────────────┐
│移民政策与生态 │←│政策研究  田野调查 │→│文化变迁与生态│
│移民子女教育   │ │深度访谈  参与观察 │ │移民子女教育  │
└──────────────┘ └──────────────────┘ └──────────────┘
┌──────────────┐ ┌──────────────────┐ ┌──────────────┐
│物质支持      │ │生态移民子女教育支持│ │物质文化      │
│学校建设      │→│若干问题的思考     │←│精神文化      │
│环境变迁      │ │                  │ │制度文化      │
└──────────────┘ └──────────────────┘ └──────────────┘
                    ▼
           ┌────────────────────┐
           │生态移民子女教育支持体系建构│
           └────────────────────┘
```

研究思路图

二、研究方法

本研究聚焦宁夏J村生态移民子女教育支持,通过移民政策与生态移民子女教育、文化变迁与生态移民子女教育两个维度描述和解释移民子女教育生活,包括学校教育生活、家庭教育生活、社会教育生活,分析教育支持困境,对移民子女教育支持若干问题进行深入思考。以教育人类学的理论方法作为支撑,建构生态移民子女教育支持体系。本研究主要运用了田野调查法、访谈法、参与观察法和文献研究法,辅之以政策分析和教育叙事。

(一)田野调查法

人类学田野工作是人类学最主要、最基本的方法。田野工作开创了一种有别于书斋式的研究思路,通过直接观察、具体访问、居住体验等方式获取第一手资料。这既是一种实地获得文化理解的方法及其研究技术与工具的手段，还包含着一种文化实践的认识论和方法论。英国人类学家马林诺夫斯基对新几内亚土著民族进行研究时，创立了人类学田野研究和撰写民族志的科学方法，并从理论上和技术上归纳出一套科学的田野研究原则，其田野工作的图景成为标准人类学实践的原型。田野调查需要到被研究对象所处的地区和环境进行了解、调查、收集被研究对象的历史、社会形态、文化结构、发展变迁等第一手资料，以原文、原意、原事为准记录资料，是对一个社会及其生活方式亲身从事的长期性的调查和体会工作。对一个民族或社区做调查，了解一个群体及其文化，深入调查对象的生活之中，学习并使用当地的语言，与他们进行沟通，参与当地人的生活，尽可能地将自己融入当地人的日常生活里，观察、体会和了解当地人的生活，与他们建立良好的社会关系，研究其社会结构，并致力于了解当地人的观点，以期达到研究该社会整体文化或定向专题调查的目的，从而获得关于社会与文化的新知识来源，并发展出新的理论。在解释学视野中，田野研究是一个理解的过程，是把握意义的活动。

笔者于2020年进入田野点——宁夏生态移民村落J村，在2020—2022年对J村的历史沿革、经济社会发展、文化习俗以及J村学校教育现状进行田野调查，尝试在与移民群众、村干部、教师、学生、家长的交流互动中成为田野的局内人。卢克·拉斯特说："建立关系，可以帮助研究者从局外人转为局内人。"[①] 然而，每个人都会带有个人生活史留下的文化烙印，无法真正成为另一个群体的局内人。我们能够做到的，就是与局内人建立良好的信任关系，最大限度地站在"当事人"的立场进行参与式观察。

进入学校的第一天，笔者与校长进行了第一次访谈，了解学校的发展

---

① 卢克·拉斯特. 人类学的邀请 [M]. 王媛, 译. 北京：北京大学出版社, 2008：25.

历史以及校长个人从教经历，随后教导主任带领调查者参观学校，介绍了学校办学条件、硬件设施以及发展概况。利用午餐时间将笔者介绍给部分教师，与教师互相认识，在进行充分的交流沟通后，确定三年级、四年级学生作为研究对象进行跟班调查。在田野调查期间，笔者分别承担过两次语文课、两次科学课和三次作文课的授课任务，在班主任较忙的时候帮助辅导学生自习。学生们对这位新来的老师表示非常欢迎并希望能留校任教，这也再一次让笔者感到移民子女对教师的期待和对一支稳定教师队伍的渴望。除了与学生打成一片，笔者也会利用午休时间，帮助教师处理一些力所能及的事务性工作，如整理文件资料、制作班级活动宣传册等，同时展开教师访谈。与学生相处融洽后于第二学期开始进行家访，参与观察学生的家庭教育。在与学生、教师、家长广泛的交流互动中，将观察到的细节和感受以田野日志的形式及时记录，围绕移民子女教育支持的形式、内容和成效，与校长、教师、学生、家长进行再次访谈。收集学校相关政策文本、教师活动记录、学生作业等，结合观察和访谈进行文本分析，真实呈现移民子女教育支持的现状和教育诉求。此外，村干部也为本研究提供了J村发展变迁的相关材料，对本研究有所助益。

  在结束田野调查之后，调查者带着田野调查资料——速记、照片、录音、访谈记录等，对田野日志进行整理和分类，通过深度阅读、回顾与分析，尝试通过对教育事实的亲身观察、亲身体验梳理总结问题，通过撰写教育民族志来描述这些教育现象，最后通过理论建构对教育现象作出解释，提出解决问题的思路和对策。正是"通过与研究对象互动对其行为和意义建构获得解释性理解的活动"[①]，探寻生态移民子女教育支持更深层次的文

[①] 陈向明. 质性研究与社会科学研究方法[M]. 北京：教育科学出版社，2000：12.

化意义。

（二）访谈法

访谈调查法是一种重要的质性研究方法，是田野工作者为获得所需信息对受访者进行口头提问，并记录受访者的回应内容。访谈一般是指面对面的交流，也可以通过电话或者互联网视频、语音进行，以问答的形式来了解访谈对象就某一事物的态度和看法的一种调查研究方法。与其他研究方法相比，访谈法比较灵活，且具有连续性、深入性，同时还有互动、互相启发等优点。比较起来，质性研究比量化研究更加适用于对小样本进行个案调查，从而细致发掘问题的本质，通过归纳实现自下而上的层层递进的理论构建。结构式访谈是指访谈者向受访者询问一系列事先准备好的问题，由受访者逐一回答。非结构式访谈是指访谈者事先并未准备固定的问题，而是围绕某个或几个主题相对随意地向受访者发问，由受访者来回答的访谈方法。与结构式访谈相比，非结构式访谈计划性较弱，而开放性和随意性较强。生态移民村落J村，这是一个与研究者相异的特定社会文化背景，访谈生活于其中的被研究者，了解当地人的看法，是获取第一手资料的重要途径。当地人在向调查者提供某些文化信息的那一刻，或者当调查者采访他们，听他们叙述某种文化现象的时候，他们本身的角色已不是简单的信息提供者，而是调查者在实地调查中遇见的文化现象的第一解释人。这种对话置身于交互主体的动态活动过程之中，彼此互相承认、互相尊重，也正是这种对话使研究更具有丰富性、真实性和生动性。

本研究主要对校长、教师、学生、家长、村干部、村民进行了访谈，主要采用结构式访谈法。对入户调查的村民、村干部主要采用非结构式访谈，使他们能够在一种相对轻松的对话环境下接受采访。

访谈对象基本情况表

序号	编码	身份	性别	年龄	访谈时间	备注
1	W	校长	男	50	2021年9月20日	小学校长
2	Z	校长	男	45	2022年8月12日	中学校长
3	M	家长	女	38	2021年7月18日	家庭妇女
4	Z	学生	女	17	2021年7月18日	中职学生
5	Y	家长	男	30	2022年6月11日	务工
6	Y	村民	女	48	2022年6月11日	务工、经商
7	L	村民	男	60	2022年6月11日	务农
8	F	教师	男	45	2021年11月4日	数学教师
9	C	教师	男	53	2021年9月20日	语文教师
10	Z	教师	女	25	2021年9月20日	语文教师（特岗）
11	M	教师	女	26	2021年9月20日	语文教师（特岗）
12	H	教师	女	25	2021年9月20日	数学教师（特岗）
13	A	教师	女	38	2022年3月5日	语文教师（临聘）
14	Y	教导主任	男	40	2022年3月5日	小学教导主任
15	Z	副校长	男	42	2021年9月20日	小学副校长
16	B	教师	女	33	2022年5月26日	道德与法治教师
17	W	副校长	女	45	2022年3月5日	小学副校长（交流）
18	Y	教师	男	28	2022年5月26日	语文教师
19	D	家长	女	38	2021年7月18日	家庭妇女
20	D	学生	男	9	2021年11月4日	小学学生
21	L	教师	女	30	2021年11月4日	英语教师
22	T	教师	女	33	2022年5月26日	音乐教师（交流）
23	B	干部	男	38	2021年7月18日	驻村干部

续表

序号	编码	身份	性别	年龄	访谈时间	备注
24	L	校长	男	45	2022年8月12日	小学校长
25	H	家长	女	29	2022年6月11日	经商
26	L	干部	男	30	2021年7月18日	驻村干部
27	X	教师	男	28	2021年9月20日	数学教师
28	D	教师	女	28	2022年3月5日	语文教师
29	M	学生	男	8	2022年4月24日	小学学生
30	Y	学生	男	10	2022年4月24日	小学学生
31	G	学生	女	9	2022年4月24日	小学学生
32	M	家长	男	50	2022年6月11日	务农
33	S	学生	男	10	2022年4月24日	小学学生
34	S	教师	男	42	2021年9月20日	数学教师
35	J	教师	女	40	2022年3月5日	语文教师
36	B	学生	女	9	2022年4月24日	小学学生
37	N	学生	女	11	2022年4月24日	小学学生
38	W	干部	男	35	2021年7月18日	驻村干部
39	C	教师	女	37	2022年3月5日	数学教师（交流）
40	C	校园民警	男	28	2022年5月26日	小学法治副校长（兼任）

（三）参与观察法

教育人类学研究特别重视观察，并以此作为收集第一手资料的最基本方法。在进入田野点后，对当地的自然地理、人文环境、设施建筑等作有目的的细致观察，同时，对当地人的日常活动、生活礼仪、人际交往等方面作动态体验式观察。参与观察法是在自然状态下，在没有任何理论设想和问题设计的前提下对特定人群的行为特征、心理、态度进行观察，这种方法有时甚至要求研究者作为"完全参加者"进入被研究人群，对方并不清楚研究者的真实身份，把研究者当作自身成员，这样有利于在最自然的状态下进行观察和研究。参与观察，不管是作为参与者的观察者（研究对象知悉研究者的身份），还是完全参与者（研究者隐瞒自己身份，研究对象视研究者为自己群体中一员）都强调一点，那就是研究者对研究对象的调查研究活动是在自然状态下进行的，没有预先设定的理论假设和结构化问题，不借助问卷法中的分项问题、图表以及用于统计、测量的计算工具，参与观察凭借研究者自身的心智和感知能力，以人类学的想象力，超越社会事物的现象层对人们的活动进行观察、了解和体会。

本研究的参与观察主要在学校，以课堂教学、课外活动、教育实践为观察载体，以研究者自身作为研究工具。进入田野点时，由于学校师资缺乏，曾经带班上课，笔者以代课教师的身份进行参与观察。以自观的视角，站在生态移民子女的角度，用他们自身的观点理解和解释他们的文化。同时，作为一个田野调查者，站在局外人立场，用调查者所持的一般观点去解释所看到的教育现象。从课堂内外深入走进生态移民子女的教育生活，用心去观察、了解、体会生态移民子女的学习期望、学习态度、学习行为、思维模式、交往方式以及教育生活中可能会遇到的问题。参与观察法研究的另一种形式，是个案研究。个案研究是就一种现象、一事甚至一人进行深入全面的研究，它的主要特点是焦点特别集中，了解更加深刻周全，个案研究是对访谈调查的补充和拓展。

（四）文献研究法

文本分析能够增强对调查现象的理解，因为它是参与者生活的一个自然的部分。通过大量阅读文献，对文献资料的理论、方法和结论做筛选、比较和整理，提炼观点，并提升对研究主题的本质和待解决领域的了解。文献研究方法主要用于以下几个方面。首先，利用图书馆、资料室、互联网收集资料，梳理文献，了解国内外移民子女教育发展现状，重点研究美国移民子女教育、德国移民子女教育、三峡移民子女教育、海南移民子女教育，为宁夏生态移民子女教育支持研究提供参考。其次，搜集整理教育主管部门、学校与本研究主题相关的各种文本，主要是政策方面的文件、改革方案的文件、专题报告、会议摘要等，以便了解相关动态，为访谈和观察提供政策参考。

第五节　核心概念与理论基础

一、核心概念

（一）生态移民子女

人口流动和移民，均指人口的分布在空间上的变化。国外学术界用"migration"（通常译为"迁移""移民"）来统称这一现象。在我国，由于政府对人口实行严格的户籍制度管理，政府部门和学术界以不永久居留为目的的人口迁徙称为"流动"，以永久性的异地定居和户籍地域身份的改变称为"移民"。本研究中的生态移民，是指以扶贫开发和生态保护为目标，有计划地进行人口迁移的政策性移民。宁夏自1983年按照"以川济山，山川共济"的战略要求和扶贫开发政策成功实施吊庄移民工程，以及其后陆续实施的"1236"工程、宁夏中部干旱带县内生态移民、宁夏"十二五"时期中南部地区生态移民、宁夏"十三五"时期易地扶贫搬迁移民等，前后共计搬迁了100多万贫困群众。生态移民子女就是指宁夏西海固贫困地区随父母共同搬迁至移民安置区安家落户的第一代或第二代移民子女。

（二）教育扶贫

早在20世纪末期，我国学者便开始关注和研究教育在扶贫中的作用和功能，并对教育扶贫的概念进行探讨。到目前为止，学界对教育扶贫概念的理解主要有两种观点。一种观点认为，教育扶贫是依靠教育扶贫。学者钟秉林认为，"教育扶贫，是指针对贫困地区的贫困人口进行教育投入和教育资助服务，使贫困人口掌握脱贫致富的知识和技能，通过提高当地人口的科学文化素质以促进当地的经济和文化发展，并最终摆脱贫困的一种扶贫方式。教育扶贫是智力扶贫的一种，公共教育资源向贫困地区倾斜，也是优化教育资源配置的重要方面"[1]。林乘东认为，"实施教育扶贫，主要是通过教育对贫困人口进行素质改造完成的，教育扶贫就是素质扶贫"[2]。王嘉毅认为，治贫先治愚，扶贫先扶智，"'治愚'和'扶智'的根本手段是发展教育，就是要通过教育来提升劳动者的综合素质，促进贫困人口掌握脱贫致富本领，阻断贫困代际传递"[3]。另一种观点认为，教育扶贫不仅要依靠教育扶贫，而且要首先扶教育之贫。学者刘军豪等认为，教育扶贫首先意味着扶教育之贫，即教育始终都是扶贫开发的主要阵地和关键领域，其将教育作为扶贫的目标、任务和内容，并通过政策倾斜、加大投入、调整结构等各种手段及方式以最终实现教育领域的减贫与脱贫。"教育扶贫同时还包含着'依靠教育扶贫'，即教育也是实施扶贫开发的重要手段和有效途径，其将教育作为扶贫的手段、工具、途径或方式，并主要通过发展教育来带动贫困地区及贫困人口的脱贫致富"[4]。这两种主要解释的外延存在差

---

[1] 钟慧笑. 教育扶贫是最有效、最直接的精准扶贫：访中国教育学会会长钟秉林[J]. 中国民族教育，2016（5）：32.

[2] 林乘东. 教育扶贫论[J]. 民族研究，1997（3）：48.

[3] 王嘉毅，封清云，张金. 教育与精准扶贫精准脱贫[J]. 教育研究，2016（7）：12.

[4] 刘军豪，许锋华. 教育扶贫：从"扶教育之贫"到"依靠教育扶贫"[J]. 中国人民大学教育学刊，2016（2）：44.

异,但深入分析可以发现,二者之间并没有本质的不同,都是把发展教育看作是减贫脱贫的重要手段。本研究中的教育扶贫,在本质上是通过教育提高人的素质,包括智力、技能、体魄、自尊、自信等;而职业教育扶贫则主要指技能与素质的培养训练,提升贫困人口生产生活能力(技能),提高科学文化素养。

(三)教育支持

人具有社会性,人是社会关系的总和。这也就意味着任何人都不能脱离他人而生活,而必须生活在与人建立的各种社会关系中。社会支持不是一个单一维度的人际关系,是指在一定社会网络中运用一定的物质和精神手段对社会弱势群体进行无偿帮助的行为的总和,是一种客观存在,能够被人感知的关系,这种关系使人们感受到被关心、被支持,是人与人之间相互的肯定、关心和帮助。教育支持是社会支持的重要方面,本研究中的教育支持,是指政府、学校、家庭、社会多元主体共同为生态移民子女提供多项教育支持和相关服务,包括政策性支持、工具性支持、情感性支持、文化心理性支持,以形成一个相互联系、相互作用的有机系统。

教育支持主要包括三个结构层次,分别是教育支持主体、教育支持客体和教育支持内容。教育支持主体即教育支持的提供者和实施者。本研究中的教育支持主体是指在教育活动中有意识地提供教育支持并作用于教育客体的人或组织,包括政府、学校、家庭、社会。教育支持客体是相对于教育支持主体来说的,指教育支持的接受对象。教育支持客体具有独特发展规律和个性特点,对教育支持主体活动有反作用。本研究中的教育支持客体是指接受支持和帮扶的生态移民子女。教育支持内容是教育支持的主体部分,是连接教育支持主体和教育支持客体的具体表现方式。根据社会支持理论的划分方法,教育支持内容分别指客观可见的支持和主观感受体验的支持。客观可见的支持指的是所提供的支持的内容是客观存在的,不以人的主观意志为转移，例如物质支持、资金支持、实物支持等。主观感受体验的支持则是与客观可见的支持相对，主要是以个体的感受为主，得到信任、关心和倾听，在具体的文化环境中个体的价值、经验受到他人的尊重、称赞和接纳，例如对个体的情感支持、文化心理性支持。本研究中的教育支持内容是指以政府和学校为主体提供的客观可见的支持，具体是指政策性支持和工具性支持；以学校、家庭和社会为主体提供的主观感受性支持，具体是指情感性支持和文化心理性支持。

社会支持理论在教育人类学研究中的应用，是对教育、文化以及教育情境中的人进行更加系统、全面的透视，在整体文化观的视野下注重人的社会联结、社会互动。本研究尝试从宏观政策研究转向对教育与人发展内在关系的探寻，以移民搬迁的两个最大变量——政策与文化作为分析维度，从政策视角和文化变迁视角去分析移民搬迁对移民子女教育支持产生的实际变化，从微观上厘清不同支持主体在教育场域中存在的价值冲突和利益博弈对移民子女教育的影响，破解教育供需内容失衡、教育支持效能偏低的困境，构建生态移民子女教育支持体系。

二、理论基础

（一）教育公平理论

教育公平是社会公平的应有之义。在我国，教育扶贫政策以教育公平作为价值定位，始终以促进教育公平、提升贫困人口科学文化素质作为政策内容与目标。教育公平问题的关注点主要体现在以下方面：一是偏远贫困地区教育水平与发达地区存在差距，这一问题在当今社会仍有留存，阻碍了贫困地区经济发展和社会进步，不利于社会稳定。二是改革开放以来，市场经济的发展对教育产生了复杂的影响，一定程度上导致新的教育机会不均等问题产生，在贫困地区教育领域也有所体现。三是随着我国教育改革不断深化，教育领域取得了卓越的成就，但也遇到不少问题和挑战，贫困地区教育发展不平衡不充分即是其中的问题。教育公平是现代社会的基础性公平，它的实现对促进整个社会公平正义具有重要意义。从时间来看，教育公平作为政策术语出现在 21 世纪以后。2002 年全国教育事业发展"十五"规划，首次提出了教育发展要坚持社会主义教育公平与公正性原则，这是政府文件对教育公平概念的首次使用。从党的十七大开始，推进教育公平成为国家战略。国家教育政策中的教育公平主要体现在内涵、政策安排特别是资源配置，以及政府作为责任主体的教育治理结构三个方面。在内涵上教育公平体现为教育平等，或者是缩小教育差距、促进教育均衡；在政策安排上主要涉及机会、财力、师资、信息化等公共教育资源配置的平等或均衡；政府是促进教育公平的责任主体，为促进教育公平提供教育支持。到目前为止，政策文本中指出教育公平是社会公平的一种，要调节的是作为社会公共资源的教育资源配置。未来推进教育公平的主要路径体现在公共教育资源的配置上，以公共教育资源配置的公平推动整个国家教育系统的公平。[1]

社会分层理论认为，最重要的社会不平等，是不同社会地位群体对社会资源和生活机会占有多少的不平等。例如，人们在财富或收入上有多有少，受教育水平有高有低，甚至有文盲。这个观点强调，社会成员所拥有的资源和机会的相对多寡决定了他们社会地位的高低。我国著名社会学家陆学艺建构了中国社会分层十大阶层图式，其中，生活处于贫困状态且就业缺乏保障的工人、农民和无业、失业、半失业人员处于社会底层，因为没有组织资源、经济资源、文化资源，长期处于贫困状态。而贫困及其致

---

[1] 石中英. 教育公平政策终极价值指向反思[J]. 探索与争鸣，2015（5）：5.

贫因素会在家庭内部由父辈传递给子辈，并使子辈重复遭遇父辈贫困，由此贫困代际传递这一概念产生，意指社会阶层固化与地位获得的延伸是一定地区或阶层范围内贫困及导致贫困的相关因素在代际之间的延续。对贫困代际传递产生的原因和内在机理的解释，主要有以下几种。

一是环境成因论。持这一理论的学者认为恶劣的自然环境与交通条件是贫困的根源。将持续性贫困归因于贫困者与其所生活的自然环境的关系的失败，要么以一定的自然环境条件为前提认为贫困人口过多，要么以一定的人口数量为前提认为现有自然资源贫乏，影响了人的生活水平。许多贫困地区的确存在着人和环境的冲突现象，例如人口过多，为满足生活需求从而对环境资源的过度开发最终导致环境退化，一些地区自然环境承载力有限从而导致人们生活水平下降等。人口和环境存在矛盾，从而影响了人们生活质量，导致贫困发生。

二是贫困文化论。美国学者奥斯卡·刘易斯（Oscar Lewis）在《五个家庭——墨西哥贫穷文化案例研究》一书中提到，穷人独特的居住特点导致穷人的聚集，他们形成特有的生活方式，和其他人相对隔离，久而久之便形成了一种脱离社会主流的贫困文化。而贫困文化也是一种生活结构，可以代代相传。这种文化通过"圈内"的交往加强，孩子从父母那里学到了引起贫困的价值观和态度，逐渐形成了贫困者的基本特点和人格，导致了贫困现象的持续加强和循环发生。由此产生了一系列信仰和行为方式，包括冷漠、屈从和宿命论的态度，对学校教育不重视，倾向即刻的满足，不稳定的家庭生活以及对权威极度不信任。孩子成人后，自身所反映出的对生活和工作的消极态度，导致他们难以融入社会主流。贫困文化既是导致贫困代际传递的原因，又是贫困代际传递所体现出来的结果。贫困文化是贫困群体在与环境相适应的过程中产生的行为反应，并且内化为一种习惯和传统文化，它的特点是对自然的屈从感、听天由命、对主流社会价值体系的怀疑等。也就是说,贫困地区人口安于现状的生活态度,内化成群体的一种思维定式和行为准则。在这种贫困文化的熏染下,形成一种低水平的经济均衡,并在贫困地区一直延续。

三是贫困、能力剥夺与社会排斥。社会排斥与贫困和剥夺研究中的一些概念是相互联系的。首先,我们把贫困单纯地归结为收入匮乏这一观点。生活的困顿通常缘于收入的不足,从这层意义上说,低收入是生活困苦的一个重要原因。然而,贫困最终所指还是生活的贫困,不是收入低下。诺贝尔经济学奖得主阿玛蒂亚·森提出了能力贫困说,他提到贫困的本质是能力的不足,要衡量贫富状态,应该考察个人实现自我价值功能时的实际能力。所以要改变传统的以个人收入或资源的占有量为参照来衡量贫富,而应该引入关于能力的参数来测度人们的生活质量。同时,他认为,单纯发放失业救助金,对解决贫困和失业起不到实质性的帮助,提高个人能力才是解决问题的关键。同时,社会排斥本身就是能力贫困的一部分。英国学者汤森在1979年提出了"相对剥夺"的概念,认为当个人、家庭和社会集团缺乏必要的资源,不易获取食物、参加活动、拥有公认的居住和生活条件,并且被排除在一般的居住条件、社会习惯和活动之外时,即为贫困[①]。贫困人口所遭受的社会排斥主要是指贫困人群被排斥在一般社会大众所应享受的各种社会经济待遇和权利享受之外,其与社会之间的纽带被削弱进而形成断层。贫困家庭及其子女被社会大众排斥在正常的活动之外,他们失去了改变命运的机会,所以导致贫困的复制。

教育是阻断贫困代际传递的重要途径,教育政策以教育公平作为价值定位,教育扶贫也始终以促进教育公平、提升贫困人口科学文化素质作为

---

① 李晓明. 贫困代际传递理论述评 [J]. 广西青年干部学院学报, 2006 (2): 78.

政策内容与目标。首先,要给贫困群体提供与其他群体同等的教育,做到"平等性公平";其次,要根据贫困个体的特殊情况提供补偿性教育,如为贫困儿童、留守儿童提供特别帮助等,做到"补偿性公平";再次,要针对个体差异尤其是先天差异区别对待,如为贫困群体中身体残疾、智力低下、智力超常等儿童提供个性化教育,做到"差异性公平"。要把教育扶贫和教育公平结合起来,在教育扶贫过程中体现教育公平的价值取向,以促进教育机会均等为关键,以保障移民子女依法享有受教育权利为基本要求,做到平等性公平。以合理配置教育资源为根本措施,创新教育政策和制度,为移民子女提供学业、成长和发展等方面的教育支持,做到补偿性公平。面向未来,教育结果的公平更应该关注"底层学生"而不是"顶部学生",确保"兜底"而不是"掐尖",让所有孩子在教育结果上都达到基本标准,超越教育的贫困线。

(二)文化变迁理论

文化变迁是人类学的重要理论。"流动",也是人类学研究的经典命题。生态移民易地搬迁是在政府指导下的人口流动,流动的过程必然会面临文化变迁与文化适应问题。当拥有不同文化的个人或群体间进行直接接触,继而引起一方或双方原有文化模式发生变化,就产生了涵化现象。有研究表明,那些自愿参与涵化进程的人如政策指导下的移民,比选择性较小或被迫的人群如难民和原住民,他们所承受的心理压力较小,他们对文化接触和文化变化的态度是积极和有准备的。暂居人群和缺乏社会支持和社会保障的人比永久定居的人群遇到的困难更多。这说明在发生文化变迁以后,对生态移民提供社会支持和社会保障对于破解涵化过程中遇到的问题具有重要意义。

著名人类学家马林诺夫斯基认为,文化变迁是现存的社会秩序,包括它的组织、信仰和知识,以及工具和消费者的目的,或多或少地发生迅速改变的过程。导致文化变迁的原因有两种。一是因社会自身内部的发展变化而出现，通常是源自进化、发明和发现。二是由于两个不同社会之间的接触而引起的，通常是通过借用和传播。文化必须被另一个文化群体足够数量的成员接受并成为它的特点之后，才能被认为实现了变迁。前一种原因被称为革新，后一种意义上的文化变迁被称为涵化。前者主要为文化进化论学派所持的观点，认为人类社会文化发展具有由低级到高级、简单到复杂发展纵向普遍性，后者主要为文化传播论学派所持的观点，它侧重研究文化的横向分布，认为文化变迁主要来自外在环境如地理环境、空间分布的变化。文化变迁是人类社会的特性，但由于文化变迁不同时空所面临具体环境不同，大致可分为无意识变迁和有意识变迁。前者指的是变迁的过程是不自觉进行的，人往往并不知道自己所采取或实施的应变措施会带来什么样的后果，后者指的是有计划地改变某些文化要素的状况和过程。主要分为三种类型：主动变迁、指导性变迁和强制性变迁。主动变迁是变迁主体自觉自愿、主动发起的。指导性变迁指的是某一文化的某些人有计划地帮助或促使另一文化发生社会或文化变迁。强制性变迁主要指的是用强迫手段迫使另一文化发生变迁，即强制同化。

  学术界对文化变迁有多种解释。有些学者基于人类学进化论观点，认为社会文化变迁是一个纵向发展的过程，并由此认定一个国家内有不同的社会文化发展阶段。在一个多元文化并存的社会中，这种观念实际上会导致对某些群体及其文化的误读和轻视。也有些学者认为社会文化变迁是个多途径、非直线形的发展过程，不仅是一个纵向的过程，也是一个横向的过程，不同社会文化变迁有不同的路径。还有些学者认为，社会文化变迁是由一个文化中心扩展、传播到周边的，有人通过归纳不同地区社会文化相似之处来论证。但这种文化传播论也会导致过于构建某种文化形态的中心化地位，容易将其他文化的地位和功能置于屈从地位，从而忽视不同文化的发展需要及其功能。

涵化是文化变迁的重要途径。20世纪30年代、50年代和60年代中期，涵化成了美国人类学家探讨的主要课题之一，当时主要着眼于西方主导文化对边缘文化的影响。20世纪80年代以来，随着国际交往日益密切，移民潮、难民潮等一系列问题陆续显现，涵化研究的重点也转向移民群体的涵化以及涵化人群的心理适应研究。《简明不列颠百科全书》对涵化作了这样的界定：涵化是指因不同文化传统的社会互相接触而导致的手工制品、习俗和信仰的改变过程。美国人类学家赫斯柯维茨等人曾指出，当拥有不同文化的个人或群体间进行直接接触，继而引起一方或双方原有文化模式发生变化的现象叫作涵化。涵化是由自然环境的变化及社会文化环境的变化如迁徙、不同民族的接触等引起环境发生变化，社会成员以新的方式作出反应时，文化便开始发生变迁。

教育变迁是文化变迁的一种表现形式。社会内部的经济科技发展与外部文化接触交流的加强，内部文化知识的传播等带来的协调、整合与选择，最后都会体现在学校教育目标、内容、手段和方式的改变。教育的创新发展也是文化创新的基础。教育不仅是文化变迁的直接或间接产物，也表现为文化变迁对教育的需要。每一次重大的文化变迁都会对教育形成挑战，但也是提供一次飞跃的机会。中国社会所面临的文化变迁从整个社会发展而言，是逐渐缓慢进行的，但对长期与发达地区经济文化交流相对隔绝的贫困地区而言，现代化带来的冲击是剧烈的、突变的。同时，这种变化不是主要由内部引发，而是由于强大的外部文化的碰撞引发的文化传播和冲突，而且，这种文化变迁是多元的。在社会转型的大背景下，原有经济结构被打破，原有社会形态被改变，特定社会群体所遵循的规范被打乱，原有的松散、日常化的教育形态逐渐在公共领域丧失话语权和约束力，而被有目的、有组织、有计划的新教育形态逐渐替代。因此，文化冲突中出现的问题和矛盾往往转化为具体的教学问题，体现在传承和传播不同文化知识的学校教育中。

（三）社会支持理论

社会支持理论常用于解释与弱势群体相关的社会问题。社会支持一般是指来自个人之外的各种支持的总称。各类社会工作人员为需要帮助的弱势群体提供社会支持，包括正式的社会支持和非正式的社会支持。正式支持来自政府、社会正式组织的各种制度性支持，主要包括政府行政部门，如各级社会保障部门、民政部门以及准行政部门的社会团体的支持。非正式的支持主要指来自家庭、亲友、邻里和非正式组织的支持。提供社会支持的一方是社会支持主体，被提供社会支持的一方是社会支持客体。社会支持理论重视人对社会的适应性，强调人在社会环境中的感受，重视个人对周围环境资源的利用。社会支持不是一个单一维度的人际关系，是指一定社会网络运用一定的物质和精神手段对社会弱势群体进行无偿帮助的行为的总和，它关注不利人群，促进社会公平，关注社会联结，其基本的理论假设是个人困境的发生是社会联结的断裂[①]。社会支持理论在教育学中的应用，要对教育情境中的人进行系统全面的透视，在整体文化观的视野下注重人与社会的联结、人与社会的互动，即注重教育支持主体与教育支持客体之间的互动关系。

1.社会支持理论来源

社会支持理论最早可溯源到19世纪法国社会学家涂尔干在《自杀论》中对个人的社会联结与自杀倾向之间的关系分析。20世纪六七十年代开始，社会支持从一种简单指代互动、人或关系的特有名词，扩展为更具覆盖力

---

① 倪赤丹.社会支持理论：社会工作研究的新"范式"[J].广东工业大学学报（社会科学版），2013（3）：63.

037

与抽象性的专业术语，涵盖了支持的质量、预期与知觉、支持互动的规模以及人、行为、关系或社会制度的抽象特征等诸多内涵。国外学者尝试通过分类对社会支持进行评估，如布洛克将社会支持分为评价支持、情感支持、信息支持与工具性支持；里奇曼等人根据社会支持提供者的行为表现，认为社会支持分为有形支持、信息支持和情感支持三个方面，并细分为倾听支持、情感支持、情感挑战、现实确定支持、任务评定支持、个人援助等八种类型；还有研究者对社会支持进行了化简分类，认为其主要可分为两种类型，即情感支持与工具性支持。

社会支持理论经历了三个重要的发展阶段。20世纪初是萌芽阶段。现代社会学奠基人之一涂尔干在《自杀论》中提出个人与社会联结与自杀倾向的关系的研究是社会支持的开端。涂尔干认为社会事实是用于解释个人行为背后的原因。20世纪70年代是研究兴起阶段。社会支持作为一个学术概念，是20世纪70年代在精神病学文件中首先引入的。认为社会支持给予个体实际的、情感的支持，并认为社会支持网络对个人的支持具有重要作用。这一阶段的研究启示是，关注提供客观的、实在的支持，还是提供主观的、感受的支持，体现了如何支持的问题。20世纪80年代是研究繁荣期，提出非正式网络发挥了正式网络所不能代替的支持作用。研究提出了社会支持的不同分类，提出了工具性支持和表达性支持。这一阶段重视发挥非正式网络的作用，包括社区、社会网络、亲密伙伴以及感知的、工具的、表达的支持。

从社会支持理论的观点出发，一个人应对外界的困难和挑战的能力与个人所能利用的社会支持成正比。一个人占有的社会资源按照来源可以分为个人资源（包括个人的自我功能和自身应对能力）和社会资源（指个人的社会关系的广度和处于社会关系中的人能够在什么程度上提供支持）。从社会支持理论的观点出发可以看出，如果对个人的社会支持网络加以优化和完善，能够让社会支持在个人的生活中发挥更大的作用。尤其是对那些社会关系广度欠缺，社会关系中的支持力量薄弱的个体而言，帮助他们丰富社会支持网络，拓展社会支持关系的广度和深度，可以为他们提供更好的社会支持，解决他们一些急迫但依靠自身不能解决的问题。在帮助他们拓展社会资源的同时，也要注意其主观能动性的培养，提高他们运用社会支持的能力。

2. 社会支持理论结构要素

社会支持结构要素包括社会支持主体、社会支持客体以及社会支持内容。一是社会支持主体。社会支持的主体即社会支持的提供者和实施者。有学者认为，各种不同的社会形态就是社会支持的主体，也有学者认为不是所有的人之间都可以构成社会支持，一个人的社会支持网中的人，应当是和这个人具有密切的关系和足够的信任。有学者则认为社会联系就是社会支持的主体，被支持的个体为核心的其他个体均是社会支持的主体。

二是社会支持客体。社会支持的客体是指社会支持的接受对象。但是，学术界对社会支持的客体是选择性的还是普遍性的存在意见分歧，因此对社会支持的客体没有统一的认识。部分学者认为社会支持是专门针对社会弱势群体，故而社会支持的客体是选择性的。另外一部分学者则认为，社会成员都会面临困难和压力，都需要社会提供支持，因而社会支持的客体应该是普遍存在的，不能仅仅只是社会的弱势群体才是社会支持的客体。也有学者认为社会支持客体不应区分社会身份，而是面向全体的、全部的社会成员。

三是社会支持内容。社会支持内容是社会支持的主体部分，也是社会支持的具体表现方式。归纳起来主要有两个方面：客观可见的支持内容和主观感受与体验支持。客观可见的支持指的是所提供的支持的内容是客观存在的，不以人的主观意志为转移，比如说物质支持、资金支持、实物支持等；主观体验的支持则是与客观支持相对的，主观支持主要是以个体的感受为主，考虑被支持的个体的主观感受，比如说对个体的情感支持、心理支持、精神支持。国外的研究者对社会支持类型的划分普遍采用的是因子分析法。韦尔曼将社会支持分为五种，感情支持、小宗服务、大宗服务、经济支持、陪伴支持；库恩等研究者将社会支持分为归属性支持、满足自尊的支持、物质性支持和赞成性支持四种；考伯则将社会支持区分为情感性支持、网络支持、满足自尊的支持、物质性支持、工具性支持和抚育性支持；卡特纳和罗素将社会支持区分为情感性支持、社会整合或社会网络支持、满足自尊的支持、物质性支持和信息支持。综合各种观点，可以将社会支持分为三种类型，分别是客观的、实际的支持；主观的、体验得到的支持；个体对社会支持的利用程度。客观的、实际的支持，即物质上的直接援助和社会网络的存在与参与。主观的、体验得到的支持，是个体在社会中受到尊重、得到支持和被理解并因此产生的情感体验和满意程度，紧密相关于个体的主观感受。个体对社会支持的利用程度，即个体面对社会支持的主动性方面，是否积极地接受社会支持。

3. 社会支持网络

社会支持网络主要是指以社会作为大环境当中不同身份的个体之间的一种互动，总的来说，也就是个体因为自己的社会角色或者特殊的身份、地位而获得所需要的物质的、精神的和服务方面的支持的总和。在差序格局语境下，社会支持网络可以划分为家庭支持、社区支持、国家支持和社会支持四个层次。其中，家庭作为最小的单位，构成了社会支持网络的核心，以此为基础不断向外辐射扩散。与此同时，社会支持网络理论认为，一部分被认为是弱势群体的个体之所以需要社会支持，主要是因为社会支持系统存在相当程度的不完善，而这种不完善在很大程度上引发了其他的矛盾与冲突，导致这部分人群所处的环境受到负面影响。鉴于此，只有站在社会支持网络的高度，统筹社会系统，进行资源整合与互补，才能在充分调和的基础上展开支持，建立起良性的社会支持系统，形成相互联系的社会支持网络。

4. 社会支持理论用于教育研究的适切性

社会支持理论强调，一定的社会网络向社会特定对象提供无偿的物质或精神帮助，以促使社会支持对象更好地适应社会。个体拥有的社会支持越多，其对环境的适应能力就越强。借鉴社会支持理论，运用一定的社会网络向移民子女提供教育支持，充分利用社会各方面资源，为移民子女教育提供充分保障。通过政府、学校、家庭、社会等支持主体，为生态移民子女提供必要的教育支持，有效弥补因政策支持不完善、拓展服务型支持缺乏导致教育供需内容失衡，以及文化变迁产生的文化适应和学校适应难题，从而促进移民子女学业发展，保护个体身心健康。从教育支持的结构来看，教育支持包括教育支持主体、教育支持客体和教育支持内容。政府、学校、家庭、社会均可为移民子女提供教育资源和教育机会，是重要的教育支持主体。移民子女作为接受帮助者，是教育支持客体。教育支持内容方面，通过政策性支持、工具性支持、情感性支持、文化心理性支持为生态移民子女提供教育帮助，将教育支持主体与教育支持客体连接起来并使其充分互动。

第一章
移民子女教育的历史考察

第一章 移民子女教育的历史考察

美国人类学家露丝·本尼迪克特在《文化模式》开卷引用了一句美国印第安人谚语:"开始,上帝就给了每个民族一只陶杯,从这杯中,人们饮入了他们的生活。"① 她用这句话来说明人类文化和行为的多样性。自1492年哥伦布发现美洲大陆后,移民浪潮时涨时落,引起了世界种族和民族的重新分布。特别是在第二次世界大战后,西方主要发达国家的种族和民族成份日益复杂,时至今日,几乎已经找不到单一民族的国家了。由于社会历史发展进程及生存环境的差异性,各民族在长期发展进程中形成了独具特色的文化模式,且外化为不同的经济生活、生活习惯、风土人情等文化符号。文化与教育有着直接的关系,教育总在一定的社会文化背景下进行,随着文化发展,人们对受教育的需求程度就越高。同时,文化传统的核心,即价值观念和取向,极大地影响着人们对教育目标的制定、教育地位的认识以及教育内容、手段和方法的选择。

在世界经济一体化和欧洲一体化进程中,德国、美国越来越成为事实上的移民国家。在经济合作与发展组织(OECD)公布的国际学生评估项目(PISA)中,德国学生之间水平差异较大,认为移民的社会层次对教育成就的影响是巨大的,在促进移民子女文化融合和提高德语水平方面不够是导致德国学生在国际学生评估项目中失利的原因。在美国,移民学生中弱势

---

① 露丝·本尼迪克特. 文化模式 [M]. 王炜,译. 北京:社会科学文献出版社,2009:1.

群体学生成为低分学生的可能性是优势群体学生的 2.5 倍多。但有一类学生被称为"抗逆学生",指的是那些来自社会和经济底层、通过努力超过了同伴、成绩排名在国际上前四分之一阵营的青少年。这说明,教育成果越来越多的是学生的个人才能和努力的结果,环境和家庭背景的影响在下降。我国近几年也有因政策性移民产生大规模人口流动,如易地扶贫搬迁移民、工程性移民等,移民子女也面临人口流动迁移过程中的学业适应、文化融入等一系列教育问题。对国内外移民子女教育考察和跨文化研究,可以给我们一些有益的启示。

第一节 国外移民子女教育

在全球化不断加速的今天,当我们用"地球村"来形容人类赖以生存的环境时,蓦然发现,移民现象以及相随产生的移民教育问题日益突出。移民与原住民、彼文化与此文化、他者与自我的冲突与矛盾,导致很多社会问题的发生。就世界上典型的移民国家而言,美国和德国的移民对当地社会发展作出了历史性贡献,政府通过多元文化教育和跨文化教育政策为移民子女的学习、生活、交往提供支持。然而,即便如此,移民问题及由此衍生出来的社会问题仍然十分严重,种族歧视、贫富分化、暴力犯罪,移民所处的不公平的社会地位并没有得到根本性改变。倘若深入分析这些现象产生的原因,不难发现,移民教育的不公平是其中最为重要的因素。我国移民与国外移民具有本质上的不同,对国外移民子女教育的认识要以"两分法"来对待,既要吸收其促进移民子女"异质—融合"的教育经验,还要立足于我国教育实际。

一、美国移民子女教育

（一）多元文化教育的产生

美国是一个移民国家，如何协调族群关系，一直困扰着美国社会。在文化多元论产生之前，熔炉论是以美国为实证基础的同化模式的形象表述。1782年，法国裔美国学者埃克托圣约翰·克雷夫科尔形象地提出了"熔炉论"，他认为各外来民族应当而且必然会在美国这个伟大的熔炉中熔化为具有同一性的美国人。然而，1915年犹太裔美国学者霍勒斯·卡伦认为，个人与族群的关系取决于祖先、血缘和家族关系，是不可以分割、不可改变的，提出了"文化多元论"。他认为，在民主社会的框架内保持各族群文化将使美国文化更加丰富多彩，文化多元承认不同种族或社会集团之间享有保持差别的权利精神。由此，在文化多元论影响下的美国，很多学校纷纷开设多元文化课程，多元文化教育引起了多民族国家的关注。

美国最著名的多元文化教育专家詹姆斯·班克斯作为一位民族学问题专家、黑人运动问题的专家，对多元文化教育的界定独具特色，更加突出地显示了来自多元文化教育内部的呼声与理念。班克斯在他一系列的有关多元文化教育的论著中提到对多元文化教育概念的界定和理解。一种思想或概念，说明所有的学生，不管他们属于什么群体，例如性别、民族、种族、文化、社会阶层、宗教等等，应该在学校里体验到教育平等的思想。一场教育改革运动，它规划并引起学校的改革，以保证少数民族学生取得成功的平等机会。一个持续的教育过程，说明它努力去实现的理想目标——例如教育平等和废除所有形式的歧视——在人类社会中短期内不能完全取得，需要一个过程。他认为多元文化教育，一般是指在多民族国家当中，为保障享有平等的教育机会并使他们独有的民族及其得到应有的尊重而实施的教育。班克斯认为多元文化教育的根本目标是使属于不同文化、人种、社会阶层的集团，学会保持和平与协调互相之间的关系从而达到共生。他对文化集团与民族集团作了区分，从而将多元文化教育与多元民族教育区分开来，即多元文化教育不能只针对少数民族群体，而应扩及其他文化群体，如妇女、残障、宗教、社会阶层、地区和年龄等群体，只有这样，多元文化教育才是广泛的。所以从一定意义上讲，多元文化教育是超越多元种族教育的。但多元文化教育并非只是一种理念或口号，多元文化教育是一个不断持续发展的过程，它所要达到的目的如教育机会均等、社会公平、反对种族歧视、反对性别歧视、反对残障歧视，也是民族社会要达到的目标。要成为具有可操作性的教育活动，必须要制定积极的教育政策以及进行切实的教育改革。

（二）多元文化教育发展阶段

多元文化教育正式产生于 20 世纪 60 年代美国的公民权利运动，目的在于建立一个更加平等和自由的以及一个更加平衡的文化社会。他们认为教育应该反映多种准则，而不仅仅是反映在美国占主导地位的精英阶层和主流社会的准则，这样才能更充分地表达美国民主的多元化。首先是黑人，然后是其他各族群要求通过学校和其他教育机构的课程重建以反映各少数民族的文化、历史、经验等。这个阶段关于多元文化教育的研究主要是对各民族社团的历史文化进行科学的和人文主义的研究，即民族研究阶段。这一阶段的成果，主要表现在产生了一系列关于少数民族教育的计划，编写了关于少数民族文化、历史内容的补充教材，增设了一系列复杂课程。

第二个阶段是多元文化教育理念发展阶段。作为一种崭新的教育模式，多元文化教育蕴含了教育公平思想。班克斯指出，多元文化教育的概念应该是广义的，包括民族研究、多民族教育、反种族歧视教育、妇女教育、残疾人教育等。在教育制度层面上,保证弱势群体受教育机会平等;在教育实践中,考虑到教育结果会因为学习者原来的生活境况、文化背景的不同而不同,各级学校中人文课程的改革也要朝着教育公平的方向发展。多元文化教育还蕴含了对学习者主体性和自主性尊重的思想。文化社会学家米德认为,自我和心灵是在社会中形成和发展的,在社会化过程中,有机体与其周围环境交互作用,产生自我意识,发展自我的心智。多元文化教育在肯定学习者选择的自由的同时,也强调对其他人的文化选择尊重的重要性,倡导人与人之间的理解和宽容,从而为学习者自身和他人的主体性发展开辟了更广阔的发展空间。另外,多元文化教育不仅注重对多元文化意识和情感的培养,而且还注重培养个体在处理自己和他人受到歧视和偏见时的行动能力。多元文化教育还蕴含了新的知识观和学习观。有意义的学习发生的前提是学习内容具有个体意义。只有当所提供的学习材料有个体意义时才会激发学习者的学习动机,才会使个体整个身心都投入学习。当学习与学习者已有的生活情景、文化传统、价值观发生联系时,这种学习是有个体意义的学习,也就能激发学习者学习的兴趣和愿望。相反,在强制同化思想影响下的教育,虽然也给学习者提供了同样的教育内容,但往往造成弱势群体教育失败,其原因自然不能简单地归结于来自不同文化群体的学生间固有的智力差异,而在于文化的剥夺使学习者完全处在异己的文化下不能找到学习的个体意义,不能激发他们的学习动机和情感。

第三个阶段是多元文化教育的制度化阶段。20世纪80年代以后,以美国为主的西方国家从政策、立法等方面对多元文化教育作了具体的规定,并向教育机会均等过渡,多元文化教育逐步走向制度化。其帮助各个文化集团克服文化障碍,全面面向美国社会,在国家团结利益下,促进文化交流。成立教育机构和社会组织,采取一系列措施,鼓励和推行多元文化教育。

第四个阶段是多元文化教育的全球化阶段。受全球化和信息化的影响，多元文化教育开始与国家理解教育、跨文化教育融合在一起，致力于解决全球共同面临的环境、地区冲突和恐怖主义、人口增长、失业和贫穷等问题。人们日益深刻认识到要解决人类共同面临的危机，就需要各民族和国家间的相互宽容理解和接纳。多元文化社会和多元文化世界的公民，应能承认他们对形势和问题的解释根植于他们个人的生活、他们社会的历史以及他们的文化传统，这标志着多元文化主义的教育价值观在全球范围的确立。

（三）多元文化教育的实践

首先，保障不同民族和种族学生的受教育权。在基础教育阶段，美国开始设立特许学校，以期扩大其招生的民族和种族数量及类别。迄今为止，全美特许学校已经超过500所，有37个州设立了特许学校[1]，并更多地应用多元文化教学，从而保证了其他族裔学生能受到和以英语为母语的学生有相同水准的教育。其次，打破地区限制，实行开放的入学政策。美国许多地区，如明尼苏达州、纽约州第四学区和马萨诸塞州，先后实行了开放的入学政策，即各不同学区，无论种族或是贫富差异都可以有平等入学和择校的机会。以纽约州第四学区为例，它隶属贫困学区，种族构成复杂，学生在受教育机会上受制约，在这个学区，大部分的家庭收入较低，在英语语言能力测试中，有10%的学生被认为是英语水平受限的水平。纽约州颁布了全市开放择校的规定，旨在尊重地区差异，促使学生在选择高校时在更大范围内有自由度和自主权。再次，保障残障者和女性弱势群体接受教育。美国联邦政府推行了一系列推进全体社会族群平等接受教育的举措。其一，弱势群体受教育的机会引起了更多关注，边缘人群有更多接受教育

---

[1] 胡庆芳. 美国新兴特许学校的现状研究[J]. 外国教育研究，2002（4）：19.

的机会。其二，把增加适龄的失聪人群的课程的多样性作为重要的教育目标，鼓励教育工作者开展针对残障人士的课程设计，以满足弱势群体学生的多元文化教育需要。[①]

多元文化主义是西方移民浪潮和民权运动的产物，自 20 世纪 60 年代以来，它一直是西方世界对于少数族裔的文化政策。但是随着多元文化主义的发展，多元文化主义的弊端显现。欧洲某些国家形成了少数族裔聚居区，文化多元主义并没有促进不同族裔之间的交流，反而使他们更加孤立。此外，多元文化主义过度强调多元，反而忽视不同民族文化之间存在的共同价值理念，并不利于整合社会凝聚力。多元文化主义反对文化中心主义，其根本缺陷是强调差异性却忽略了普遍性和同一性。一些人把多元文化主义解读为不同类型文化的绝对平等，混淆作为一个国家主流文化或核心价值，影响国家主流价值观。一个国家如果没有自身的主流文化作为团结凝聚的核心，必然导致国家文化成为"文化拼盘"，很难将国民团结为一个整体。与多元文化主义相关联，通过强调不同文化群体的身份差异性、寻求超越公民特殊权利和待遇的身份政治理论，也没有带来期望的文化平等与社会平等。过分强调身份差别并提出各种政治化的诉求，弱化了公民身份的凝聚力和民族国家的向心力。

二、德国移民子女教育

（一）跨文化教育政策制定

从 20 世纪 70 年代末开始，随着德国失业人数的增加，德国社会将矛

---

① 李洪修，李哨兵. 20 世纪 90 年代以来美国多元文化教育的特征与困境[J]. 民族教育研究，2016（4）：107.

盾转向和投射到劳动移民和政治难民身上，外国劳动者的子女大多数不能正常毕业于基础学校（小学教育），且参加职业训练的学生也有18%跟不上教学进程。担心子女受到不良影响的德国父母、拒绝接受德国同化教育的移民家庭，使减轻教育负担一时成为德国学校教育的核心问题。为此，德国教育部长会议提出了"双重课题"或"双重策略"，即外国青少年接受移民社会的统合教育的同时，也接受来自为保持文化归属性的母国社会的统合教育（归还能力）。也就是说，从让移民子女适应德国观念及文化行为方式的教育，开始转为对其母国社会再适应的回归教育。因此，跨文化教育的登场在德国把文化的多样性作为一种事实联系起来。20世纪70年代德国移民子女教育政策特征是基于移民子女德语能力的不足所产生的问题，德国进行了以适应、同化、重视文化归属性为教育目的的补偿教育。

20世纪80年代以后，随着在德国滞留或长期居住的外国人及移民等少数民族集团的存在得以正常化和普及化，德国面临着传统社会共同体的解体，社会趋于非统合、个别化、不安定化、多样化的同时，也存在着希冀社会重新统合，提倡保守主义、权威主义、力图社会公正。然而，正是移民异质文化的存在，才促成了德国多元文化社会的形成。多元文化社会的发展目标不是将文化的多样性作为一种负担和问题，以消极的对立面来把握，而是将其视为丰饶社会及个人生活的一种重要文化形式和途径。与此同时，多元文化社会的发展方向，也非停留在同化、统合水平上，而应超越差异，推崇与异质文化共生共存的时代精神和人文理念。

德国跨文化教育与其社会背景紧密联系，因移民问题产生的社会问题有必要通过跨文化教育予以解决。青少年研究以及有关学校、学校外青少年活动各种教育计划的实施，有必要遵循跨文化教育。德国提倡促进外国人子女就学义务以及在学校掌握德语和母语的方案，呼吁取缔文化偏见，加强移居者与本土居民之间的相互理解，对尊重他国文化，加强共生共存世界的责任感、义务感及其理解提出了一些措施性建议。2003年，联合国教科文组织发表了有关跨文化教育的文章，认为跨文化教育不是在原有课程的基础上进行"附加"的教育，进行跨文化教育必须兼顾学习环境和学习过程，将它们作为跨文化教育的一个整体进行关注。①我国《教育大辞典》中对跨文化教育界定是在同一环境中多种文化并存时要进行多种文化的教育，坚持其中的一种文化为主，其他文化为辅，进行多元化的教育。设置专门的跨文化教育环境，让成长在某种文化环境中的学生到特定环境中去接受另一种文化的教育，学习非本民族的风俗、语言、价值观的教育。

（二）跨文化教育政策实践

1996年，德国各联邦州第一次明确达成一致，将跨文化观点作为教育过程中的一般意义上的确定性目标，而非临时性附加任务，提出了跨文化教育的原则。学校尽可能地利用一切提供学习、生活、经验的空间，引导学生在知识、洞察力、价值判断及其取向等方面，采取合理的思考和行为方式。教师对不同的观点予以保留，在课堂或课堂以外要为学生树立与外国人交流的良好模范。不论德国本土学生，还是外国学生，都必须学会用同一方式体验价值判断、依赖、友爱，所有的学生都要关注学校文化的发展，以相互尊重为他们共同生活的原则。对移民学生的父母，要考虑到他们对学校教育观念及学校的共同决定的异文化解释，在针对某项决定发生矛盾时，学校与家长间不仅要坦诚地交换意见，甚至有必要明确一项决定的判断根据。

---

① 侯海冰. 德国跨文化教育发展现状、评析与启示 [J]. 中国成人教育，2019（17）：68.

跨文化教育制度方面，检查教学大纲和教学计划基准，在跨文化教育的观点下，制作教学实践手册，认真学习分析跨文化理解的教科书，提供多种外国语的教学，促进语言的多样性。在外国使馆监督下进行母语教学学校的一般教师间建立相互合作关系，在所有教学科目上予以非德国人教师教学活动的方便化，强化母语教师与一般教师间的相互合作关系。改善学校的合作关系及学生交流计划，促进教师间的国际交流，援助学校与多国间的交流计划及国际互联网活动。利用既存的心理咨询制度，强化社会福利教育专家、青少年活动、社会文化方面的先锋、外国人评议会等诸机构间的合作。将跨文化教育视为所有大学培养教师的一个不可或缺的组成部分，教师的继续教育也要导入跨文化教育范畴。

在具体措施方面，首先表现为双语学习的实践。语言教育对于德国移民子女来说具有特殊性。在制止对国外移民孩子进行单独编班的基础上，将德语作为第二语言或者外语进行授课。面向这些孩子和他们的父母设立教育咨询机构，根据孩子目前的母语水平确定他们今后的教育路线。移民子女融入常规班级的过程分为三个阶段，每个阶段都配有相应的辅导老师。在前两个阶段德语只是作为第二语言，第三个阶段孩子将和德国孩子一样进常规班级进行学习，同时他们还要继续接受特殊的辅导。在此基础上还有另外一个教学方案作为补充，即开设课外辅导和小课，这些课程所需经费纳入移民子女融入德国的专项资金。[①] 其次，在语言促进的基础上，提供教育咨询与指导。如何保证移民子女以更可能多的知识进入小学第一学年，很多社会机构会共同合作，为"家庭计划"提供帮助，对初级阶段至中等教育第一阶段的课程提供家长咨询服务。由于职业选择和教育选择在很多

---

① 刘丽丽. 德国移民子女教育政策[M]. 北京：中国社会科学出版社，2009：129.

移民家庭不是由青少年自己作决定,或者他们根本不能自己作决定,而是属于家庭计划的一部分,此时移民的家庭联结成的网状结构发挥了重要作用,在咨询过程中家长们也能积极参与进来。

(三)跨文化教育与教师教育

欧洲国家制定了大量有关跨文化教育的改革政策和方案,同时跨文化教育也成了德国教师教育领域所关注的改革主题。德国已经将跨文化教育理念融入职前教师教育改革的整体设计中。《教师教育标准:教育科学》提出将"处理异质化""整合""促进"作为跨文化教师教育改革的重点,并围绕这三个主题展开。新的教师教育体系充分体现出处理异质性、能力导向性、开放性、实践性等特点。

专业处理异质化是改变教师教育现状,实现教师专业发展的重要元素之一。[①] 为教师提供改善处理语言异质能力的专项培训;在处理异质性的视域下,对学科、科学教学法、教育科学领域的课程进行重新思考和调整,将处理异质的理念纳入核心课程中;"区别和公平"与"文化与社会异质化"成为跨文化教育课程内容的核心词汇,在很多大学的必修课教育学导论模块中设有"多元文化背景下的教育结构""公平的教育""文化与社会异质化""教师对不同语言背景学生的研究"等课程。将语言教育融入学科教学中,并将德语作为一门外语进行教学。

能力导向方面,了解关于儿童和青少年发展的教育学、社会学、心理学理论知识;正确评价和接受文化多样性的能力;支持学生形成价值意识和态度及培养学生形成自我决定的行为能力;了解学生在学习过程中可能产生的问题,并为学生提供帮助和解决方法的能力;跨文化维度中教学设

---

① 于喆,曲铁华. 德国跨文化教师教育改革的发展与新动向[J]. 东北师范大学学报,2016(4):209.

计能力，了解性别特殊性对教育的影响。将课程设置成四个不同的能力专题：一是教育与社会，教与学，职业生涯培训，"跨文化教育"是学习重点；二是社会、政治、教育条件，"区别与公平""文化与社会异质"是学习重点；三是教育研究、教育方法研究，"跨文化教育研究"是研究重点；四是知识与能力，教师情感、态度、行为的研究，"跨文化能力""树立兼容的价值观、公平对待每一个学生"是学习的重点。

跨文化教育还需要有开放性的特点。包括开放性的内容、开放的形式、开放的方法。对教师的培养要具有丰富性和可供选择性，教师不应该仅限于专业学科内容的学习，要适当补充各国文化、社会、经济、政治、环境等方面的相关内容，专业性与通识性兼备，让职前教师逐渐领悟到跨文化、跨学科教育内容的丰富与深入，在此基础上进行创造性、能动性的最大限度发挥。开放的形式指打破传统的培养模式，将自主学习模式作为教师教育的重要组成部分，教师可以根据学生的具体情况以及个人学习需要、学习进度、学习方式等自主安排学习，通过参与式学习和合作学习的形式在开放的学习环境中深化对跨文化教师教育的理解。

德国跨文化教育非常重视教师的实践和亲身体验，为跨文化教育的顺利开展提供教师学习、培训、交流、实践的机会。利用高校合作交流项目为教师提供出国跨文化实习交流的机会，通过国外实习增长教师的跨文化经验和能力。在参与各类教研项目中研讨理解跨文化教师教育的相关问题，通过小组讨论、情景模拟等方式使职前教师从认知、情感和行为上充分认识、比较、体验、思考跨文化及跨文化行为。通过国外中小学课堂活动参与，获得和掌握跨文化交流的经验，提高跨文化交际能力，分析交流和观察在此过程中出现的跨文化现象和跨文化冲突，培养职前教师的跨文化敏感性，在广泛的环境范围内培养教师的多元文化共融意识。

从本质特征看，跨文化教育没有改变或抛弃多元文化主义的基本主张，只不过在一些术语和表述方式上做了转换，将多元理念转向"多元整合""多元共生"，在核心价值取向和实践形态上仍是"新瓶装陈酒"。它预设了一个接近实体存在的文化空间，位于不同文化交会处，能被不同文化所兼容，但既不完全属于某一特定文化，也非众多文化的共同交集，而通过这个中间地带感知自身主体与他者文化主体之间隐含的相似性和关联性。但对一个国家、民族来说，缺乏明确核心价值的文化模式极易丧失文化自主性而不具有凝聚力、向心力。

第二节　国内移民子女教育

国内大型移民主要因水利工程建设、贫困治理、生态环境保护而实施，是在政府指导下开展的政策性移民。三峡库区移民源于三峡水利工程建设，由于移民后续的生活与发展在初期没有从根本上解决，旨在通过加强教育提升移民子女的生存技能，拓宽就业途径。海南探索教育扶贫移民模式，把贫困地区学生集中搬迁到城镇就读，免费就读职业教育，推动城镇化步伐，以教育融入促进城乡融合发展。

一、三峡移民子女教育

（一）三峡库区移民与教育

三峡库区移民因发展大型水利工程建设，导致工程周边地区的生存环境变化，不足以满足居民的生活需求而产生的外向型移民。三峡工程分布在重庆市至湖北宜昌市的长江干流上，是中国有史以来建设的最大水电工程项目，在防洪、发电、航运等方面取得了巨大效益，但是也引发了库区文物和生态环境保护、移民就业及教育等诸多问题。三峡工程移民搬迁113万人，由于移民后续的生活与发展在初期没有从根本上解决，也出现了一定程度的"返乡潮"。因此，在政策主导下通过教育提高移民的生产生活技能，拓宽就业途径，重新布局教育资源，及时调整教育政策，对经济社会协调发展和人民生活水平提高意义重大。

在影响移民搬迁的因素中，有政治、经济、法律、人口、环境、生产生活和社会发展条件的限制，也有教育程度、文化心理、个体特质与社会适应等因素的制约。在移民搬迁过程中，移民原有的文化属性及受教育程度会对移民的迁建速度和经济社会生活重建产生重大影响。受教育程度高的移民及其子女，勇于接受新事物、新观念，社会适应能力强，具有竞争和创新意识，能够有效推动移民搬迁。移民子女接受新生事物能力强能够在文化、心理上反哺其父母，增强搬迁的意愿，在迁移过程中把握的就业机会多，选择职业的范围广，区域文化的适应性越强，生产生活条件改善越快，返迁率就越低。因此，受教育状况和文化素质在很大程度上决定着搬迁的速度与搬迁后续稳固致富问题。

（二）三峡库区移民教育支持政策

为了解决移民后续稳固致富问题，国家制定了相关教育支持政策。一是切实解决好移民迁移中适龄儿童少年的就学问题。积极为移民适龄儿童少年创造学习条件，实施从幼儿园到中学的规范式教育，提供接受义务教育的各种资源，并建立严格的管理制度。重点关注移民子女在新环境中的教育认知与认同问题，尽量满足他们的教育期望，并使教育期望具体化为学业成就。二是制定移民教育扶持政策，建立移民社区学校。政府部门在教育经费上多渠道给予重点扶持，对移民子女教育提高补偿标准，其教育补偿资金不低于移民原有资产值的损失金额。建立移民社区学校，搞好移民教育服务，给予专项教育经费补助，从当地财政收入中提取一定比例，用于学校配套设施的完善和优秀教师的引进。由于开发性移民的实施对移民家庭提出了更高要求，学校教育中强调素养教育，向素质教育的转变显得尤为迫切。同时，人才的培养是一个长期的过程，从长远着眼对移民子女教育提前做好系统规划，制定移民社区学校发展规模和建设标准。充分利用国家教育对口支援政策，加强横向沟通与交流，力争对口支援学校从资金、物资、教学仪器设备和图书资料等方面，对移民社区学校给予支持，不断改善办学条件。

库区移民受教育年限短、文化程度不高，在文化教育培训方面，大力发展以科技教育为主要内容、提高移民科技素质为目的的移民成人技术教育，形成以乡镇成人技术学校为骨干、村成人教育教学点为基础的移民培训教育体系。同时把移民教育基地办成集人才培训、生产示范、科学实验、技术推广、就业指导、搬迁输出的多功能培训基地。组织移民学习先进实用的种植养殖和农产品加工技术，对城镇化安置的移民要加强岗位培训，提高他们的专业技能和安全生产与保护环境的知识水平，通过多种方式引导移民学习和掌握商品生产、市场营销和经营管理方面的知识，以适应市场经济发展的需要。充分发挥社会力量的作用，通过电视、广播、函授等形式，加强对移民的技术培训。在农村建立移民科技协会，培养科技示范户和移民技术员，全面带动移民学习科技的积极性，使之成为文化素养提升的重要途径。

对外出务工的移民子女，大力推行"绿色证书"制度。对技术培训进行规范，使之能学到真正的本事，取得合格的资质。获得"绿色证书"，可使技术培训工作更具导向性、规范性、系统性、适应性。库区民众的生产方式、经济意识、生活观念、消费心理等比较落后，广泛开展农业技术、农产品加工、乡镇企业管理、农业经济信息等各种教育和培训，真正把急需的科普知识与技术送到移民手中，使得搬迁后续外出务工具有一技之长。

引进市场竞争机制，鼓励社会力量办学，实行有偿服务，最大程度地推动移民教育事业的发展。政府加强对社会力量办学机构的宏观调控和监督管理，社会力量办学也应坚持以技术培训与文化教育相结合，把实用技术的培训作为移民教育培训的重点，提高移民的科技文化水平和实际操作能力。同时鼓励年轻人群大力倡导创业教育，培养他们的创业意识和创业能力，鼓励他们带头迁移和外迁。

二、海南移民子女教育

（一）教育扶贫移民工程

海南自2005年开始探索城乡教育一体化，把城乡教育发展、民族贫困地区扶贫、生态移民等统筹起来，从全省发展战略上进行统筹规划和部署，统称为教育扶贫移民工程。主要针对基础设施薄弱，没有通电、通路、通广播的民族地区贫困自然村和地处边远生态保护区的农村。通过把处于少数民族贫困地区和生态核心保护区的边远农村的义务教育中小学生，整体移民到县城或人口较多的乡镇就读，在每个民族地区县城建设1~2所标准化的思源实验学校，让贫困地区的移民学生享受与城镇学生同等的教育条件，同时把初中、高中教育与职业教育衔接起来，让地处贫困地区移民学生通过教育实现外向型的移民，改变其以往的贫困生存环境，实现在城镇就业生活。教育扶贫移民把定向扶贫与城乡教育发展结合起来，试图通过外向型的移民教育，避免贫困地区陷入贫困再生产循环，让贫困地区学生通过学校教育的内化，学习适应城市生活的技能，推动以人为本的新型城镇化。

（二）教育扶贫移民主要做法

一是通过建设标准化学校——思源学校，打造优质学校教育。二是通过省级统筹和市县政府投入,以及社会资金的支持加大农村移民学校的建设。三是中小学的布局结构调整,整合教育资源,突出城市教育优势。四是从全国引进优秀师资,打造优质教育,向全国招聘思源学校校长,打造县域品牌教育。五是提高移民学生的生活补助。六是给予贫困地区移民学生家庭生态补偿,鼓励移民家庭送学生到城镇就学。七是构建基础教育、职业教育、成人教育的"立交桥",鼓励没有升学的贫困学生免费就读职业学校,并推荐到城镇就业,实现贫困地区学生在城镇就业生活。通过对海南民族地区的教育投入,海南基础教育发展得到较大提升,教育资源得到有效整合,贫困地区教育发展也取得了显著成绩,开创了扶贫开发和生态保护并重机制,基本实现了公共服务均等化,产生了积极的社会效益和经济效益,为海南城乡教育一体化建设做出了有益尝试,也为全国城镇教育一体化建设提供了可借鉴的经验。

(三)教育扶贫移民经验与成效

由于历史因素的影响,海南城乡教育发展不平衡问题一直存在,特别是地处海南中西部的贫困地区和少数民族聚居区的农村教育基本功能得不到有效发挥。这些地区始终延续着贫困再生产,有些民族地区自新中国成立后没有出过一个大学生,基础教育相当薄弱,农民对教育的重视程度较低。为了扭转这种局势,海南加大对贫困地区的投入力度,重点把教育作为优先发展的工作,以昌江黎族自治县作为试点展开教育扶贫移民。

一是教育扶贫与生态移民结合起来,把地处生态保护区的移民转移到城镇生活,减少了生态保护区的人口承载压力。改变以往落后的生存面貌,为缓解其生活顾虑,县政府还给予移民家庭每人每月 33 元的生态补偿金,通过免试入学基础教育和职业教育培训,让移民学习新的就业技能,使其能尽快适应城镇生活。接受教育培训提高了农民科学文化素质水平,掌握了更多的知识和生存本领。家庭月收入增长了 3 倍多。教育移民政策通过外部环境的改善和文化的浸染使移民家庭渐渐改变了生活观念，不断有移民主动走出大山开始在城镇就业生活。二是把教育移民与教育资源整合结合起来。昌江黎族自治县王下乡地理位置偏远，各村相隔距离较远，交通极为不方便，安全隐患多，各村学校呈散状分布，小班额、多班级特点明显，教师教学压力大，且呈现一人教学多个年级、多个科目，学校师资水平低，教育质量不高，教育资源利用效率低。通过教育移民，既整合农村学校的教育资源，又让地处偏远村庄的学生享受城镇学生同等的教育条件，实现了教育起点的公平，又提高了教学质量。同时，通过政策补偿降低移民学生的教育成本，解决学生的上学负担、安全顾虑，特别是斩断了以往移民村庄贫困文化再生产的循环链条，为移民子女实现向上流动搭建教育平台。三是把基础教育与职业教育衔接起来，打通了移民学生外向型移民的"最后一公里"，重点考虑学生考不上高中的出路问题。基础教育着重培养学生基本素养，职业教育突出培养职业技能，在完成义务教育后，能够既有知识又具备一技之长，通过自己的劳动价值改变以往贫困的生存状态，尽快适应城镇生产生活，这不仅减轻了移民家庭的经济压力，也能产生积极的教育示范效应，让更多的移民家庭走出大山，融入城市美好生活。

第三节　宁夏生态移民子女教育

宁夏自1983年开始的移民搬迁是在众多历史机遇条件下产生的。从形成背景看，宁夏移民最早是为了解决贫困问题，称之为扶贫开发。后在发展过程中逐步意识到必须把社会问题—贫困、经济问题—资源开发、环境问题—生态保护这三者有机地结合起来，逐步演变为生态移民。宁夏生态移民子女教育，要关注教育的反贫困功能，通过教育扶贫提升贫困地区人口的综合文化素质，反哺贫困家庭促进其可持续发展。

一、宁夏生态移民实施背景与历史演进

（一）宁夏移民开发实施背景

宁夏生态移民的形成与发展，伴随着我国改革开放不断推进，既是对宁夏实际情况深化认识的结果，也是充分利用国家政策的结果。宁南山区，即广义的西海固地区，包括现在固原市的原州区（原固原县）、西吉县、泾源县、隆德县和彭阳县，吴忠市的同心县和盐池县、红寺堡区，中卫市的海原县。经过大量的调研和对历史经验的总结，宁夏最终选择了一条既能解决山区贫困问题，又能使川区土地资源得以开发的"易地移民扶贫开发"之路，进而实现"以川济山、山川共济"的区域协调发展的目标，从而开启了宁夏移民开发乃至整个国家的省（区）内移民开发之先河。

第一，恶劣的生态环境难以承载过多的超载人口。宁南山区位于中国西部宁夏回族自治区南部地带，属于黄土高原的干旱地区，位于黄土高原西南边缘。历史上，宁南山区曾经郁郁葱葱、山清水秀、牛羊遍地，然而由于流水切割及千百年来的盲目垦殖，水土流失严重，形成如今的千沟万壑，交通不便。宁南山区属温带大陆性半干旱干旱气候，全年无霜期90~100天，年降水量200~700毫米，大都集中在6—9月，多冰雹而年蒸发量1000~2400毫米。由于水源奇缺，生态环境恶劣，大部分地方生存条件极差，且多发生其他各种自然灾害，1972年被联合国粮食开发署确定为最不适宜人类生存的地区之一。与此同时，由于生活水平有了一定程度的提高，但是人们的生育观念仍然倾向多子多福，因而高出生率、高成活率、低死亡率导致宁南山区的人口自然增长率高达30‰以上，每平方公里人口

密度达到 140 人以上，远远超出了联合国规定的 7~20 人/平方公里的干旱半干旱地区的人口承载力标准，进而陷入了生态环境恶化与人口过快增长的恶性循环之中。

第二，严重的贫困问题就地难以解决，必须寻求新路。宁夏西海固地区素有贫困之冠之称。改革开放初期，中国农村贫困人口高达 2.5 亿之多，贫困发生率在 25% 左右，对于宁夏西海固地区而言则高达 70% 以上。社会主义建设和发展的目的之一是解决贫困，但当地的经济社会发展条件难以通过自身的努力解决贫困问题。1982 年，全国人均国民收入为 422 元，宁夏为 345 元，西海固地区只有 78 元。同年西海固地区农民人均纯收入为 126.58 元，全国为 270.1 元，西海固地区仅为全国平均水平的 46.86%，还不到全国的一半，最低的同心县只有 82.9 元，不及全国平均水平的 1/3。1982 年，西海固地区人均粮食产量 88.2 公斤，为全国的 25.27%、宁夏的 29.3%。1996 年，尽管人口和土地面积均占自治区总面积的 1/3，但国民生产总值、工业总产值和财政收入仅分别占自治区的 9%、3% 和 4%，农民人均纯收入 810.50 元，是自治区平均水平的 58%。由此可见西海固地区的贫困程度之深之广。

第三，宁夏北部川区大量闲置的、易于开发的土地资源亟待开发。北部川区与南部山区的差异日益加大。北部川区之所以有大量的未开垦的土地资源，一个重要的原因在于"缺水"。水是人类生存的重要前提条件，无水则难以开发潜在的经济资源。宁夏地处干旱、半干旱地区，且三面处于沙漠包围之中，干旱少雨，蒸发量明显大于降水量。尽管北部川区具有土地肥沃、地势平坦、日照充足等优越的农业开发条件，但缺水致使这些可以利用的资源难以发挥应有的作用。为了加快对土地资源的合理开发和利用，充分利用黄河的便利条件，宁夏积极筹措资金并积极争取中央的有力支持，在 20 世纪 70 年代中期和 80 年代初期开始先后修建了同心、固海扬黄工程和盐环定扬黄工程。这些工程的先后竣工为大规模地开发利用潜在的土地资源奠定了基础。

第四，现实生活中的"吊庄"对移民问题的启示。尽管宁夏有着悠久的移民历史，新中国成立后移民也一定程度上促进了宁夏的发展，但真正引起人们利用移民来解决宁南山区贫困问题的则是现实中的"吊庄"举措。中国历史上的西北地区，由于常年干旱少雨，农业收成欠佳，部分农民通过已有的土地产出无法维持家庭的正常需要，在家里劳动力较多的情况下，部分成员前往异乡开发土地资源以期获得更多的粮食。但由于家途遥远，他们被迫在异乡修建临时住处以遮蔽风雨，进而形成了一户人家扯在两处，一个庄子吊两个地方，故称之为"吊庄"。这一现象的存在说明部分农民具有强烈的摆脱已有环境制约，在他地寻求发展的愿望。

第五，"三西"扶贫开发建设的实施为宁夏生态移民提供了契机。"吊庄"使群众已经获得了丰富的土地资源，减轻了宁南山区生态压力并缓解突出的人地矛盾，但缺乏资金和政策支持的问题仍存在。而"三西"扶贫开发计划的实施为生态移民的开展提供了良机。甘肃的河西、定西和宁夏的西海固，被称作"三西"地区。根据"三西"地区的实际情况，为加快甘肃河西地区和宁夏引黄灌区商品粮基地建设，从根本上改变甘肃中部和宁夏西海固地区贫困落后面貌，原中央财经领导小组于1982年12月10日召开会议讨论决定对"三西"地区进行专项农业建设，列入国家计划，每年拨款2亿元，连续拨10年，提出了"有水走水路，无水走旱路，水旱不通另找出路"的建设方针和"兴河西、河套之利，济中部、西海固之贫"的扶贫开发路子。至此，"三西"地区作为全国第一个区域性扶贫开发实验地拉开了全国连片扶贫开发的序幕。

(二)宁夏移民开发战略历史演进

1. 宁夏移民开发战略的形成

1978年中国改革开放以后,区域经济活力不断增强,各个省(区、市)开始讨论加快区域内部协调发展之路,宁夏也不例外。贫困问题是中国改革开放之初面临的最为突出的问题之一,由于实施了家庭联产承包责任制,体制性贫困得到有效解决,贫困人口由1978年的2.5亿迅速下降几千万,但区域性贫困问题依然突出。1983年,宁夏按照国务院"三西"地区农业建设领导小组提出的"有水走水路,无水走旱路,水旱不通另找出路"的方针,制定了"兴河套之利,济西海固之贫"的策略,启动了"吊庄"移民规划,动员宁南山区生态环境恶劣、生产生存条件缺失的贫困群众,有计划、有步骤地搬迁到土地资源相对丰富、生存条件较好的地区发展,创造性地走出了一条易地移民扶贫开发之路。宁夏制定了"以川济山,山川共济"的扶贫方针,拉开了由救助式向开发式、由输血型向造血型扶贫转变的序幕。主要采取"吊庄"移民的方式,动员中南部山区资源相对贫乏、生存空间狭小、缺少基本生存条件的群众,搬到扬黄灌区有灌溉条件的荒地上进行开发性生产建设,实行"两头有家,来去自由"的管理制度。截至1992年,宁夏回族自治区建设县外集中连片移民"吊庄"9处,县外插花移民"吊庄"5处,县内移民"吊庄"5处,共计19处移民"吊庄"。

表1-1 1983—1992年宁夏"吊庄"移民搬迁情况

"吊庄"类型	"吊庄"名称	搬迁时间	迁出县	迁入县(市、区)
县外集中连片移民"吊庄"	大战场吊庄	1983年	固原县	中宁县
	马家梁吊庄	1983年	彭阳县	中宁县

续表

"吊庄"类型	"吊庄"名称	搬迁时间	迁出县	迁入县（市、区）
县外集中连片移民"吊庄"	芦草洼吊庄	1983年	泾源县	银川市新市区
	月牙湖吊庄	1983年	海原县	陶乐县
	隆湖吊庄	1983年	隆德县	平罗县
	狼皮子梁吊庄	1985年	盐池县	灵武市
	南梁台子吊庄	1990年	海原县	贺兰县
	石坡子吊庄	1992年	固原县	同心县
	玉泉营吊庄（西吉）	1992年	西吉县	永宁县
县外插花移民"吊庄"	五堆子吊庄	1985年	海原县	陶乐县
	红崖子吊庄	1985年	海原县	陶乐县
	南山台子吊庄	1985年	西吉县	中卫县
	长山头吊庄	1985年	彭阳县	中宁县
	甘城子吊庄	1986年	盐池县	青铜峡市
县内移民"吊庄"	同心河东、河西吊庄	1980年		
	固原七营吊庄	1982年		
	海原兴仁、高崖、李旺吊庄	1982年		
	中卫南山台子吊庄	1985年		
	中卫碱湖吊庄	1986年		

资料来源：宁夏回族自治区乡村振兴局统计资料。

2. 宁夏移民开发战略的发展

宁夏移民开发战略的发展包括两个阶段：一是"国家八七扶贫攻坚计划"时期，二是"1236"工程移民时期。随着宁夏1983—1993年第一个"三西"建设时期移民开发取得成就的逐渐显现，它不仅有效地解决了贫困问题，做到"一年搬迁、两年温饱、三年脱贫"，而且使迁入地的土地资源得到一定程度的利用，与此同时迁出地的人地矛盾有所缓解、生态环境得到一定程度的改善，极大地增强了各级政府、山区贫困群众继续坚持移民开发的信心，并把其作为脱贫致富的重要途径。

1993年正值宁夏移民开发实施10年总结经验并继续实施之际，国务院又开始实施了"国家八七扶贫攻坚计划"。这一计划是国务院于1994年3月制定和发布的关于全国扶贫开发工作的纲领，其含义是从1994年到2000年，对当时全国农村8000多万贫困人口的温饱问题力争用7年左右的时间基本解决。这一计划的实施，标志着我国的扶贫开发进入攻坚阶段，扶贫工作实现了从救济式扶贫向开发式扶贫的转变。计划中规定"对极少数生存和发展条件特别困难的村庄和农户，实行开发式移民"，即国家已经把移民作为扶贫开发的基本途径。一些地区也开始借鉴"三西"经验，尝试易地搬迁，宁夏易地扶贫开发经验随之得以推广和发展，大部分省（区）都进行了以脱贫致富和保护生态环境为目的的移民。这一阶段移民除了已经具备的扶贫性、实验性以外，还具有多样性、带动性、推广性等特点。

黄河流经宁夏川，素有天下黄河富宁夏之称。古老的黄河孕育了宁夏灿烂的文化——塞上江南。在总结已有成功的开发式扶贫经验的基础上，如何将丰富的黄河水资源、亟待开发的国土资源、宁南山区大量贫困人口形成的劳动力资源以及国家强有力支持的政策资源有机地结合起来，这引起了社会各界的高度关注。宁夏提出了扬黄河之水，建设引黄灌区解决宁南山区贫困问题的设想。后经多方论证，宁夏提出了"1236"工程，即利用6年时间投资30亿元，开发200万亩土地解决100万贫困人口。确定开发4片扬黄灌溉区，其中红寺堡为75万亩。1999年以来，宁夏先后从同心、中宁、青铜峡等县区划出地域纳入红寺堡，形成了一个总面积近2000平方公里的移民新区。大批回汉群众从宁夏南部山区的原州、隆德、西吉、海原、泾源、彭阳、同心等县区，以及中宁县的部分乡镇搬迁至红寺堡。移民减轻了宁夏中部干旱带和南部高寒土石山区的人口压力和资源环境压力，中部荒漠化土地得到保护性开发，保障了40多万贫困人口的生存和发展权。水资源是此次移民的关键，如果没有水，就没有宁夏的生态移民。依托扶贫扬黄工程建成的红寺堡区成为纯移民县级建制安置区，是全国最大的生态移民集中安置区。由于是与扬黄灌溉水利工程紧密相连的，因此这一阶段移民又被称为工程移民。

表1-2 红寺堡开发区移民情况

乡镇名称	户数	人数
大河乡	1688	7999
红寺堡镇	5469	25435
沙泉乡	2380	10841
买河乡	1544	7055
合计	11081	51330

3.宁夏移民开发战略的完善

进入21世纪以来，宁夏移民开发发展环境日趋向好。一方面已有的成就日益显现，另一方面国家政策日益趋强，进一步增强了宁夏加大移民开发战略的信心。"国家八七扶贫攻坚计划"完成后，国家级重点扶贫县的贫困人口减少到1710万人。尽管数量不多，但由于大部分集中居住地基本不具备人类生存和发展条件，因而解决难度较大。

2001年，原国家计委发布的《关于易地扶贫搬迁试点工程的实施意见》指出，"在西部地区开展易地扶贫搬迁试点，是在新形势下探索新世纪扶贫工作的新途径，也是促进西部地区生态环境改善的一个有益尝试。通过试点，在解决部分贫困群众脱贫和恢复改善迁出地生态环境的同时，积极探索、总结开展易地扶贫搬迁工作的主要形式、基本特点、主要方法和经验教训，为今后的推广打好基础。"国家继续把易地扶贫搬迁作为扶贫和改善环境的有效途径，开始在全国范围内稳步推广，并把宁夏、内蒙古、贵州、云南四省区作为试点。宁夏颁布了《关于实施国家易地扶贫移民开发试点项目的意见》，一是生态优先，二是整村搬迁，三是移民初期允许"两头跑"的政策。随着移民力度加大，"两头跑"政策已不适宜发展的需要，移民政策更加规范化、科学化。在扶贫扬黄灌溉工程红寺堡灌区、固海扬水扩灌区、盐环定扬水灌区、山区库井灌区和农垦国有农场等地共建设移民安置区21处，累计安置移民9.4万人，其中六盘山水源涵养林区4.94万人，中部干旱带4.46万人。

表1-3 国家易地扶贫搬迁项目宁夏试点移民搬迁情况（2001—2006年）

移民迁入地名称	彭阳长城塬灌区，盐池城西滩灌区，同心马家塘灌区，红寺堡新圈灌区，红寺堡新庄集三、四支干灌区，盐池扬黄灌区，长山头农场，渠口农场，南梁农场，隆湖开发区，贺兰山农牧场，贺兰金山村，平罗陶乐镇东部，惠农西部，西吉马莲水库安置区，彭阳王洼镇安置区，简泉农场，渠口农场太阳梁，中卫南山台子，彭阳庙台，灵武白芨滩
移民基地数/处	21
移民人数/万人	9.4

4. 宁夏移民开发战略的丰富

（1）宁夏"十一五"时期中部干旱带县内生态移民（2006—2010）

随着国家易地扶贫搬迁试点任务的完成以及宁夏"1236"工程移民的基本完成，宁夏生态移民进入了"十一五"时期。为了搞好新时期的移民工作，宁夏依据地貌特征将传统的"南部山区、北部川区"的"两分法"

调整为"南部黄土丘陵区、中部干旱带、北部引黄灌区"的"三分法",实行分类指导。针对以往移民偏重南部黄土丘陵区的情况,宁夏决定在中部干旱带缺乏基本生存和发展条件的地区实施县内生态移民。实施范围包括海原县、同心县、盐池县、原州区东部、西吉县西部、中卫市城区山区等国家和自治区扶贫开发工作重点区域。按照"人随水走,水随人流"的思路,力争实现"山内的问题山外解决,山上的问题山下解决,面上的问题线上解决",将贫困人口搬迁到发展条件较好的已有的扬黄工程沿线公路沿线和城郊,从根本上解决中部干旱带贫困问题。从2007年开始,政府规划利用5年时间,投入28.42亿元,建设42个移民安置区,搬迁移民46382户,涉及6县(区)520个自然村。

(2)宁夏"十二五"时期中南部地区生态移民(2011—2015)

经过30多年的扶贫开发,作为全国14个集中连片特困地区之一的宁夏南部山区的贫困面貌有了较大的改观,但由于受贫困程度深、生存条件差、发展难度大等诸多问题的影响,这一地区生态环境依旧恶劣,贫困问题依然突出。实践证明,生态移民是解决这一问题的重要途径,而且实施重点区域生态移民,既是多年扶贫实践探索出的成功道路,也是解决南部山区贫困问题的现实需要。"十二五"生态移民,是宁夏自"1236"工程移民后再一次大规模的生态移民,其目的在于通过生态移民来缩小区域差距、实现协调发展。涉及原州、西吉、隆德、泾源、彭阳、同心、盐池、海原、沙坡头9个县(区)91个乡镇684个村,规划建设安置区274个,其中生态移民安置区234个,安置移民5.87万户25.95万人,占移民总规模的75%。劳务移民安置区40个,安置移民2.01万户8.65万人,占25%。这一时期移民突出特点是移民安置方式上有所创新,除了继续沿用土地安置、集中安置外,又创新出新的插花安置方式和劳务移民安置方式。

（3）宁夏"十三五"时期易地扶贫搬迁移民（2016—2020）

按照党中央、国务院关于打赢脱贫攻坚战的决策部署，把精准扶贫、精准脱贫作为基本方略，瞄准建档立卡贫困人口，充分尊重群众意愿，坚持易地扶贫搬迁与新型城镇化、农业现代化建设相结合，坚持"挪穷窝"与"换穷业"并举，加大投入、创新机制，因地制宜、综合施策，确保实现搬迁一户、脱贫一户，坚决打赢易地搬迁脱贫攻坚战。宁夏进一步瞄准"一方水土养不起一方人"地区的建档立卡贫困人口，以脱贫致富为目标，以提升自我发展能力为核心，以整合资源为保障，以沿黄城市带和清水河城镇产业带为依托，着力创新投融资模式、组织方式和市场化扶持机制，着力加强就业技能和创业能力培训，着力拓宽增收渠道，着力改善基本生产生活条件，确保搬得出、稳得住、管得好、逐步能致富，打造全国易地扶贫搬迁样板省区。[①]"十三五"期间，宁夏计划实施82060人20549户易地扶贫搬迁，其中建档立卡贫困人口80004人19980户，非建档立卡人口2056人569户。2020年，移民生产生活条件得到明显改善，移民收入接近全区农民收入平均水平，与全区人民一道进入全面小康社会。

二、宁夏生态移民搬迁对移民子女教育的影响

（一）移民生活水平普遍提高，对子女教育关注度提升

摆脱贫困、共同富裕是宁夏实施移民搬迁的初衷，也是移民群众不懈追求的目标。实施搬迁后，在政府支持下，群众充分利用现居地优良的环

---

① 自治区人民政府关于印发宁夏"十三五"易地扶贫搬迁规划的通知[J]. 宁夏回族自治区政府公报，2016（17）.

境和丰富的资源，一改过去靠天吃饭、广种薄收的传统耕作方式，积极提高文化素质，学习生产实用技能，拓宽增收渠道，发展高效节水农业、特色养殖业和劳务产业，群众收入节节攀升。除收入增加外，移民生活水平的提高还主要体现在安置区建设及享有基本公共服务等多个方面。移民群众搬迁至近水、靠城、沿路的地方，安置区不再是泥泞崎岖的山路和土路，大多都是平坦的柏油路或水泥路。饮水安全得到保障，群众基本喝上了卫生的自来水。太阳能、风能等可再生清洁能源在安置区得到广泛使用。居住条件方面，移民脱离了草棚和土坯房，搬进了宽敞明亮的平房或楼房，几乎家家都有独立的小庭院，家庭平均居住面积和人均居住面积都远超移民之前。移民新村实现了"七通七有两转变"，即通电、通水、通路、通车、通广播电视、通邮、通电话，有学校、村级活动场所、医疗服务站、劳动就业服务中心、超市、文化广场、环保设施，公共服务设施齐全，运行成本有效降低，服务质量明显改善，移民生活水平普遍提高。

在生活水平普遍提高的同时，移民家庭对子女教育的重视程度逐步提升。要想在城市立足，让下一代过上幸福的生活，接受更高层次的教育对于移民家庭来说是实现阶层流动的一种可能。经济条件较好的移民家庭会把孩子直接送到县城、乡镇学校读书，尽量选择"够得着"的优质教育资源。为了实现这一目的，他们努力在城镇买房或者租房，有的选择开商铺、置门面，做些小生意，顺便关照子女学习和生活。多数群众生活逐步与城镇接轨，认识到孩子只有好好读书才有出人头地的机会，不会像自己一样，只能当一辈子农民，他们逐步开始关心教育，力争为孩子提供更好的教育条件。

（二）移民生活观念实现较大转变，寻求高质量发展之路

过去人们只重视经济开发，不重视环境保护。但随着生态环境的恶化，生活在宁夏中南部地区的群众逐渐产生了强烈的生存危机感。在生态移民

工程实施的影响下,绿色发展理念促使移民在经济建设的同时,时刻牢记保护生态环境,寻求一条高质量发展之路。由于待迁地移民仍然处在恶劣的生态环境中,他们对生态环境的重视程度要高于迁入地移民。另外,转变最明显的就是生育观念。过去人们习惯性多生育子女,"多子多福""养儿防老",尤其重视男童的生养。搬迁后,响应政府号召,思想观念有一定转变,尽量优生优育。现阶段,优生优育的观念已经深入移民心中,控制人口数量,提高人口素质,缓解了紧张的人地关系。

(三)教育资源成为移民搬迁主要吸引力,教育事业快速发展

移民搬迁后,在政府的政策支持下,安置区学校建设发展迅速,群众对教育的获得感和满意度不断增强,享有优质教育资源成为移民搬迁的主要吸引力。一是学校办学条件得到改善。通过实施"全面改薄"、教育现代化推进工程等一批重大教育民生工程,累计投入近110亿元,安置区学校全部结束了火炉取暖和土操场上体育课的历史,校园面貌焕然一新,学校成为当地最美观、最坚固、最安全的场所。二是学生营养健康水平实现提升。2011年,宁夏在全国率先开展农村义务教育学生营养改善计划试点,连续8年实现食品安全和资金运行零事故,全区一半以上的农村义务教育阶段学生告别了"开水泡冷馍"的用餐状况,被教育部总结为宁夏经验向全国推广。三是全力保障不让一个学生因贫失学。建立了以政府为主导,学校和社会积极参与,从学前教育到研究生教育全覆盖、无缝隙的学生资助政策体系,从制度上保证了对每一个孩子应助尽助。

作为全国最大的生态移民扶贫集中安置区,红寺堡区的教育事业得到快速健康发展,"抓教育就是抓发展""教育强区强乡镇"已经形成共识。为了有效地缓解红寺堡区校内"大班额、大通铺"现象,宁夏各级党委政府积极筹措资金,不仅改善了学校的硬件设施和软环境,也使教育资源得到优化,教育资源成为红寺堡区最具吸引力的移民资源之一。红寺堡区共

建成64所城乡中小学，校舍面积达到17.7万平方米，"三免一补"政策惠及3万多名学生，义务教育阶段入学率和巩固率保持在99%和98%以上，高中阶段入学率达到62%。教学质量明显提升，中考成绩连续4年位居吴忠市前列，高考上线率逐年提高，素质教育成效明显。困难家庭学生助学体系也已初步建立。与此同时，推进"互联网＋教育"工作，红寺堡区通过"名师课堂""名校网络课堂""空中教研""思政教学"等5项措施，助力红寺堡区教育向优质均衡迈进。一是有效开展专递课堂。以教育共同体为单位，以优质学校和乡镇中心小学为牵头学校，采取城区优质学校对乡镇学校、乡镇中心小学对村级小学模式，充分利用在线互动课堂，采用订单形式，按需供课，全面解决了薄弱农村学校和教学点开不齐、开不足国家规定课程的问题。二是深度推进名师课堂。依托名师资源，促进教师专业发展。依托红寺堡区45个名师工作室和45个红寺堡区城乡教学（教研）人才工作联盟，利用在线互动课堂，开展名师在线讲课、观课、议课等教学活动，有效促进农村青年教师专业成长。三是主动联接名校网络课堂。依托宁夏教育云平台，打通区域界限，聚焦区内外名校，引进名校网络课堂。四是按需拓展空中教研。利用宁夏教育云资源，以网络名师工作室、课程社区为载体，引导教师开展网络教研，通过线上线下相结合研讨形式，共同开展主题教研活动，为进一步提高课堂教学质量打下基础。五是探索创新思政教学。以线上开展、线上议课和线上送课等形式，将日常课堂教学、"互联网＋教育"、思政教育有机融合，开展跨学科中小学思政一体化教学工作，形成学科思政一体化育人效应。

（四）开展职业技能教育和法治宣传教育，社区教育氛围浓厚

在不断巩固九年义务教育成果的同时，加强移民职业教育，提升劳动力技能水平，增强群众致富能力。一方面，广泛开展农业种植和特色养殖技能的培训，尤其是特色农产品和扶贫养殖创业项目。如菌草、枸杞、葡

萄种植和肉牛、滩羊养殖等，以稳步增加群众农业种植和特色养殖的收入。另一方面，根据不同区域、不同行业、不同对象的要求，设置与市场需求相适应的专业，提高转移劳动力的劳动技能和就业率。如开展挖掘机、电焊工、建筑业各种作业工种职业技能的培训，提高移民务工技能和获取更高报酬的能力。在农业生产条件改善、技术水平提高的同时，提供便利的交通条件、广泛的信息渠道等，为移民增收创造良好机遇。移民在农忙时种好庄稼获得一年的口粮，农闲时就到周边打工获取一定的务工收入。如宁夏银川市西夏区的兴泾镇，地处宁夏国家级开发区的腹地，同时周边拥有大型国营农场，这为移民群众农闲务工获取收入提供了便利。有的甚至发挥自己的一技之长开起了小商店、小饭馆，在务农基础上拓宽了增收渠道。但是移民群众的文化知识水平普遍较低，对其进行有针对性的就业技能培训，使其掌握一定专业技能，为更好地适应就业竞争是非常有必要的。以兴泾镇为例，近年来，兴泾镇政府组织成立了移民技能培训学校，对移民进行种植养殖、农具修理、土建等技能培训，取得了良好成效。

同时，围绕移民安置区建设的突出问题，进行有针对性的法治教育，在增强广大群众知法、懂法、守法观念的同时，培养其运用法律维护自身权益的意识。石嘴山市平罗县红崖子乡红瑞村是自治区"十一五""十二五"生态移民建设的移民新村，主要安置从西吉县11个乡镇、34个村易地搬迁的移民。部分移民因生活窘困导致小偷小摸、打架斗殴等社会不良行为的发生，破坏社会秩序。为了增强移民学法、尊法、守法、用法意识，红瑞村在2020年5月建成了石嘴山市首个生态移民法治宣传文化教育基地。该教育基地主要由法制文化广场、法制之声广播、公共法律服务工作站三部分组成。通过宪法碑、普法宣传灯杆、宣传橱窗、"互联网＋公共法律服务"等形式，融宪法知识、乡村振兴、脱贫攻坚、法制精神、法制文化等元素于一体，图文并茂地展示《中华人民共和国宪法》《中华人民共和国劳动法》《中华人民共和国社区矫正法》等法律法规，开展法治故事、普法案例、名言警句的宣传教育。该教育基地是集学习、交流、休闲于一体的普法新平台，让漫步于此的移民在休闲的同时，耳濡目染、潜移默化地接受法律知识教育，提升移民法律意识和法制文化素养。

（五）民族关系更加和谐，社会交往逐渐增多

移民搬迁打破了原有的民族关系格局，迁入区民族关系得以重构。回汉移民在共同建设移民新村的过程中，彼此间有了深入的了解，建立了深厚的友谊。每逢开斋节、古尔邦节，回族群众会给周围的汉族邻居朋友送油香，春节期间也会共同参加社火等民俗活动，共同庆贺节日。移民搬迁使人们生活在一个更加广阔、更加包容的生活环境中，移民的思想观念也发生了极大的变化，民族关系更加和谐，社会交往逐渐增多，最终形成相互依存、交流融合的民族和谐发展格局。

三、宁夏移民子女教育政策与实践

（一）统筹谋划教育精准扶贫

自治区党委、政府把教育精准扶贫作为脱贫的治本之策，对全区教育精准扶贫工作做了统筹谋划。一是明确教育精准扶贫与教育支持的目标和方案，提出到2020年实现建档立卡贫困人口教育基本公共服务全覆盖，贫困地区教育发展水平接近全区平均水平，教育对促进贫困地区人民群众脱贫致富、促进区域经济社会发展的作用得到充分发挥。颁布实施《宁夏教育精准扶贫"十三五"行动方案》，为"十三五"时期教育精准扶贫制定了行动指南。二是准确把握全区教育扶贫和教育支持对象的精准信息。全区上下同心同行，对全区843个贫困村学校及学生情况开展深入摸底调查，精准掌握贫困村学校和学生的基本情况，共计9个贫困县（区）843所贫

困村学校和 16 万建档立卡贫困学生（含农村低保家庭学生和特困供养学生）。这不仅明晰了教育精准扶贫的目标对象，而且为教育精准扶贫提供了坚实的基础。三是广泛动员各方力量合力扶贫攻坚。强化落实县级政府主体责任，充分发挥教育系统人才优势，广泛动员社会力量参与，激发贫困地区内生动力，构建多方参与、协同推进的教育精准扶贫格局。四是科学分解教育精准扶贫主要任务。经过认真调查研究，将全区教育精准扶贫主要任务分解为学前教育普及提高、义务教育均衡发展、普通高中阶段多样化发展、职业教育技能富民、高等教育培养质量提升、贫困学生资助惠民、特殊困难儿童关爱、乡村教师素质提升、教育信息化扶贫助推、教育扶贫结对帮扶等 10 项教育扶贫行动任务。五是建立教育精准扶贫长效机制。不断完善自治区党委领导，自治区政府负责统筹组织和制订实施工作方案和推进计划，地市级政府加强协调指导，县级政府统筹整合各方资源，乡镇政府、各级学校落实各项具体政策和工作任务的教育精准扶贫行动机制。建立教育精准扶贫领导干部定点联系工作机制。六是建立教育精准扶贫成效评估机制。制定实施了《宁夏教育精准扶贫工作考核实施方案（试行）》，将签订教育精准扶贫目标责任书的市、县（区）教育局作为主要考核对象。强化考核结果运用，将考核结果作为教育专项资金安排、各类评先选优的参考依据，对考核结果为优秀的县（区），在专项资金安排和表彰奖励方面给予倾斜。建立教育精准扶贫督办、约谈、通报机制。

（二）推进教育精准扶贫制度化

党的十八大以来，自治区党委、政府将教育作为阻断贫困代际传递的根本之策，教育经费向贫困地区基础教育、职业教育倾斜，为宁夏中南部地区贫困家庭子女提供各类教育支持。通过实施学前教育普及提高、义务教育均衡发展攻坚、普通高中教育多样化发展、职业教育技能富民、高等教育培养质量提升、贫困生资助惠民、特殊困难儿童关爱、乡村教师素质提升、教育信息化扶贫助推、教育扶贫结对帮扶等 10 项行动，力争实现发展教育脱贫一批的目标。自 2016 年以来，印发了《宁夏精准教育扶贫行动方案（2016—2020 年）》(宁教发〔2016〕74 号)、《自治区教工委教育厅关于建立教育精准扶贫领导干部定点联系工作机制的通知》(宁教工委办〔2016〕31 号)、《宁夏教育精准扶贫工作考核实施方案（试行）》(宁教发〔2016〕219 号)、《自治区中职学校对口结对帮扶工作实施方案》(宁教职成办〔2016〕134 号)、《自治区普通高中结对帮扶方案》(宁教办〔2016〕123 号)、《自治区教育厅关于推进全区农村学前教育发展的意见》(宁教基〔2016〕130 号)等一系列教育扶贫政策文件，逐步建立起了以"三个机制"（区地市县乡校五级联动工作机制、领导干部定点联系工作机制、教育精准扶贫成效评估机制）、"三个体系"（建档立卡贫困家庭经济困难学生全程资助体系、贫困地区薄弱学校结对帮扶体系、家庭经济困难学生一对一师生关爱体系）、10 项教育扶贫行动等为主要内容的教育精准扶贫工作思路。

（三）完善贫困家庭学生资助政策体系

经过多年的快速发展，自治区学生资助工作经历了政策从无到有、资助从少到多、从探索到实践、从粗放到精准、从规范到完善的发展路径，在健全政策、提标扩面、增加投入等方面开展了大量工作。现行的资助政策覆盖了学前教育、义务教育、职业教育、高中教育、高等教育等全部教育阶段，具体做法如下。一是完善资助内容体系，多措并举全程资助。宁夏对学生的资助内容包括各类奖学金、助学金、助学贷款、学费减免、生活费补助等，实现了"奖、助、贷、免、减"多措并举。二是不断拓宽资助范围，加大资助力度。优先资助建档立卡贫困家庭学生、低保家庭子女、特困供养人员、孤儿、残疾学生、军烈属子女、父母丧失劳动能力学生、父母有智障家庭学生、单亲家庭经济困难学生以及因病、因灾造成家庭经济困难的学生，实施各类经济困难家庭学生全覆盖。据测算，宁夏固原市学生资助体系的学前教育资助各类资助标准合计每名学生人均6455元/年，义务教育阶段小学资助2790元/年、初中3288元/年。三是拓宽资助资金来源，构建政府与社会合力资助格局。2007年至2016年共投入资金73.6亿元，其中财政资金47.4亿元，占资助总额的64%（包括中央财政资金34.1亿元，占资金总额的46%，地方财政资金13.3亿元，占资助总额的18%）；生源地信用助学贷款金额18.32亿元，占资助总额的25%；社会资助资金7.76亿元，占资助总额的11%。社会教育资助已成为全区教育扶贫资助重要力量和主要特色。

（四）优化贫困地区教育发展资源

自治区从教育资源特别是学前教育资源供给、改善学校办学条件、加强教师队伍建设、促进教育信息化、实施教育结对帮扶等方面不断优化中南部贫困地区教育资源，促进教育均衡发展和教育公平。一是努力扩大贫困地区学前教育资源供给。开展实施农村幼儿园建设工程，推进学前教育资源向贫困地区的乡村延伸。编制实施《教育精准扶贫学前教育建设项目规划》，从2016年起用3年时间建设幼儿园274所，新增学位19365个。2016年已建设幼儿园181所，新增学位9747个。二是大力改善贫困地区义务教育学校办学条件。实施全面改善贫困地区农村义务教育薄弱学校基本办学条件计划。"全面改薄"项目共投入资金54.46亿元，新建、维修改造校舍面积121.69万平方米，改造室外运动场地282.9万平方米，建设校园及其他配套设施。购置图书、课桌椅、生活设施、信息化设备、教学仪器等设备1642.32万台（件、套、册），着力改善六盘山集中连片特困地区义务教育薄弱学校，大力推进义务教育均衡发展。三是增加贫困地区学生接受优质教育的机会。实施普通高中招生面向建档立卡贫困家庭经济困难学生倾斜政策。增加高等教育招生计划中贫困专项和农村专项计划生源，鼓励区内高职院校分类考试招生中面向贫困地区单列计划定向招生。四是加强贫困地区师资队伍建设。通过提高贫困地区教师待遇，改善贫困地区教师生活条件，加大职业培训等方式，全面提高贫困地区教育师资队伍水平。五是大力推进教育信息化建设。目前，全区农村所有教学点都可以通过地面卫星接收播放设备，免费使用中央电教馆1~3年级全学科教育教学课程资源，全区所有农村学校可使用宁夏"教育云"优质教育资源。六是广泛开展教育精准扶贫结对帮扶工作。党的十八大以来，针对贫困地区薄弱学校发展，自治区开展了不同类型的结对帮扶工作。开展家庭经济困难学生一对一师生关爱结对帮扶行动。在贫困地区9县（区）为每一名贫困家庭学生和农村留守儿童安排了一名帮扶教师，指导和照顾学生的学习和生活。

（五）提升职业教育服务能力

一是提升贫困地区职业教育发展能力。筹建同心县和红寺堡区职业教育中心，实现贫困县（区）职业教育资源全覆盖。同心县职教中心估算投资2.1亿元，规划占地313.95亩、规划建筑面积6.2万平方米，设计规模3000人。红寺堡区职业教育中心估算总投资1.5亿元，规划占地221亩、规划建筑面积3万平方米，设计规模1500人。通过不断加大投入，支持县（区）中等职业学校硬件建设与发展，满足地区产业发展与教育精准扶贫开发需要。二是加强"两后生"的职业教育培训力度。积极引导未升入普通高中和高等学校的初高中毕业生接受职业教育。根据中央教育扶贫精神，协调相关部门，发挥职业院校优势，以建档立卡贫困人口和生态移民为重点，采取多种灵活形式，开展各类技术技能培训，切实提高贫困人口就业创业能力。三是大力推进现代职业技能公共实训中心建设。宁夏现代职业技能公共实训中心已完成现代商贸、现代电子信息等9个公共实训中心项目建设，并已投入使用。

第二章
宁夏生态移民子女教育的田野观察

第二章　宁夏生态移民子女教育的田野观察

银川市金凤区西南部和西夏区南部地区，生活着从宁夏西海固贫困山区搬迁来的移民群众。他们来自宁夏南部山区泾源县，1983年国家实施"三西"扶贫战略，同年1月自治区政府根据中央"三西"扶贫战略精神，将部分山区贫困群众有计划地迁移到灌区进行开发建设，开始了"吊庄"扶贫移民工程。以银川平原西部建设的泾源县移民"吊庄"芦草洼为例，1983年开始建设，陆续搬迁移民共5216户，3万余人。如今，移民群众已经在这片土地扎下了根，在党的富民政策指引下务农、务工、经商，随着生活水平的不断提高，移民群众对更加公平更高质量的教育需求更加迫切。

第一节　移民"吊庄"

J村所属的X镇，是20世纪80年代宁夏回族自治区依据"以川济山，山川共济"的方针，采用"吊庄"的形式，将西海固地区泾源县的部分贫困群众迁移到黄河灌区的荒地上进行开发建设，实现脱贫致富，当时称为芦草洼移民"吊庄"。1982年，甘肃省的河西、定西和宁夏西海固地区被列入国家农业专项投资计划，从1983年开始每年拨2亿元，用二三十年时间解决贫困问题。1983年3月，泾源县芦草洼农业建设指挥部成立，"吊庄"开发准备工作开始。建设者们先安营扎寨，进行界线规划、搭工棚、盘炉灶、拉电、打水井等工作，拉开建设"吊庄"的序幕。

芦草洼移民吊庄位于银川平原西部贺兰山洪积扇下缘，包兰铁路两侧。东南与永宁县相邻，南连玉泉营农场，西靠平吉堡农场，北部和东部与银川市区接壤。南北长约18千米，东西宽约8千米，总面积82平方千米，12.3万亩。原来这片地区是地质历史时期形成的沙漠化土地，海拔在1111~1134米之间，沙地、沙丘相间分布。土壤质粗瘠薄，属于淡灰钙土类型，含碳酸钙较高，植被以荒漠为主，零星分布着小灌木和乔木科植物，有毛头刺、红砂、沙蒿、花棒等耐旱植物，植被覆盖率约为8%。气候属于温带大陆性半干旱草原气候，干旱、多风，蒸发旺盛，气温年较差、日较差大。年平均气温8.5℃，无霜期150~160天，年平均日照时数3019.5小时，降水量200毫米/年。该地区为自流灌区，南有西干渠由南向北流经本地，地下水流方向为北偏东，水质良好，可做灌溉、饮用。芦草洼地区热量丰富，日照充足，荒地面积大，地势比较平坦，土壤虽贫瘠但易于改良，引西干渠水灌溉方便并有比较丰富的地下水资源可以利用。适合种植粗粮、蔬菜、瓜果等多种作物，还可以大力发展经果林。靠近宁夏回族自治区首府银川市，交通便利，土地、资金、人才、技术等区位优势明显，还可开辟劳务市场参加银川市工商、运输、服务业等二、三产业的建设。

芦草洼移民吊庄以集中安置方式进行开发建设，搬迁时将整个自然村安置在同一个开发区内，移民大多相识，人际关系密切，保持原有的风俗习惯、社会交往、文化心理，移民容易接受。但是移民来自贫困山区，面对陌生的新环境，对新的生产技术缺乏了解，搬迁前几年生产生活困难较大。有的一户人家分居两处，一个庄子吊在两个地方，生活不稳定。在党和政府的大力支持下，经过艰苦创业，建设新家园，再建新社区，移民群众的生活发生了翻天覆地的变化。他们开垦荒地、建房筑屋、植树造林、开挖水渠、修建道路、经商建厂，使昔日满目沙丘的千古荒滩，变为如今阡陌纵横、林茂粮丰、百业兴旺的绿洲。在这期间，移民"吊庄"行政机构不断变更，1984年5月成立泾源县芦草洼区公所，设铁东、铁西两乡；1994年4月变更为芦草洼扶贫经济开发区指挥部；1995年8月更名为芦草洼经济开发指挥部；1998年8月更名为芦草洼经济开发区管委会；2000年12月交属地银川市郊区人民政府管理，设X镇；2003年1月银川市"三区"划分，X镇划归西夏区管辖。全镇共辖6个村，3个居委会。村民小组27个，户籍人口6228户26998人，其中城镇人口1012户3891人，农村人口5216户23107人。

第二节　走进J村

一、区位与环境

J村位于X镇以南6公里处，泾西公路贯穿全村，交通便利。东与包兰铁路接壤，南与西干村为邻，西至自流一支渠，北至兴盛村。总面积3.88平方公里，可耕种面积3247亩，辖4个村民小组，总数500户1990人。其中青壮年劳动力1331人，占比66.9%，建档立卡户49户181人，截至2019年已全部脱贫，低保户52户84人。2020年农民人均可支配收入11629元，同比增长8.7%。村党支部共有党员30人，其中女性6人，35岁以下党员9人。村党支部下设2个党小组,4个党群共富联合体。村"两委"班子成员5名，其中女性3名，大专及以上学历5名，平均年龄32岁。J村始终坚持以"党建引领促发展，共谋多赢新时代"为奋斗目标，从群众的根本利益出发谋发展、促发展，把乡村振兴的美丽蓝图变成新时代乡村振兴的实践图景。

二、经济与生计

生计方式是人类向自然索取生存资料的手段和方法。"十里不同天""五里不同俗",人们为了适应不同自然环境,依靠生计方式也不相同。J村移民的生计方式主要是种植、养殖、劳务输出。农作物种植以玉米为主,同时大力发展设施农业。以"支部领路、党小组领办、合作社带动"思路,采取"党支部+党小组+合作社+农户"党群联建等形式,与其他5村配合筹建设施温棚扶贫产业示范园,积极探索"抱团式"发展新模式。目前,产业示范园已建成并投入使用日光温室种植区31680平方米,拱棚种植区4200平方米,种植温棚数量100栋,主要生产高品质绿色瓜果蔬菜,如平菇、羊肚苗、西瓜、番茄等,设施农业发展势头良好。以"双拥+扶贫+产业"的发展模式,流转农户土地180亩,建设泾河绿色蔬菜温棚产业园区,其中6栋连体背阴设施温棚已建设完成,种植食用菌及西红柿等蔬菜。依托扶贫产业园项目,建设500亩蔬菜种植产业园区,包含200栋蔬菜大棚、蔬菜分拣场、冷库、育苗基地等设施;与帮扶单位驻宁某部队达成意向性合作计划,开展"订单农业",为部队提供优质有机蔬菜,极大促进了村

移民安置区种植业

产业发展，充分提供了就业机会，增加村集体和村民收入，2020年实现村集体收入13.6万元。

深挖特色培育，发展养殖工程。移民群众具有肉牛养殖的经验，且镇周围有三大国有农场，农作物种植面积较大，秸秆等饲料资源具有明显优势，丰富的饲草饲料资源为发展优质肉牛产业提供了基础条件。基础母牛的品种主要以西门塔尔改良牛为主，家里有老人照看的多以家庭为单位少量养殖，也有规模养殖形成产业，成立肉牛养殖合作社。借鉴贵州六盘水"三变"模式，整合扶贫资金，建立了"村委会＋合作社＋贫困户＋扶贫资金"的脱贫合作模式，养殖珍珠鸡、乌鸡、野鸡等特禽，特色突出，经济效益明显。将20户残疾人创业扶持资金、22户扶贫双到资金纳入泾河特禽养殖专业合作社，参与入股分红。同时，依托公铁物流、李旺物流示范园区，鼓励农民投资经营货运物流、餐饮服务、绿化保洁、装卸等劳务输出。

移民前群众的生活非常艰苦，一年到头除了能吃饱，家里仅有的

移民安置区设施农业

移民安置区养殖业

收入就是卖胡麻的百元钱。曾经萝卜、土豆是家里一年四季不换花样的饭菜，住楼房、有经营收入是想都不敢想的事。如今，移民群众依靠特色种植、养殖，以及务工、经商等多种生计方式，收入水平和生活质量都得到了大幅度提高。

饲草运输

三、文化与习俗

宁夏地处中原农耕文化与北方草原游牧文化交错的地带，宁夏西海固群众的生活具有鲜明的地域特点。在传统务农的基础上，西海固群众多经营牧业、运输业、手工业、小商业等，尤其具有强烈的经商意识，也积累了许多经商经验。当地群众在20世纪60年代起为了解决温饱问题外出新疆等地务工，生活条件得到一定程度改善。饮食方面，宁夏素有"塞上江南"之称，生活在这片土地上的人民喜食大米和春小麦磨制的面粉。西海固群

移民村落

众做面食的技艺高超，无论是切、揪、拉、削，无所不精，素有"宁夏尕妹会切面"之说。客人来到，款待一顿羊肉臊子面，别有风味，喜食油香、麻花、馓子、油糕，这些油炸食物金黄透亮，香脆可口。

移民群众勤劳淳朴，始终保持着好客、洁净的生活习惯。他们在这片曾经是满目沙丘的千古荒滩，经过艰苦创业和辛勤耕耘，建立起富足恬静的新家园。努力建设美丽乡村，把爱党、爱国和爱家乡结合起来，自觉提高文明素养，树立文明形象，努力向着实现"产业兴旺、生态宜居、乡风文明、治理有效、生活富裕"的乡村振兴目标前行。积极进行路面改造、墙体美化，以图文并茂、群众喜闻乐见的方式宣传党的方针政策，开展精神文明教育、法制宣传教育、社会公德教育、家庭美德教育等，丰富群众文化生活，涵养文明乡风。在此基础上，持续加强人居环境整治，积极争取项目资金，不断完善村庄巷道、杆线路灯、网络通信、给排水等基础设施建设，村庄互联互通水平显著提升，美丽乡村建设有序推进。完成全村下水管网铺设，道路硬化工作，户厕改造350户，抗震易居房改造54户，安装路灯140盏，为产业融合发展提供了良好的设施条件。充分发挥党员

美丽乡村建设

第三节　J村小学教育图景

初春时节，校园里朝气蓬勃。下课铃声一响，孩子们三五成群跑到操场上、篮球场上、乒乓球台边，尽情欢快地玩耍。这是一所"吊庄"移民时期建立的教学点，后经学校布局结构调整新建而成一所新学校。干净整洁的校园、宽敞明亮的教学楼和齐备完善的教学设施让人眼前一亮，与西海固老家的教学条件形成鲜明对比。这里的学生全部来自六盘山深度贫困地区泾源县，曾经生活的地方自然环境闭塞、优质师资欠缺、硬件设施落后、办学条件不足、教学质量不高，辍学率极高。随着移民搬迁，贫困群众举家走出了大山，孩子们可以在移民安置区的新学校上学。家门口上学充分保障了移民子女受教育权利，孩子学习劲头也更足了。村支书说："移民搬迁帮助孩子走出了大山，下一代的条件越来越好了！"

第二章　宁夏生态移民子女教育的田野观察

一、学校发展变迁

银川市三区没有划界之前,"吊庄"移民归泾源县管理,每个村都有教学点。J 村原来称为二村,村部设有 1 个教学点、3 位老师、2 间教室、1 间办公室,复式教学为教学组织形式。J 村紧邻 X 村,1987 年 X 村村委会院内建成 1 所小学,6 个年级 6 个班,校名为芦草洼二村小学。2000 年 9 月更名为银川市郊区人民政府兴庆乡二村小学。2003 年 9 月银川市三区划界以后,将 J 村教学点和兴庆乡二村小学进行了合并,在现在的位置建起新的学校。学校服务于 J 村和 X 村,占地面积 16670 平方米,总建筑面积 3212 平方米,校园绿化面积 4000 平方米。设有 6 个年级 12 个教学班,每个年级 2 个教学班,现有教职工 26 人,在校学生 385 人。

近年来,在义务教育均衡发展推动下,银川市、西夏区两级政府以及驻宁某部队给予学校关怀和大力支持,学校面貌发生了翻天覆地的改变,办学条件得到了极大的提升。现有一个多功能厅、一个录播室,所有班级都实现了多媒体教学全覆盖。微机室、体育器材室、科学仪器室、数学仪器室、舞蹈室、音乐室、美术室、手工制作室、阅览室、图书室齐备。微机室电脑 50 台,人机比 4.2∶1,图书 7596 册,人均图书 22 册。学校坚持以"立足农村实际,发展优质教育,以人为本,德才兼备,养成良好习惯,成就幸福人生"为办学理念,积极推进素质教育,努力提高教育质量。引导学生长期坚持良好生活习惯、学习习惯、品行习惯,促进学生的全面发展。目前已组建 7 个学生社团,学校聘请校内外有特长的教师、家长志愿者担任辅导员,组织"三歌"(国歌、队歌、校歌)传唱,通过社团活动促进学生全面发展,不断丰富校园文化。成立"微善之家""七彩小屋",设置相应考评制度,与学校德育工作相结合,促进学生的德育养成。2018 年参加西夏区教育局举办的"首届中小学生戏曲广播操比赛"获得小学组三等奖；2018—2019学年被银川市西夏区人民政府授予校园文化建设先进单位，被西夏区评为健康促进学校。

学校现有6个年级，每个年级2个班，2020年在校生总人数385人，其中一年级78人、二年级71人、三年级63人、四年级52人、五年级53人、六年级68人，适龄儿童入学率100%。随着城镇化快速推进以及区位优势，一部分移民家庭在X镇买房或租房，部分移民子女转入城镇小学就读。城镇小学距离J村小学7公里，规模更大、师资力量更强，旁边是XJ中学，小学毕业直升初中，孩子们享受到了更加优质的义务教育资源。

表2-1　2020年J村小学在校生人数统计表

年级	总人数/人	转入人数/人	转出人数/人
一年级	78		
二年级	71		1
三年级	63		
四年级	52		
五年级	53		2
六年级	68		

学校课程建设方面，国家新一轮基础教育课程改革实行国家课程、地方课程、学校课程三级管理，增强了课程对学生的适切性。在语文、数学、英语等国家课程开足开齐的基础上，增加了综合实践活动课程。《基础教育课程改革纲要》中的综合实践活动课程包括信息技术教育、研究性学习、社区服务与社会实践以及劳动技术教育内容，强调学生通过实践，增强探究和创新意识，学习科学研究方法，发展综合运用知识的能力。此外，自治区《关于全面加强新时代大中小学劳动教育的意见》中规定，中小学劳动教育课要与通用技术和地方课程、校本课程进行统筹，每周不少于1课

时。因此，学校在综合实践活动课程中统筹安排了综合实践活动（综1）、信息技术（综2）、劳动教育（综3），每周分别1课时。校本课程是结合学校的传统和优势，充分利用学校和社区课程资源，自主开发和实施的课程，相对于国家课程和地方课程更具特色。J村小学针对学生兴趣和需要，以发展学生个性为目标，一、二年级开设了劳动教育（校本1）、班队会（校本2）、书法（校本3）、阅读（校本4）；三、六年级开设了书法（校本1）、班队会（校本2）；四、五年级开设了书法（校本1）、班队会（校本2）、阅读（校本3）。

有效的教与学是评价教学质量的重要标准。在"互联网＋教育"示范区建设的推动下，学校实现了从基础设施（网络、终端、教室等）、资源（教材、图书、讲义等）到应用（学习、教学、管理、生活等）全要素全流程的数字化转型。学校每间教室都配有信息化设备，学科知识的呈现方式不再局限于课本。语文课上，课文也可以通过动画形式生动呈现，对于移民子女来说，一些现代性的知识通过视频方式生动展现，更容易理解和接受。教室前方的电子白板可以全程将教材内容数字化，并能够实现即时答题、练习、比赛，更具有趣味性。教室的中后部配有音响设备，同步输出数字教材的课文朗诵，语调标准、声情并茂，学生可以进行跟读和记忆。同时配有在线互动课堂，实现同步上课、同步备课、同步

信息化教学

教研。J村小学携手XJ镇其他两所小学以及西夏区第十三小学形成教育共同体，通过网上结对、线上牵手，开展校际"一拖二"互动教学教研，实现了资源共享，消除了各自为战导致的信息孤岛、资源孤岛现象。

学生上课场景

为了丰富移民子女学校生活，学校重点打造具有品牌特色的"第二课堂"，开展丰富多彩的社团活动，主要有音乐社、美术社、手工社、足球社、武术社。开展社团活动，形成了积极向上、生动活泼的校园文化氛围，让学生在活动中发现和培养自己多方面的兴趣。美术社团和手工社团的作品在各级各类比赛中多次获奖。西夏区首届中小学生制作大赛中，学校选送的泥塑作品获得一等奖；银川市"辉煌六十庆民族团结亲"手抄报大赛中获得小学高段组一等奖；撕纸粘贴画《我和爸爸妈妈》《好朋友》获得宁夏第六届中小学生艺术

第二课堂

展演活动艺术类作品绘画一等奖;"童心向党——庆祝中国共产党成立 100 周年"银川市中小学生绘画大赛暨绘画作品展中荣获二、三等奖;手工社团参加西夏区教育局举办的第四届中小学生创意大赛"纸桥过车"荣获小学组三等奖。

武术社团

武术社团是学校打造的特色社团,学校外聘专业体育教师作为教练,在周一和周三下午进行武术训练。一方面将体育课程与健康教育结合起来,增强学生体质;另一方面,将武术元素融入课间操,在西夏区教育局举办的"首届中小学生戏曲广播操比赛"中获得小学组三等奖。社团活动全部纳入每天下午两个小时的课后服务,不仅为学生提供了展示才华的平台,还可以使他们在培养兴趣爱好中锻炼品质,培养团队精神,提高综合素质。

德育建设方面,学校重点打造小学国防教育示范基地。学校国防教育是全民国防教育的基础,是实施素质教育的重要内容,对于帮助青少年树立国防观念,增强社会责任感,培养社会主义事业的建设者和接班人具有重要意义。学校邀请西夏区人民武装部和某部队军官等,入校开展专题知识讲座,进行国防知识普及、国防法规宣传、爱国主义教育等活动。利用教学楼一层人民军队十大模范人物的先进事迹栏、校园广播、班级墙报、主题班队会、国旗下讲话等宣传阵地,广泛开展国防教育,普及国防知识。进一步弘扬人民军队的光荣传统,激励少年儿童的爱国壮志,激发少先队员们好好学习、立志成才、报效祖国的爱国情怀。利用国旗下讲话、开学第一课进行爱国主义教育；通过办国防教育小报、唱革命歌曲、国防知识征文等活动，对学生进行革命传统教育；组织师生观看《南昌起义》《闪闪红星》等革命题材影片，增强学生国防教育的感性认识。

二、设施建设与校园文化

校园文化建设是一种隐性课堂，旨在通过展示学校的办学理念、历史成就和文化特色，传承学校精神传统，同时提供一个教育、互动和启发的空间。它不仅能够滋养学生心灵，更能在潜移默化中塑造学生品格。经过师生多年来的共同努力，学校形成了质朴而隽永的办学风格。"立足农村实际发展教育，以人为本，德才兼备，养成良好习惯，成就幸福人生"的育人理念是学校教育智慧的凝炼。对于一所农村小学来说，良好的行为习惯是帮助学生取得学业成功的前提。校训"习惯、责任"即在基础教育阶段首先要培养学生良好的卫生习惯、学习习惯、品行习惯，为幸福人生打下坚实基础。从日常小事做起，培养学生对自己和他人、家庭和集体、国家和社会所负责任以及与之相应的遵守规范和履行义务的自觉态度，形成"文明、活泼、上进、创新"的校风以及"以爱育爱、博学善思、精益求精"的教风。

校园文化建设根据学校整体建筑格局，形成了"一轴、两园、三带、四区、多景观"的规划思路。"一轴"即校门至教学楼的甬路及两侧；"两园"即办公楼前景观园区与教学楼后园区；"三带"即校门两侧围墙、操场围墙、东侧围墙；"四区"即办公区、教学区、综合区、运动区；"多景观"即分割主体建筑的绿化园区。规划建设紧紧围绕办学理念，坚持育人为本的思想，重视校园文化环境的育人作用；充分考虑各阶段学生的身心特点和接受能力，有针对性地进行校园文化设计；统筹考虑不同区域的不同功能，设计对应的文化内容和展现方式。

学校标识是辅助教育设施不可缺少的标志性符号，也深深融入了校园文化建设中。校园标识不仅能给人以清晰明了的展示效果，而且能使人深入了解校园的整体分布概况，从而充分体现规范化、具象化特点，为校园文化建设起到画龙点睛作用。校徽以红、绿、蓝三种颜色为主色，象征着快乐、希望、美好，寓意着学生阳光乐观，学校蒸蒸日上。下方红色的火箭式图形，蕴含了每一名师生都有一个放飞的梦想，旨在促进学生德、智、体、美、劳全面发展和教师团队整体素质的提升。

"一廊一亭"的设计充分展现了以文化人、以文育人。在教学楼对面的活动空地上，分别建有育和廊和润德亭。"一廊一亭"两侧挂有刻字木质牌匾，分别是"古今来许多世家无非积德，天地间第一人品还是读书"，寓意古往今来世代显赫家族无不因积德而造就，天地之间第一等好人品还是由读书培养。"春风化雨润桃李，教学相长育英才"，寓意老师对学生的教育要像春风化雨一样润物无声，教和学相互促进培养祖国栋梁。

教学楼

学校为了让校园每一面墙壁都会"说话",每一条小径都有生命力,在部队的支持下建设了一条国防路。将多功能厅北面的沙土地进行硬化,对路面进行美化,将语文生字刻在路面上,方便学生随时认读学习。校园主干道两侧设有国防教育展示栏、社会主义核心价值观展示栏、传统文化展示栏、文明礼仪展示栏,通过理想信念教育、爱国主义教育、集体主义教育、文明生活教育,使学生从小树立科学的世界观、人生观、价值观,在生动活泼、积极向上的校园文化环境中涵养个性品质,促进学生知、情、意、行全面发展。

润德亭　　　　　　　　　　育和廊

三、师资队伍

学校现有教师 26 人,正式编制 17 人,5 名特岗,还有 2 名临聘教师,2 名交流教师。副高级教师 1 人,一级教师 6 人,自治区级骨干教师 1 人,县(区)级骨干教师 2 人。其中,语文教师 12 人,数学教师 8 人,英语、音乐、体育、美术教师各 1 人,道德与法治教师 1 人,信息技术老师 1 人,科学课和综合实践课没有专职教师，主要由数学老师、信息技术老师兼任。校长兼任五、六年级的道德与法治课。学历层次为专科学历3人，本科学历23人，本科学历占比88%。师范专业教师25人，1人为非师范毕业，但已考取教师资格证。教龄在3年以内的教师5人，3~10年教龄教师11人，10年以上教龄教师10人，年轻教师数量占比大，年龄25~40岁居多。

表2-2 教师数量统计表

教师总人数/人	在编教师/人	特岗教师/人	临聘教师/人	交流教师/人
26	17	5	2	2

表2-3 教师学科结构统计表

教师总人数/人	语文	数学	英语	音乐	体育	美术	道德与法治	信息技术	科学	综合实践
26	12	8	1	1	1	1	1	1	兼任	兼任

表2-4 教师学历结构、专业背景、教龄、培训基本情况统计表

基本情况	项目	人数	百分比
学历	专科	3	12%
	本科	23	88%
专业背景	师范	25	96%
	非师范	1	4%
教龄	1~3年	5	20%
	3~10年	11	42%
	10年以上	10	38%
继续教育	有	26	100%
	无	0	0%

乡村小学的校长既是学校管理者，也是一名教师。校长是领跑者，是掌舵者，是一个学校的灵魂。著名人类学家哈里·F.沃尔科特在《校长办公室的那个人——一项民族志研究》一书中，从文化的角度描述并分析小学校长的日常生活，为我们理解校长提供了全新的视角。对校长生活产生影响的人除了教师、学生、家长等这些"他的学校"的组成部分，校长个人从教经验也是学校发展的重要智慧。学校管理"从表面上看是价值取向、管理策略和方法的差异，但根子却是思维方式的差异。任何学校的价值观和价值转化的策略都是校长思考后的产物，是运用思维方式的产物"[①]。管理思维方式，通过从教经历和从教经验，深刻反映在校长的学校教育生活中。

W校长1992年师范毕业参加工作，分配到芦花乡TZ小学任教，后TZ小学与附近其他3所小学进行合并，改称LH小学。2002年任LH小学校长，2005年任GJQ小学校长，2010年任NL农场小学校长，2012年任西夏区S小校长，2017年调任J村小学任校长。"在我将近30年的工作经历中，J村小学的管理难度是比较大的。我在农村小学、城市小学都干过，这是第一次来到移民安置区学校。现在学校条件普遍好了，但是安置区学校有其特殊性，很多工作不好推动，更多的时候需要管理者做大量工作，工作推动起来比较慢，但是效果很好，孩子们更加自信，学习的劲头更足了！"W校长在访谈时说。

---

① 李政涛.校长思维方式的转型与变革[J].中小学管理，2012（5）：4.

第二章 宁夏生态移民子女教育的田野观察

研究者与移民子女访谈

ps/p# 第三章
移民政策与生态移民子女教育

第三章 移民政策与生态移民子女教育

生态移民工程实施以来,政府出台了一系列优惠政策,通过完善规划方案、合理调整土地、保障用水需要、统筹整合资金、强化工程质量、培育致富产业、落实惠民政策、加强社会管理等政策支持,使移民生活水平有了显著提升。尤其在生态移民职业培训和就业培训方面,政府通过全方位的就业服务、多形式的职业培训、多层次的社会保障,使广大移民群众就业有条件、发展有基础、致富有保障,实现了"搬得出、稳得住、能致富"的目标。职业培训方面,实施培训就业援助工程,大力开展转移就业培训,提供免费技工教育,开展创业培训。促进就业方面,依托工业化程度较高的城市安置劳务移民就业,依托工业园区对接转移就业,就近就地转移就业,依托区外劳务基地转移就业,落实政策鼓励创业,切实做好就业服务,移民物质生活条件得到了很大程度改善。

义务教育方面,加大教育投入,促进安置区学校建设发展,政府出台了一系列优惠政策畅通移民子女升学培训渠道,避免了因经济条件差,教育资源匮乏引发的一系列社会问题。但政策红利也带来了部分移民子女因免费读书而出现学习动力不足的现象。学校硬件条件大幅改善,但师资多重流动对学校教育提出了新挑战。教育政策支持对促进义务教育机会均等和提升人力资本有效积累起到了至关重要的作用,通过增加教育机会供给、降低教育直接成本以及提供各类优质教育资源,削弱家庭初始禀赋不均等与教育获得不均衡之间的联系,从而避免阶层的"复制",进而阻断贫困代际传递。

搬迁前后环境变化导致学校教育的文化没有连续性，整体搬迁导致社会交往内卷化，出现了移民子女学业适应难题。搬迁后续扶持中，因安置区社会治理不完善，移民家庭离异重组现象增多，对移民子女发展产生不利影响。要在社区治理方面加强政策辐射力度，提升社区功能，为生态移民子女发展营造良好的家庭环境和社会环境。

第一节　物质支持与移民子女教育

一、教育投入与学校发展

搬迁政策使移民生活得到了极大改善，教育配套政策为生态移民子女教育发展提供了保障。首先，着力推进生态移民地区县域内义务教育均衡发展。坚持移民先移教，进一步优化教育结构、推进学校布局结构调整。结合"中小学校舍安全工程""义务教育学校标准化建设工程"，加速推进县域内县（镇）中小学校的扩建、新建工作，有效解决大班额、大通铺问题。其次，各级政府十分重视安置区教育事业的发展，并将学校建设优先纳入安置区建设的整体规划。随着学校建设与安置区建设的同步发展，安置区能科学规划学校布局，满足迁入地移民儿童就近入学，接受优质教育。第三，重视安置区学校硬件建设，实行高标准设计与施工，使生态移民安置区学校全部达到或超过国家农村中小学建设标准，为学校内涵式发展和质量提升提供了重要保证。

二、政策普惠与经费支持

中职学校和宁夏中南部地区各县（区）职教中心按照"山川相济"原则，加大协作交流力度，建立联合合作培养新机制，采取"1+2""2+1"等多种办学形式扩大中职学校办学规模，引导中南部地区移民子女有序向川区转移。继续实施区内五年制高职招收移民子女初中毕业生接受职业教育。面向中南部地区招生的宁夏六盘山高级中学、宁夏育才中学试行高二分流措施，使一部分不能升入高校的学生从高三开始接受高职教育。宁夏职业技术学院、宁夏财经职业技术学院、宁夏工商职业技术学院每年单独自主招生计划的50%定向切入到中南部移民地区招收移民子女，畅通升学渠道。[①] 凡取得普通高中毕业文凭，参加普通高校招生全国统一考试且未被录取的学生以及宁夏六盘山高中、宁夏育才中学应届山区考生，可申请进入高职院校就读。凡取得中等职业学校毕业文凭，参加高职对口单独招生考试且未被录取的生态移民子女考生，可以申请进入高职院校就读。宁夏六盘山高中和宁夏育才中学秋季即将升入高三年级的已经修完规定课程和学分、普通高中学业水平考试成绩全部达到合格等级、综合素质评价达到合格等级的山区学生，申请升入区属高职试点院校继续就读的，可以申请进入高职院校就读。

在此基础上，各级教育行政部门和中职学校在东西部中职教育联合招生合作培养新机制中，优先保障移民子女接受职业教育。职业院校配合相关部门开展设施农业、养殖业、特色种植业等产业技能培训和劳务移民培训。宁夏职业技术学院、宁夏工商职业技术学院、宁夏建设职业技术学院、

---

① 宁夏中南部地区生态移民政策汇编[M]. 内部资料，2011：95.

宁夏防沙治沙职业技术学院、宁夏交通学校、宁夏水利学校面向"两后"（初中教育阶段后和普通高中教育阶段后）移民子女举办职业技能培训班，开展订单培训，定向培养。自治区在生态移民专项经费中设立移民子女教育和移民技能培训专项资金，用于解决"两后"移民子女继续接受职业教育和技能培训。移民政策为移民群众解决子女教育的后顾之忧，保障移民子女有学上，支持移民子女有一技之长。

中考升学率，去年是三区同线，农村比城市少30分，今年不区分农村、城市分数线，这两年升学率保持在22%，没有升入普通高中按照政策要求都要上职高。以前孩子愿意上六盘山和育才，现在条件好了，指标到校后只要学习好，就能把一（中）、二（中）、九（中）、唐徕（中学）的指标占满了。（Z中学校长访谈）

真没想到我还能继续上学。如果没有好政策，我进不了这样的学校。我会加倍努力，好好学习。我的专业是会计，毕业后比较容易就业，帮助家里。像我们女孩子如果不上学，就要结婚。我不想那么早嫁人，能继续上学我感到特别开心。（Z学生访谈）

老大在光彩（中职学校），每年补助学费2000元、生活费1500元，一共能补助3500元，减轻了我家经济负担。不然娃上学还发愁呢，老二在回中明年初三，现在政策好，娃娃都有学上。（M家长访谈）

三、脱贫致富与素质提升

搬迁后面临的首要问题就是要实现脱贫致富。移民安置区建立了以特色种养收入为基础，劳务收入为主体的增收致富长效机制，依托优势特色产业发展特色农业，依托城市化发展、工业园区和重点工程，大力发展劳务产业。在稳定发展劳务产业的同时，移民村尝试自己发展产业。将水浇地进行流转，一部分流转给引进的农业公司做规模种植，一部分由村里统一规划建设设施温棚，鼓励和引导村民承包种植。不断壮大安置区特色产业，多措并举保障移民稳定就业，生态移民生活水平明显提升。

> 老家山大沟深，交通和吃水都是问题。自从搬到了这里，虽然刚开始条件艰苦一些，但是政府支持，生活条件发生了很大变化。我们在外打工，每年大概有6万元收入，孩子有更好的教育，家门口上学，每天都能见到，父母也跟过来帮我们照顾孩子。（Y家长访谈）

> 刚搬过来的时候，条件确实差，风沙天碗里都有沙子，这么多年日子一天比一天好。土路变成硬化路，有了自来水。娃娃们都在上学，我在镇上做裁缝。希望新的一年，我们的日子越过越红火。（Y村民访谈）

移民家庭收入的提升，一定程度避免了搬迁初期因经济条件差、移民子女受教育不足引发的一系列社会问题。青少年正处于价值观形成的关键时期，"扣好人生第一粒扣子"至关重要。由于搬迁初期各方面条件不具备，尤其一些家庭收入低，对教育不重视，一些没有考上高中的孩子变成了社会闲散人员。据媒体报道，多年前曾经位于西夏区的某单位家属区发生一起盗窃案。一夜之间，一排煤房的门锁全被撬开，里面10多辆自行车不翼而飞。在抓获的人员中，有不少来自芦草洼。芦草洼"吊庄"是早期的移民安置区，当时自然条件恶劣，黄沙漫漫，水、电路不通，创业不易，生活艰苦。面对这些成长中的考验，有些过早进入社会的年轻人贪图"来钱快"，开始盗窃自行车。2003年行政规划调整后，芦草洼移交到西夏区管理，政府为移民出资盖蔬菜大棚，办理贴息养殖贷款，免费进行技能培训，组织劳务输出，越来越多的移民群众摆脱了贫困，社会秩序也有了改善。特别是精准扶贫行动开展以来，实施了11个扶贫项目，帮助移民群众脱贫致富。

>现在家家有电动车甚至小汽车，哪还用得上自行车？自行车都被当废铁卖掉了。（W村民访谈）

>现在的村子，夜不闭户。别说我这电动车停在外面3个小时，就是停上四五天，也丢不了！我有这个自信。（L村民访谈）

四、免费读书与学习动力

近年来，宁夏不断加大财政投入夯实教育发展基础，着力优化投入结构面向教育公平，先后以标准化学校建设、教育精准扶贫、乡村教师支持计划、优质教育资源扩面工程等系列"组合拳"，不断提升优化义务教育规模结构，优质教育资源覆盖面进一步扩大，义务教育巩固水平持续上升。教育教学质量明显提高，教育公平得到有效保障，关爱移民子女健康成长，支持移民子女教育发展的社会氛围逐渐形成。与西海固老家相比，如今良好的学习条件已成为移民子女学习的巨大动力，但学业成就仍处于较低发展水平，部分孩子学习动力不足。

学习动机是直接推动学生学习的一种内部动力，是激励和指引学生进行学习的一种需要。学习动机受多方面因素影响，包括学习需要、个人价值观、学习态度、志向水平以及外在激励等。一方面，城镇化推动了移民安置区周边房地产开发，很多家庭获得了高额拆迁补偿款；另一方面，移民生计方式发生了改变，由务农向"半耕半工"转变，家庭收入来源由单一向多元化转变。国家给予的支持政策和扶贫项目，使移民家庭逐步摆脱贫困，家庭经济条件越来越好，有的甚至超过了城市普通家庭水平。生活水平提高了，孩子在父母的呵护下生活无忧无虑，学习压力较小。志向水平方面，传统的移民家庭认为只要有稳定的收入，生活就可以获得满足。在外在激励和主观志向达到一种平衡的状态下，移民子女奋斗动力随之减弱。世界近代教育学之父捷克教育家夸美纽斯认为，"在自然的一切作为里面，发展都是内发的""一只鸟儿学飞，一条鱼儿学游，一头野兽学跑，都不需要任何强迫"[1]。真正的学习，应该是一种自发的行为，只有产生学习的内在需要时，真正的学习才能够发生，学习才具有个体意义。

搬迁过来的大部分人经济条件好了，有些家长首先自己不太珍惜美好生活的来之不易。拆迁返还款，有些家庭几十万、上百万，他认为我也没上几年学，这不也富裕起来了。"挣快钱"在群众中有一定吸引力。对孩子教育的关注停留在表面，想起来了重视几天，考不好教训一顿，花钱补个课，这些都不起作用。给孩子说，"你不好好学习就回来养牛"，但实际给孩子一个误导，养牛一年挣十几万，比上大学挣钱多，上大学还要花钱。传递的信息就是我不好好学，还有机会养牛，养牛比上大学更值得。这样就陷入了一种教育误区。（W校长访谈）

---

[1] 夸美纽斯. 大教学论[M]. 傅任敢，译. 北京：人民教育出版社，1985：98.

第二节　学校建设与移民子女教育

一、学校硬件条件不断改善

为了给移民子女创造优质的学习环境，给教师创造整洁舒心的工作环境，打造全新的校园文化，学校自 2017 年起对硬件设施进行了改造和美化。重新装修后的教学楼更换了门窗，宽敞明亮。每间教室安装了窗帘，设置了图书角，配备了多媒体、电子白板等教学设备。教室墙面挂上了中小学守则、校规校纪、名人名言等，班级面貌焕然一新。学校进一步加强功能室建设，满足房舍、室内布置、器材、图书资料等基本配置，创设相应学科条件。学校新建教师食堂，解决了教师中午外出就餐的难题。不断整合教室资源，改造了两间教师宿舍，就近解决单身教师住宿问题，充分保障了教师安全。硬件设施的改善无论在校园整体形象、教学功能提升、学生学习环境和教师从教的舒适性等方面都发生了全新的变化。幽雅美好的校园环境，润物无声的校园文化，为维护良好的教学秩序奠定了基础。

二、乡村教师多重流动

为了加强农村教师队伍建设，国家出台了《农村义务教育阶段学校教师特设岗位计划》《关于推进县（区）域内义务教育学校校长教师交流轮岗的意见》等政策，充实乡村教师队伍，支持乡村教育建设与发展，师资短缺问题得到了缓解，取得了一定成效。然而，乡村教师队伍仍然存在不稳定性，师资不足仍然是移民安置区学校面临的最大难题。从教师类型看，学校教师队伍主要由本土教师、特岗教师、交流教师和临聘教师构成。本土教师是最有资历的，自参加工作起就一直在本地任教，大多是过去国家政策转正的民办教师或当时毕业分配的师范毕业生，该群体目前已接近退休年龄。特岗教师多为年轻教师，大学毕业后通过教师特岗计划考入教师队伍。作为新生代乡村教师的主体力量，他们是乡村社会的"候鸟"，周内在乡村任教，周末返回城镇生活。多年在城市读书和求学的经历，他们的社会关系在城市，无论是思想观念还是生活习惯，难以找到乡土社会的存在价值和生命之根，缺少对乡村文化的认同，越是培养得好的特岗教师，越有更多的机会再次考回城市，也就意味着优质师资的流失。临聘教师是在县区教育局统筹安排下由各个乡村学校临时聘用的代课教师。临时性的岗位性质决定了临聘教师可以随时进行双向选择，流动性强。交流教师根据义务教育阶段校长教师交流轮岗制度，在完成一至两年的城乡学校教师交流轮岗后，回到原先工作学校。受制于发展前景、生活条件、工资待遇等因素，教师频繁地出走致使移民子女学习中断，这成为安置区学校教育的最大难题。

（一）本土教师：传统与经验的代表

在移民安置区学校，本土教师是最有资历的那一批人。自从参加工作，他们就扎根在这里，对当地的社会环境、风土人情非常了解，称之为本土教师。他们在这里安家、工作、生活，经历和见证了学校的发展变迁。

> 我参加工作就在这里，没想到一待就是三十多年。在教书的最初十年，感觉学生还是好教的，比较听话，将老师看作绝对的权威，言听计从，守规矩。随着时代发展，大家经济条件好了，看到了外面的世界，尤其是互联网给孩子们带来了改变，比如说疫情期间上网课，手机给生活带来的变化，等等。孩子们有想法

了，自我意识变得非常强，所以现在的孩子也不太好管。（F教师访谈）

在教学方面，我们这些老教师和年轻教师有差异，我们上课多凭经验，这么多年一直就这么教，也能教出考上大学的孩子。小学阶段要抓纪律，有纪律意识才能坐得住，坐得住才能养成好习惯。上课年轻人喜欢用电子白板，我还是粉笔字板书，习惯了。这么多年过来，要说到自己的发展，这个年龄上有老、下有小，的确有时候力不从心。但还是希望退休之前能把职称评上，这对于教师来说是最重要的。（C教师访谈）

已到中年的本土教师，在承担教学任务的同时，更多地还要承担家庭责任。正是这个原因，在对待工作的态度和精力上，与年轻人有所不同。家中有老人、有孩子，既要考虑方便照顾老人，也要考虑孩子能够在城市上学，他们大多在城镇买房安家，早出晚归。有的自己开车，有的拼车，每天穿梭于乡村和城市之间。自己尽量克服困难，也要给孩子创造条件，我上班来回跑都可以。（L教师访谈）

（二）特岗教师：教师生力军

特岗教师是移民安置区学校教师的主体力量。农村义务教育阶段学校教师特设岗位计划，简称"特岗计划"，是由中央财政设立专项资金，通过公开招募高校毕业生到西部"两基"攻坚县以下农村义务教育阶段学校任教，引导和鼓励高校毕业生从事农村教育工作，创新农村学校教师补充机制，逐步解决农村师资总量不足和结构不合理等问题，提高农村教师队伍的整体素质。重点向"三区三州"、原脱贫攻坚挂牌督战地区、民族地区等倾斜。重点为乡村学校补充特岗教师，持续优化教师队伍结构，进一步加强道德与法治、英语、音乐、体育、美术、信息技术等紧缺薄弱学科教师的补充。以普通高校本科及以上毕业生为主，取得教师资格证书，鼓励本科师范专业毕业生应聘，也可招聘高等师范专科毕业生，年龄不超过30岁。特岗计划对我国中西部农村教师转型换代起到了重要作用，是我国中西部地区落实农村义务教育发展保障机制的重要举措。通过特岗计划直接补充了大量年轻、学历高、待遇保障齐全的新一代农村教师。年轻的特岗教师很多是刚刚毕业的大学生，他们工作态度非常认真，也非常有想法。一方面离编制内教师又近了一步，希望能够多取得一些成绩。另一方面他们有干事创业的热情，能充分表达自己，为贫困地区教育事业贡献一份自己的力量。

> 农村有农村的优势，我老家也是农村的，现在国家投入这么多，学生虽然成绩不太好，但也有发展空间。五育并举，不能总看成绩。体育课一定要多上，让娃娃多活动长身体。美术课、音乐课陶冶情操，培养综合素质。但在我们学校，这些课因为缺老师或者缺设施，经常时有时无。孩子们又回到了过去那种单一、封闭的生活。（Z特岗教师访谈）

> 音体美学科建设不足，英语有待加强，心理健康教育几乎为零，但这些课程恰恰又是这个年龄段孩子最需要的。自从加入乡村教师队伍后，我发现只要老师多用心，关注他们，和他们经常交流，孩子的学习成绩、人际关系以及幸福指数都会有很大提升。（M特岗教师访谈）

与移民子女更加亲近的年轻教师，也会遇到两难选择。移民安置区离市区不远，特岗教师的生活方式与本土教师有所不同。他们大多数是乡村学校的"候鸟"，周一至周五在学校工作，周末返回市区，过着城市人的生活。虽然工作已踏入乡村社会，但从价值观念、思维方式、生活习惯来看，他们仍然是一个异文化人。特岗工作满三年后，教师可以在当地留任，有编有岗，也可以异地流转，到城市学校应聘。按照政策要求，城镇中小学自然减员的补充，首先要补充这些经过了三年实践锻炼的特岗教师。但是，乡土是陌生的，很多教师最后选择了城市学校，成为乡村社会的陌路人。也有愿意返回自己家乡任教的教师，但多年在城市读书的经历，不论是思想观念还是生活习惯，均受到城市文化的影响，即使返回乡村学校，也会出现不适应的情况，减弱乡村教师的身份认同，动摇投身乡村教育事业的理想信念。

> 比起"三支一扶"，考特岗还是好一些。特岗三年转正，"三支一扶"后面还要再考。虽然要在农村教书三年，但是三年后是保证有编有岗的，到时候再择优选择。我刚毕业，家人都不在这里，没什么负担。平时在学校上班，周末去市区，同学朋友那边多，考特岗就是能保证有个正式工作。（H特岗教师访谈）

（三）临聘教师：扎根还是离土

A教师看上去很年轻，是个活泼的小姑娘。相比严肃的班主任，同学们似乎更喜欢这个在学校临时代课两年的语文教师。

> 我家就是这边的，本地人，和孩子们能说到一起。虽然不是正式的，但工作压力没有他们（正式教师）那么大，把课代好就行。我一边工作一边考特岗，再考几年如果实在考不上也想去城里看看还有其他什么工作机会。（A临聘教师访谈）

临聘教师有很强的流动性，属于双向选择，政策要求和学校需求也许会发生变化，临聘教师本身也会根据自己的实际情况选择留任或者离职。此外，学校年轻女教师因结婚生子不在岗时，学校会安排临聘教师随时补充，因此，临聘教师所任学科和班级都不稳定。

  这是个大难题，开学前总是有一两位教师要请婚假、产假，我不能不给请，这也是人生大事。所以每学期我们都提前给教育局打报告申请教师，如果没有合适的，只能招聘临时教师。(W校长访谈)

  中石油(小学)有个教师一直临聘，她是随移民搬迁过来的。这么多年一直没考上特岗，但是管学生非常出色，所以留了下来。她很珍惜这样的工作机会，比在家带娃娃强。倒是咱们城里来的一些年轻教师，在考虑到个人问题时还是想回到城市。但他们一走，孩子的学习就落下了，毕竟换一个老师，授课方式、作业要求都不一样，孩子要有一个适应过程。等孩子完全适应了，半个学期也就过去了。(Y教导主任访谈)

(四) 交流教师：流动中的群体

为切实推动义务教育均衡发展，宁夏开展了义务教育阶段学校校长教师交流轮岗工作，探索建立"县管校聘"管理改革，力争用3至5年的时间实现县(区)域内校长教师交流轮岗的制度化、常态化，引导优秀校长和骨干教师向农村学校、薄弱学校流动。根据《关于推进县(区)域内义务教育学校校长教师交流轮岗的实施办法》，政府出台了很多支持政策，也同时用一些限定政策要求校长教师必须"动"起来。参与交流轮岗的人员为义务教育阶段公办学校在编在岗人员。城镇学校、优质学校每学年教师交流轮岗的比例不低于符合交流条件教师总数的10%，其中骨干教师交流轮岗的比例应不低于交流总数的20%。校长、教师交流轮岗可采取定期交流、跨校竞聘、学区一体化管理、学校联盟、名校办分校、集团化办学、对口支援、乡镇中心学校教师走教等多种途径和方式。宁夏出台的这一政策激励校长和老师交流轮岗，对积极主动参与交流且在教育教学工作中发挥骨干示范作用的校长、教师，在职务晋升、评先评优等方面给予倾斜。比如，在薪酬福利、评优表彰等工作中，保障参加交流轮岗校长、教师的工资待遇，并在绩效工资分配中予以倾斜，优先分配或使用教师周转房。

> 农村每月有580元农村津贴，根据地理位置的远近，餐费每月400~500元不等，工资之外有农村任教补贴，按照工作年限700~1900元不等，半年或者一年发一次，这三项加起来差不多2000元左右，非常吸引城市教师到农村任教。规模大的学校还有周转房，如果教师不回家，在这里都是免费住，水电暖不需要自己花钱。现在向农村倾斜的政策很好，但年轻一点的教师，特岗的，还是想回城市，毕竟年轻人要考虑个人问题。但年龄大一些的教师，因为这个政策，不排斥到农村任教。（Y教导主任访谈）

政策还规定，新任义务教育学校校长应有在2所及以上学校（含教学点）工作的经历，且每所学校工作时间不少于3年。同时，充分发挥教师职称评聘导向作用，将教师到农村学校、薄弱学校任教支教1年以上的工作经历，作为申报高一级教师职务（职称）和特级教师的必备条件。此外，校长教师交流轮岗工作还将纳入党政领导干部教育工作督导考核体系，并作为认定义务教育发展基本均衡县（区）的重要指标。对校长教师交流轮岗工作推进不力、范围不广、成效不大,且达不到规定要求的,不得申请自治区义务教育发展基本均衡县(区)认定。

无论是特岗教师、交流教师还是临聘教师,无论是年轻教师还是资深教师,移民安置区学校教师呈现双向流动的趋势。一是有些教师不愿扎根乡村,有机会就逃离乡土,出现师资流失。二是国家政策倾斜增强了农村任教的吸引力,一些教师为了提高工资待遇和职称竞聘优势,又返回乡村任教。教师流动在一定程度上促进了城乡义务教育均衡发展,但频繁流动也带来了移民子女的文化适应问题。

三、学校管理面临新挑战

(一)平安校园建设

校园安全管理事关学生生命安全,关系到学生健康成长和人才培养的质量,关系到千千万万个家庭的幸福,也关系到教育在人民群众心中的形象。早在20世纪90年代世界卫生组织曾发布报告指出,意外伤害是儿童青少年致伤致残的主要原因,其中多数发生在学校或上学途中。因此,保护好每一个孩子,使发生在他们身上的意外事故减少到最低程度,已成为中小学校安全管理的重要内容。移民搬迁到靠近城镇的安置区,人员和车辆往来密集,相较于过去,农村路少、人少,搬迁后移民子女安全意识亟须加强。J村小学位于公路主干道一侧,学生放学后需要过马路回家,或者沿着这条公路同向步行回家。很多学生安全意识不强,放学后和同学在路上飞奔,有的一边过马路一边整理书包,有的干脆不回家在马路两侧追逐玩耍。中午放学,因部分移民子女没有家长照顾,会一直在校门口逗留,直到下午学校开门。在这期间,安全问题难以保障。学校深入开展安全教育宣传,使学生充分认识校园安全的重要性,提高安全意识和防范安全风险。加强齐抓共管，校长作为校园安全责任第一人，形成了由值班校长、班主任、执勤老师、校园民警、家长志愿者组成的上下学安全保障制度。班主任将孩子送出学校，值班校长、执勤老师、校园民警、家长志愿者共同维护上下学秩序。另外，通过举办专题讲座、知识竞赛、观看电影、发放安全单、制作宣传板与手抄报等多种形式，生动地对学生开展预防火灾、防止拥挤踩踏、交通溺水事故安全教育，面向全体学生组织开展紧急疏散、逃生自救演练，提高全体教职工和学生应对突发事件的能力，提高移民子女安全意识和自我保护能力。

> 低年级孩子上下学出校门要注意安全问题，我们有制度，必须排队放学，班主任送出校门。我们学校比较特殊，校门口就是村里的公路主路，车来车往，车速很快，这就比较危险。每天我都去校门口监督学生放学，学校又安排两名执勤教师负责孩子放学，引导他们出校园过马路。防火防电、防溺水、防诈骗等安全教育我们也一直在做，有时候也想给孩子创造一些条件，外出搞活动，但考虑到孩子安全意识不强，还是担心出问题。移民孩子的安全意识和自我保护能力不如城市孩子。（W校长访谈）

> 学校大课间或者课外活动，要关注一下高年级学生。有些娃娃在教室里待着，一转眼人就不见了。高年级男生在厕所里吸烟也被我碰到过。总有一些不遵守学校纪律的孩子，他们的安全问题我们会非常注意。（Z副校长访谈）

> 辖区派出所和司法机构会在学校开展法治宣传，进行禁毒教育、女童安全教育、防诈骗教育等等，有时候利用队日活动课，有的时候集中一个时间进行主题教育。例如，周五在社区开展禁

毒宣传教育，每逢赶集日去集市进行普法宣传。这些活动对学生成长非常重要，但这方面的资源总体还是太少了。（B教师访谈）

校园安全法治宣传

（二）作业的"怪圈"与"双减"的困惑

作业是教学的重要环节，也是教学的必要补充。作业对记忆知识，进一步深化对知识的理解有一定促进作用。老师布置的作业一方面可以巩固课堂所学内容，提高学生知识应用，锻炼逻辑思维能力。另一方面，作业可以培养学生良好的学习习惯，提高学生自律和时间管理能力。作业是课堂教学的延伸和巩固，是课内外的主要学习任务。

现阶段，义务教育仍然存在中小学生负担过重的问题，短视化、功利性现象部分存在，其中包括学生作业负担过重。一些学校存在作业数量过多，效率不高，功能异化等突出问题，既达不到温故知新的目的，又占用了学生正常的锻炼、休息、娱乐时间。教育部将作业管理作为"五项管理"的重要内容，印发了《关于加强义务教育学校作业管理的通知》，立足于切实发挥好作业的育人功能和减轻学生过重的作业负担。《关于进一步减轻义务教育阶段学生作业负担和校外培训负担的意见》的出台，为回归作业的应有生态创造了条件。"双减"落地后，乡村教育资源本身不足，教育资源利用率不高，教师流动性强，移民子女知识基础薄弱，学生学业负担并不明显，但仍然存在作业的"怪圈"现象，即"写不完"的作业和由此产生的"双减"困惑,即减负与提质的矛盾。

> 每天早读时间都被作业的事情挤占了。几乎每个班门口往里面望去,都是因作业没有写完在教室站成一排补作业的孩子,或是书写不工整,趴在那里改作业的孩子,作业本上一个个黑团,实在看不下去。我们作业量都是按照国家"五项管理"要求布置,一、二年级不布置书面家庭作业,其他年级每天书面作业完成时间不超过60分钟,语文就是写一下生字,数学就是课后题。这里"写不完"的作业怪圈,让我们老师非常困惑。当然班里也有能够完成作业的,能完成作业的学生任何时候都能完成,早读时间也能利用起来。完不成作业的孩子老师怎么说都完不成,陷入恶性循环。对于有些孩子来说,完成作业也许真的有难度,但大部分我觉得是思想层面的问题:偷懒。家长忙着打工没有监督,最多问下作业是否完成,孩子说写完了,实际上家长也不真正过问。自己文化水平不高,也没法给孩子辅导作业。(Y 教导主任访谈)

"双减"对于我们这里孩子来说,变化不大。农村学校课业负担本来就不重,校外培训也几乎没有。现实情况是能够按时完成学校基本作业就已经很不错了。老师经常为了学生作业,头疼来找我。这些不写作业的娃娃闹到办公室也不行,不管也不行,他就是不写。你说农村学校作业有多少难度,都是基本的,好多孩子不做,或者应付一下,错题也不改。每天上午有一排孩子站在班里补作业,老师每天都要花很大精力来强调作业的事情。作业不能完成,直接会影响成绩,影响教育质量。今年四年级期末平均分,语文 70 分左右,数学和英语都是 60 分左右。班里 30 多个学生，个别能考 80 分以上，这些基本都是能够认真完成作业的学生。大部分在及格线上下，剩下的就是学困生，考几分的也不在少数。（W 校长访谈）

作业的怪圈，我也曾想办法解决，希望能帮到后面的学生，毕竟这些孩子学习落下了，肯定会早早走向社会，对他们成长不利。我们就给老师做工作，开设"6+1"课堂，六节课后再加一节。这一节课就要求老师看着孩子写作业。很多老师开始心理是抵触的，增加教师负担。老师也有他的各种诉求，他要备课、教研，下班后还要照顾家庭，很多都在城里住，也要接送自己的孩子。冬天天黑早，女教师回去晚了路上也不安全。这一系列的问题就来了。但城里学生不一样，老师在完成基本教学工作后，完全可以放手。（Z 副校长访谈）

"双减"是一场崭新的教育变革，每一位教师、家长、学生，都是这场变革中的主角。"双减"政策如何嵌入乡村学校，需要我们热切关注。"5+2"要求每天有 2 个小时学校课外服务，家长下班时间和孩子放学时间正好衔接上。移民家庭有特殊性，家长下班时间比较晚，时间不确定性大。五项管理对作业量有限制，但移民子女知识基础薄弱，学习习惯养成困难，如果不在课后服务上下功夫，孩子就真没有人管了。"双减"对于城市孩子，尤其是择校压力比较大的学校来说是好事。但是移民安置区学校，仍然需要有一定的作业量巩固知识，培养学生良好的学习习惯。城市孩子减负不能与乡村孩子相提并论，对于基础薄弱的移民子女，需要强化课堂学习，打好学习基础。

著名哲学家艾尔弗雷德·诺思·怀特海曾提出："在现代生活的条件下，这个法则是绝对的：不重视智力培养的民族注定要被淘汰"。良好、普及、制度化的才智教育对国家复兴事业、经济与科技发展、个人生活幸福和社会和谐安定具有不可替代的重要价值。受惠于我国义务教育制度，所有人得以参与社会生活并从事各种经济活动。[①] 对于出生在农村的孩子来说，打基础、强才智，并不意味着轻素质。才智发展和素质发展并不冲突，不能以学业水平降低的代价去换取素质、兴趣、创造力的提升。移民子女学科知识基础不牢，在提升素养、培养创新精神方面会遇到瓶颈。因此，首先要打好强才智的基本功，在强才智的基础上，进一步强素质。

（三）课程的一元化与多样化

长期以来，学校一元化课程主要反映国家的政治方向、教育需要、核心价值观，反映社会主流文化、基本道德以及发展水平，体现国家的意志与理想。它有助于各民族的融合、国家的统一、全国人民的凝心聚力、国民素质的提高。科学技术及生产现代化、经济全球化、教育普及化推动了世界发展的加速、分化与多样，特别是受教育个体主体意识的增强，不仅不同阶层、民族、地区的人们会自觉地提出对教育及课程的要求，而且少数民族、弱势群体包括妇女和偏远地区贫困群众也会强烈表达自己对"学什么"的需求，个性化诉求愈加明显。可见，社会发展推动了教育变革，加速了现代课程日益多元化发展需求，这既是课程改革的必然趋势，也是受教育者强烈而由衷的愿望。

学校在开足开齐国家课程的基础上，也开设了校本课程。低年级和高年级对校本课程有不同的安排，课程内容主要是书法、阅读、班队会，多数由班主任上课。没有专门的课程方案和课程标准，核心是围绕教材内容进行巩固和拓展。校本课程在实际实施过程中，仍然存在一定程度重行政

---

① 陆一．强才智与强素质：素质教育改革新认识［J］．国家教育行政学院学报，2020（12）：79.

推动、轻多元参与、重顶层设计、轻基层实施的突出问题。[①]学科课程以外还开设了活动课程，最具特色的是武术课程。学校加大资金投入，聘请专业教练把学生身心健康放在首位。

> 我们学校孩子体质都是不错的，身体好，没有小胖墩，也没有小眼镜。（X教师访谈）

但也存在学生主观意愿不强、缺乏家庭支持导致活动课程参与不足的现象。校本课程要反映多样化需求，尊重个体差异，调动学生积极性，促使每一个学生都能获得更加丰富多彩、生动活泼的发展。

> 农村学校教学和教研压力小，这是事实。但是要真正开发符合移民子女教育需求和教育实际的具有特色的校本课程，难度很大。首先就是缺老师。老师数量不足，教研能力也不如城市教师。我们学校今年才把语数英老师配齐，英语老师就一个，带全校英语。这些老师还兼任其他一些学科。我们首先要把国家课程开足开齐。学校最具特色的是武术课程，我们邀请专业体育教练来教，学校出钱投资，希望孩子们受益。有一些孩子感兴趣，能在学校学一些才艺。但也有相当一部分学生报名的积极性不高，和我预期的效果相差太远。我感觉这里的孩子不会玩，不知道怎么玩，当然训练也需要下功夫，有些孩子吃不了苦，学了两天不学了，坚持不下去。（Y教导主任访谈）

---

① 廖辉. 基础教育课程改革：中国经验与治理逻辑[J]. 中国教育学刊，2021（8）：63.

学校怎么办，还要看校长的办学思想。我是教音乐的，所以对音体美这些课程比较关注，我们学校的音体美老师刚好配齐，现在正在筹备合唱队。如果有一天校长换了，思路又换了。以后把社团活动纳入课外辅导，有篮球、足球、舞蹈、剪纸，更加丰富。从以往的经验看，学习成绩好的孩子自我要求高，愿意参加各种社团。能力弱的孩子，不听话的孩子不报名不参与，宁愿躲在哪个地方聊天。（W交流副校长访谈）

银川市批准的研学机构，我们向教育局申请尝试搞了几次研学。开始家长不支持，因为这个是自费的。后面和家长座谈动员，去了三个年级。研学活动，自费100多元钱让孩子出去一趟，有些家长认为没有意义，不支持，他们的认知达不到。事实上，读无字书也是一种教育，这个过程都是学习。也有些家长平时没时间带孩子出去玩，花钱让学校带着去，他也是放心的。看家庭经济情况吧。（W校长访谈）

参与学校活动的态度分化，体现了不同移民家庭对教育的认知不同，也体现出移民子女的个体差异。移民子女的成长不仅需要教师的指导，还需要家庭的关心、呵护和支持。学校教育需要家庭的配合，家庭教育也需要学校的参与。最好的教育，是让家庭和学校成为美好教育生活的同行者，让孩子身在其中、学在其中，不断尝试、不断探索，找到最合适的教育之路。

第三节　环境变迁与移民子女教育

一、环境变迁产生移民子女学业适应问题

从地理位置看，J村小学处在XJ镇中间位置。全镇共有三所小学，西村小学的地理位置偏远一些，中石油小学离城市最近，就在XJ镇。中石油小学由以前四小和三小合并而成，学生主要来自县城的搬迁移民，父母有一定文化知识，没有不识字的。

> 那边孩子的家长签字就可以看出来，父母受过教育，字写得规范，应该有一些文化。（Y教师访谈）

家庭环境优越，家长更加重视教育并能够为孩子创造良好的学习条件。这些移民子女对新环境、新学校、新课程适应性强，父母相对也能够提供一些学习帮助。J村移民大部分来自县城周边的乡镇，有些家庭曾居住在偏远乡村，学生知识基础薄弱、家庭文化资本匮乏，这些孩子面临着因环境变迁产生的学业适应难题。

> 我不识字，在家带娃娃，做饭，接送。作业就是看一下有没有写，其他的我也看不懂，娃识字呢，比我强。村里家长都是这样，我们念了几天书就不念了，老家不重视，先要操持生活。（D学生家长访谈）

人类学家马文·哈里斯认为文化是一个社会的行为、认知、情感模式，这种模式是习得的，并作为民族群体而不是个人的特征。这种解释性定义强调社会和民族群体对文化的共享性和习得性。共享性指共同享有的观念和行为，习得性是指不是个人天生拥有的，而是后天在群体中习得的行为。这也就是说人类的行为很大程度上是通过长辈教给他们，或模仿他们的同伴而获得。这些同伴是身边的享有这些文化要素的共同人群。在价值要素中，读书不重要的观念体系已深深烙印在那些生活条件艰苦的移民群众生活中，并由父辈传递给子辈。文化匮乏理论为少数族群学业失败问题提供了一种解释，"一些群体一直贫困是因为其代代相传的文化病态、匮乏和缺失所致，这些儿童由于其父母、家庭和社区没有为他们提供主流学校所期望的那种生活经历而在文化上缺失素养。"[1]

环境的变化并没有提升移民子女文化素养水平，学业适应困难也体现为低学业成就。英语学习对于移民子女来说是超级困难的。相比语文和数学，孩子周边几乎没有懂英语的人。

"为什么上课总是玩橡皮、睡觉呢？""听不懂。""咱们英语课可以换一种形式上，我们先看一个英语动画片，试着听一下。""看不懂，没有意思"。（D学生访谈）

文化对教育的影响还在于通过教育的文化再生产功能，把社会阶层、社会不平等复制出来。法国社会学家布迪厄提出的文化再生产观点认为，学校与其他社会机构一起使社会和经济的不平等代代相传。来自较低阶层

---

[1] Elcanor B. Leacock. The Culture of Poverty: A Critique [M]. New York: Simon and Schuster, 1971: 52.

背景的学生，特别是少数民族家庭学生，他们的行为方式与在学校占支配性地位的方式相矛盾，他们比来自优越家庭背景的儿童体验到更多的文化冲突。学业的失败使他们认识到自己能力上的局限，接受自己是低人一等的，只着眼于眼前能够实现的。因此，移民子女常说，"我喜欢数学课，学好数学能算账"。（H学生访谈）英语对于他们来说，学习起来非常困难，缺乏语言环境和知识基础，很多孩子逐渐放弃了英语学习。

> 我是教英语的，英语本来就需要语言环境，这边的孩子英语基础太差，可以说没有基础，他们不知道我在讲啥，上课时间最后两排孩子基本是睡觉。英语学习资源少，图书室也没有英文绘本。语言本身就是要靠习得的，不阅读不诵读得不到巩固，家里更不可能有英语学习环境。（L英语教师访谈）

城市教师在面对移民子女时也会因适应问题产生一定的文化冲突，进一步加剧了移民子女学业低水平循环。这是一个教育者和受教育者的双向适应过程。城市教师到移民学校交流非常不适应，困惑于怎么这么多不写作业的学生，成绩怎么这么难抓。

> 孩子上课就呆呆看着，或者趴在桌子上睡觉，听课效果不好。但农村教师到城市任教就比较适应，农村教师的教学方法，城市孩子也都适应。（Y教导主任访谈）

环境变迁产生的学业适应难题，需要教师和学生在文化交流中有效调节自己的行为并保持良好的心理状态，增强信任和沟通，提供适切性教育，使之向着共同目标而努力。

二、整村搬迁导致移民子女社会交往内卷化

美国人类学家克利福德·格尔茨（Clifford Geertz）在《农业内卷化》一书中运用了"内卷化"概念来描述印尼爪哇地区的水稻经济与社会发展。[①]格尔茨的内卷化概念可以概括为一个系统在外部扩张受到约束的条件下内部的精细化发展过程。此后，内卷化的概念随着黄宗智教授《华北的小农经济与社会变迁》与《长江三角洲小农家庭与乡村社会》的出版，在国内农业研究领域中进一步扩大了影响，并在相关研究中把内卷化扩展为"过密型商品化""无发展的增长"。截至目前，内卷化概念不仅仅应用于农业领域，并且延伸至社会学科多方面，例如劳动力配置内卷化、社会交往内卷化、文化生活内卷化、政治生活内卷化等问题的研究。其中，社会交往内卷化的特征表现为社会交往以情感为基础，交往空间狭窄，并且随着交往内卷化程度的加深而出现收益递减现象。[②]

移民搬迁，首先表现为移民身份同质化。不同于插花移民的大分散、小集中或组团式安置方式，整村搬迁是指按一个村的整体建制进行搬迁，搬迁后还是属于一个村队，周边还是原籍的亲戚或者邻居。生活环境的改变并没有使移民在文化和心理层面建构起与城市文化的新衔接，相反移民身份的同质化使其更加紧密结合在一起形成一种移民与非移民相区别的符号。城乡二元结构的自然属性使得移民群众与城市居民之间存在社交距离

[①] Geertz C. Agricultural Involution: The Process of Ecological Change in Indonesia [M]. Berkeley, CA: University of California Press, 1963: 39.

[②] 彭大松. 内卷化与逆内卷化：流动人口社会交往的代际流向差异 [J]. 深圳大学学报, 2021 (5): 113.

和心理差异，城市居民拥有城市身份的优越感，移民认同自己非主流的群体身份，因此很难获得有利于自身发展的社会资本。同时，整村搬迁的移民群众按照原有村的建制共同居住在移民安置区，事实上他们还保留着原有的社会网络，以共同的文化习俗以及共同的心理特征，紧密地联结在一起。虽然在物质生活层面与城市居民差异不大，但在价值观念和目标设定方面，基本上是以移民作为参照体，这显示出对自身局外人身份的普遍认同，从而阻碍了次级社会关系网络的建立。个人乃至群体对所处城市生活距离的感受会影响移民交往和社会融入，如果主观感觉差距大，则融入当地社会的难度会增加，他们更倾向与有着相似身份背景及社会经历的人群交往。这种下意识的自我隔离使移民的社会交往和社会融入缺乏积极主动性。

> 咱们孩子比较纯洁，比中石油（小学）的学生单纯多了，这些孩子没见过什么世面，出去后比较听话，但从另一个方面讲，社会适应能力、人际交往能力这方面也很欠缺。我带他们出去打比赛，他们不太主动和其他学校的孩子说话。很多孩子在一起耍着耍着就互相认识了，我们的孩子很安静、很腼腆。他们更愿意和自己的同学相处。（T交流教师访谈）

移民的文化结构表现为乡土性的文化结构，但搬迁后所面临的城市文化正在不断冲击和瓦解乡土文化模式。在村落的熟人社会中自我实现的传统路径已经不再适用，移民群众越来越难以向子代传递阶层流动所需的文化资本。同时，相似的经济结构和文化结构使得村庄内部是去分化的，这也造成移民群体流动尤其是向外流动所能依靠的社会资本比较匮乏。移民安置区所形成的地缘关系，使整村搬迁的移民内部联合更紧密，同时，地缘关系设定的深层次关系中也保留着血缘关系的结合，同族同姓的亲戚关系较为普遍。村落文化始终保留着原有的要素和模式，文化流动和文化整合较少，固化的文化模式使移民子女交往陷入内卷化。

三、移民家庭离异重组现象增多

婚姻、家庭与亲属制度，是人类学研究的重要对象。婚姻是建立家庭的前提，家庭是缔结婚姻的结果，亲属制度是婚姻家庭制度的产物。家庭是孩子的第一所学校，家长是孩子的第一任老师。一个孩子的成长，离不开老师，更离不开家长。家庭教育是父母与子女之间的互动，互动的基础首先要建立并维护一个完整的家庭。马克思认为，人的本质并不是单个人所固有的抽象物，实际上它是一切社会关系的总和。社会性是人类关系的根本属性，婚姻亲子之间和家庭成员之间的关系，是社会关系的一种特殊形式。婚姻家庭制度作为经济基础之上的上层建筑，旧的没落的婚姻家庭观是束缚生产力发展的消极因素，先进的婚姻家庭观则是一种积极的因素。近年来，移民安置区群众家庭不稳定，离异家庭和重组家庭比较多。在农村，婚姻关系的缔结是"父母之命、媒妁之言"，夫妻感情关系较为淡漠，情感不是婚姻的基础，而是婚姻的附加物，人们更看重的是家庭义务。对于贫困山区群众来说，自由恋爱产生的巨大彩礼费用，贫困家庭的确承担不起。而女儿出嫁的彩礼钱可以帮助分担家庭经济压力，再加上部分地区早婚习俗，婚姻缔结多出于整个家庭综合考虑后的父母之命。村支书介绍，去年全村七对新人结婚，到年底只剩两对。学校也曾经做过统计，全校学生中共有二十多人生活在单亲家庭，如果算上重组家庭，数量会更多。单亲家庭和重组家庭，由于父母双方某一方的缺失，导致孩子情感和精神受到伤害，性格变得非常孤僻、冷漠，对塑造良好个性不利。

当初成立家庭有点功利化。搬迁过来为了征地拆迁补偿款，突击结婚的不少，多为了分房子分地，几天就结婚。过不了多长时间就生孩子，但夫妻感情不和睦，只好离婚，然后再结婚，二婚、三婚家庭很常见。不负责任的父母只好把前任孩子再交给父母，爷爷奶奶都六七十岁了，你说怎么抚育娃娃？搬迁前和搬迁后女性在家庭中的地位不一样，搬迁后她们可以在附近工厂上班，也可以从事采摘、绿化工作，扶贫项目多，工作机会也多。当她经济独立，能够实现自我价值的时候，对婚姻的看法就会有所改变。（B驻村干部访谈）

我们曾经去解决一个即将辍学孩子的问题，就和家庭离异有关。有个女孩不上（学）了，我们就找到家里。家里只有两个老人（爷爷奶奶）在，问媳妇呢，说回娘家了，又去了媳妇娘家，见到这个后妈，手里还抱着个婴儿。我们说你要把这个大女儿找回来去上学。这个媳妇是四婚，和第一任丈夫生了女儿，离婚了，和第二任生了一个儿子，又离了，跟第三任结婚没要孩子，抱的这个是和第四任丈夫生的孩子。这个媳妇说，大女儿是丈夫前妻的，不是她生的，她管不了。"如果这孩子不上学，镇上会出面撤销你家建档立卡户。""我不管他，跟我没啥关系，我又没拿一分钱，我都快要和他过不到一块了，他们家撤不撤和我有啥关系？"爷爷奶奶说新媳妇来了以后责难前妻的两个孩子，对老人也不好，儿子一个月回来三四天，基本见不到人。这个女孩在家里没人管，亲妈妈在西安打工，就跑去西安找亲妈了。（W校长访谈）

环境变迁使人们对婚姻关系的缔结不再局限于父母的安排，对未来生活的期待也不再是"面朝黄土背朝天、结婚生娃传宗接代"。生活越来越独立，不仅是经济独立，思想也逐渐独立。面对社会转型，移民年轻一代婚姻观逐渐成熟，两情相悦、共同扶持才是婚姻的基础。但是婚姻关系的变化，生育抚育的重新选择，不可避免地带来子女教育难题。离婚对于感情破裂的夫妻双方来说意味着夫妻关系解除，这是个人的权利，但是夫妻离异不能割断亲子链。《中华人民共和国预防未成年人犯罪法》规定，未成年人父母离异的，离异双方对子女都有教育的义务，任何一方都不得因离异而不履行教育子女的义务。离异双方都要预防孩子不良行为发生，对孩子不良行为要采取积极措施进行矫治，不能放任不管。现实生活中，无论自身有怎样的不良境遇，都不能放弃对孩子的责任，儿童比成年人更需要心灵抚慰和家庭温暖，孩子不该成为父母离异的牺牲品。

第四章
文化变迁与生态移民子女教育

第四章 文化变迁与生态移民子女教育

文化变迁作为一种复杂的社会文化现象,是文化内容和文化结构的缓慢变化过程,包括文化特质、文化模式、文化风格的演变,也包括社会关系、社会群体以及社会生活的演变。生态移民从原居地搬迁至新的安置区,生活环境的变化引起了文化变迁,文化变迁过程中文化要素、文化内容的改变对移民子女教育产生影响。在城乡文化的碰撞与冲突过程中,教育及其转变为生态移民子女教育支持提供了一个全新的视角。

著名文化人类学家爱德华·泰勒在1871年出版的《原始文化》一书中,首次把文化作为一个中心概念提了出来,认为文化就其广泛的民族学意义来说,是作为社会成员的人所习得的包括知识、信仰、艺术、道德、法律、习俗以及任何其他能力和习惯的复合体。在学术界,文化结构有多种组成。从马克思主义唯物史观出发,普遍将文化分为物质文化和精神文化。随着二元结构说的发展,人们认为物质文化属于表层,精神文化属于深层,而在它们之间,还应分出一个属于中层的制度文化。[①] 文化本身就是一种教育力量,而文化的变迁又推动着教育变革与发展,教育与文化变迁有着密切的关系。著名人类学家马林诺夫斯基认为,文化变迁是现存的社会秩序,包括它的组织、信仰和知识,以及工具和消费者的目的,或多或少地发生迅速改变的过程。[②]

[①] 林耀华. 民族学通论 [M]. 北京:中央民族大学出版社,1997:390.
[②] 滕星. 教育人类学通论 [M]. 北京:商务印书馆,2017:228.

从文化变迁维度看，搬迁后移民物质生活水平显著提高，移民家庭收入分层催生了农村择校，由此乡村学校日渐式微，城镇学校新的"大班额"产生。家庭生计方式由务农向"半耕半工"方式转变，教育面临生计优先的选择。互联网解决了长期以来乡村学校缺师少教难题，同时也加速了教育、个别性与父母角色的衰落。家庭教育角色缺失、学校理想价值观与实际生活价值观的差异、传统文化与现代文化碰撞下的身份认同偏差，都体现出移民子女从一种文化场域进入另一种文化场域过程中面临文化心理层面的适应问题。随着安置区学校建设发展，需要学校管理者、教师和学生共同建设满足师生需要、维护师生利益以及促进师生共同发展的制度文化。家校互动的合作与博弈，社会参与移民子女教育的有限性，迫切需要从制度层面建构教育共同体。

第一节　物质文化对移民子女教育影响

一、移民家庭收入分层催生农村择校

物质文化对教育的影响是显著的。随着家庭收入增长，移民家庭收入分配结构从过去占比较大的生活支出转向发展方面的支出，家庭教育支出与收入水平呈正向变动关系，即家庭收入水平越高，教育支出就越多。这意味着家庭收入水平的提高，用于教育的投资也在增加。[①] 有研究表明，当进城务工人员的非农收入占家庭总收入比重越大时，其子女越可能随迁就

---

① 周红莉，冯增俊. 恩格尔定律下中国家庭收入与教育投入关系的实证研究[J]. 当代教育科学，2016（3）：47.

读。子女就读学校区位的影响因素包括父母受教育程度、所从事职业类型、家庭年收入以及对县城教育的了解程度等等。①

中石油小学位于 XJ 镇，距离 J 村小学 7 公里。部分移民家庭在镇上务工、经商，熟悉周边环境，对中石油学校教育情况有所了解，随着收入水平提高，既希望将孩子带在自己身边，也希望选择更好的教育，随之出现了择校现象。相比 J 村小学，中石油小学的区位、学校规模、硬件设施、师资条件对移民家庭吸引力很大，是移民群众心目中的好学校。父母希望他们的子女接受更优质的教育，即使教育开辟的广阔前景是漫长的，但是仍然把教育视为促进阶层流动的根本手段。自 2018 年起，XJ 镇周边开始进行大规模房地产开发，征地拆迁安置户增多，计划建设五十栋住宅楼，周边移民群众都有意向"上楼"。因此，中石油小学入学压力较大，2020 年在校生达到 2069 人，此后每年入学招生以 100~200 人数增长。

> 我们学校去年在校生 2312 人，教室不够，没办法只好占了一个功能室、一个体育器材室和一个科学实验室。今年教育局下发通知，做好 7~8 个班入学准备，第一批报名七个班已经满了，预测可能还要超出 200 人次左右，后面只能第二批再录。其实有些孩子户口还在原籍，但家长会想办法，在 XJ 镇买房、租房，只要有购房合同、租房证明，按照规定可以就近入学。让他把户口转过来，家长不愿意转，村里还有土地。如果有学位，可以安排，但是没有学位，也没有办法。这个情况对于学校来说，就很可能出现大班额。我们学校规模大，硬件设施和师资力量对家长吸引

---

① 梁艳. 农村初中生就读学校区位的影响因素研究——家庭社会资本与经济资本的双重视角[D]. 咸阳：西北农林科技大学，2021：52.

力很强。(中石油小学校长)

  我家在镇上开麻辣烫(馆),他爸爸搞装修。这两年村里人都想办法把娃娃闹到中石油小学上去了,那边学校规模大,老师也多,跟在我们身边方便照看。放在家里,学习没人管,孩子天天外面浪。(H学生家长)

教师作为重要的教育资源,配足、配齐、配好老师,是办好教育的基础,是保障教育教学活动顺利开展的前提条件,也是促进移民安置区学校高质量发展的重要保障。家长非常看重老师,教育质量很大程度上取决于师资质量。中石油小学教师数量相对充足,尤其是音体美教师,对于拓展学生学习兴趣,培养学生审美情趣、表达能力和创造力都具有很大影响。师资充足且学校社会声誉较好是移民家庭择校考虑的重要因素。

二、教育面临生计优先的选择

  经济文化特点与生存环境之间的关系问题,也是人类学研究的中心问题。经济文化类型,是由苏联民族学家托尔斯托夫、列文和切博克萨罗夫提出的。经济文化类型是指居住在相似的生态环境下,并操持相同生计方式的各民族在历史上形成的具有共同经济文化特点的综合体。经济文化类型是历史过程的产物,由于在历史的进程中无论是社会经济发展水平还是其周围的自然地理环境,对经济文化的影响程度都是逐渐在改变的,所以经济文化类型会随着时代的变迁而发生重大的变化。这种变化积累到一定程度,就可能在某些地区发生经济文化类型更替或进化。这种更替或进化可能是经济文化类型内部经济文化发展的结果,也可能是地理环境变迁或文化交流的产物。

第四章 文化变迁与生态移民子女教育

移民地区的经济文化类型,是移民搬迁导致地理环境变迁产生的文化交流产物。移民家庭以代际分工为基础的半工半耕的生计结构,成为转型期移民家庭再生产的一种方式。以代际分工为基础的半工半耕,是指移民的生计安排嵌入城乡二元结构,通过代际分工的方式获得农业和城市工商业两份收入。一方面,农民依靠与土地相结合的农业生产获得农业收入;另一方面,依靠与城市劳动力就业市场相结合获得务工性和经营性收入。由于代际分工,青壮年劳动力进城务工,从事生产经营活动,妻子如果不识字,就随父母在家务农,同时还负责照料家中未成年儿童。

> 家里有地,附近有酒庄、蒙牛,工作机会很多。工厂要上流水线,干这个年轻人多,需要三班倒。肉牛养殖,如果是以家庭为单位,都是长辈自己在家里养,孩子给帮忙。有的搞合作社,规模化养殖。附近也有小时工,工资按天结算,主要是大棚采摘和环境绿化。家里有大型农业生产设备的,帮助村里人犁地、平地,一年到头活不少。(驻村干部 L 访谈)

移民家庭中女性外出务工的情况逐渐增多,但有些妇女不识字,经济来源还是依靠丈夫,丈夫一人养全家的情况也不少见。在家庭经济压力比较大的情况下,父亲没有时间关注子女教育,母亲不识字因此不具备教育能力,即使父母教育角色不缺位,但能给予孩子的教育支持极为有限,教育面临生计优先的选择。同时,半工半耕的生计结构也承受着自然风险与市场风险的双重压力。例如在新冠肺炎疫情期间,外出务工和经营活动受限,这两项收入大幅度下降,收入不稳定再次增加了生计的优先层级,孩子的教育难免力不从心。对于子女教育问题,部分家长认为孩子能够"睁开眼睛识个字",和他们差不多或者比他们强一些就行了。生计优先的教选择，教育得不到家庭的支持和配合，难以形成教育的强大合力。

> 移民家庭首先要解决生活问题。家长一周七天都要忙生活，出门打工的时候孩子还没有起床，下班回来孩子已经睡觉了。对于孩子来说，家长就是无形的存在。如果要为孩子的教育投入时间和精力，打工的要请假，自己有小买卖的要放下，这都不太容易实现，时间上不允许。孩子的教育只能靠学校。近几年开展的研学活动，由学校组织，学生自己担负一定费用，有些经济条件不太好的家庭就不支持孩子去，学校的活动很难开展起来。每次家长会都强调，教育不能只靠学校，家长要负起责任来。道理都能明白，但大家都在着急往嘴里"刨食"吃，光顾着挣钱没有精力管孩子。往往贫困家庭孩子更多，一般至少3个孩子，如果只有一人养全家，时间精力财力确实有限。我们在定义留守儿童时，是父母常年在外省打工，孩子不随迁。但是现实中这些孩子家长即使就在本地打工，但一年回不来几次看孩子，这个实际情况和留守儿童没什么区别，家庭关怀微乎其微。（X教师访谈）

> 尤其在冬天，天还没亮，家长早早出门了，孩子就跟着起来了，六点多黑天半夜的，孩子就已经到学校门口等着了。没办法，如果父母双方都要去务工的话，上班顺带可以送孩子。我们搞"五项管理"调查，要保证孩子睡眠时间，在家长会上强调不能七点之前到校，但是家长也很为难，他要上班，他等不到专门送孩子上学的时间。最后只能委托给长辈或邻居，就会出现一个大人送五六个孩子一起上学。来得太早，学校没开门，孩子就在马路上打闹，也不好管理。好一点的是学生之间没有什么攀比。城里学生可能在物质上有攀比，穿的什么吃的什么有攀比，但是我们这

里娃娃还是比较淳朴，大家都穿校服，也没有零食，就是贪玩一些。（D 教师访谈）

快考试的时候我爸才会问问我的学习，让我好好考，考不好的话我可能会挨打。我每次希望他能回来参加家长会，他都说忙，好不容易参加过一次，却走错了教室，我几年级了都没记住。（M 学生访谈）

三、互联网重塑教育空间

"互联网＋教育"对教育资源、教学模式和学习模式等教育要素带来深刻影响，并由此带来教育理念的转变。2018 年《中国青年报》发表题为《这块屏幕可能改变命运》的文章，引发了全社会广泛关注。"一块屏幕"展现了信息化在促进教育公平、提高教育质量上的强大力量，让人们看到了实现区域、城乡、校际优质资源共享以及教育均衡发展的可能性，也向人们传递了技术引起教育变革的广阔空间。

（一）解决长期以来"缺师少教"难题

"互联网＋"可以利用专递课堂解决农村薄弱学校和教学点缺师少教问题，采用网上专门开课或同步上课，利用互联网按照教学进度推送适切的优质教育资源等形式，帮助小规模学校开齐开足国家规定课程，促进教育公平和教育均衡发展。利用名师课堂解决教师教学能力不足、专业发展水平不高的问题，通过组建网络研修共同体，探索网络环境下教研活动的新形态，推动骨干教师带动普通教师专业发展，使名师资源得到更大范围共享，提升广大教师特别是薄弱学校教师的教学能力与教育素养。利用名校网络课堂缩小区域、城乡、校际之间教育差距，以优质学校为主体，通过网络课程等形式，系统性、全方位地推动优质教育资源在区域或全国范围内共享，满足学生对优质教育资源的需求。

2018年7月宁夏获教育部批准，成为全国首个"互联网＋教育"示范区，作为西部地区首先实现县域义务教育基本均衡发展的省区。建设"互联网＋教育"示范区，有利于解决宁夏优质教育资源不足、配置不均衡等问题，实现西部教育"弯道超车"。当前，宁夏在全国第一个以省级为单位建成覆盖各级各类教育的"互联网＋教育"大平台——宁夏教育云，为全区师生提供海量优质的教育资源和普惠多元的教育服务，满足全区师生在同一平台开展教育教学活动的需要。开展"互联网＋"条件下的教育教学、科学决策、业务管理、教育研究等，推进在线互动课堂常态化应用，加强专递课堂、名师课堂和名校网络课堂应用实践，推动优质教育资源普惠共享，提升薄弱学校教育教学质量。在宁夏教育云平台的支持下，教育厅迅速搭建网络空中课堂平台，开设空中课堂、名师课堂、在线课堂、直播课堂与心理辅导课堂五个栏目，汇聚优质教育资源，供各地和学校选择使用，满足师生个性化、多元化的教育需求。疫情期间宁夏打造"互联网＋教育"空中课堂，取得了很好的成效。可复制可推广的新时代"互联网＋教育"模式，为移民子女教育提供了资源支持和技术支持，更大程度上推动了教育公平。

（二）教育、个别性与父母角色的衰落

技术的发展与进步从客观上创造出形形色色的社会生活的个别化，人们可以通过互联网，或建构、或植入自己想要的生活。新兴媒体以更高的传播效率、更广泛的传播覆盖、更深入的传播影响成为获取即时资源的有效载体。"互联网＋教育"使立体的世界更为扁平化，任何人都可以在任何时间任何地点，获取各种知识。利用网络远程教育，弥补欠发达地区、农村地区偏远学校获取教育资源的劣势，是推动区域之间、城乡之间、校际之间教育均衡发展的有效手段。"互联网为个性化的学习提供了条件，长期以来的学校教育是集体学习的模式，班级授课制真正照顾到的是大多数学生的学习情况，而不能照顾到学生的个别需要。信息技术在教学过程的应用可以使学生更好地根据自己的学习兴趣和爱好而学习，可以为每个学生设计个性化的学习计划，促进课程的多样化，学习方式的多样化，这增加了学生学习的机会。"①

互联网给个性化教育提供了沃土，文化在这个意义上也慢慢因为技术条件的改变而发生着改变。技术深度反映在社会与文化构成中的教育领域，通过技术对人的影响，进而由人自身的能动性转化出新的种种的社会关系和价值观念，这些又投射到家庭结构的文化表达上。网络形塑了个别性教育的同时，父母本身教育角色的缺位，使移民子女对互联网极度依赖，对网络信息的甄别能力面临前所未有的挑战。青少年很容易在网络上接触到各种各样的信息，各种思潮对青少年人生观、价值观有一定冲击，从而滋生享乐主义、拜金主义、虚荣攀比等不良价值观。父母角色的衰落，进而使亲子关系被网络空间的话语表达所取代。孩子更愿意在虚拟空间中公开、坦诚地发表观点意见，主张个性、要求平等对话，非常强调独立意志和自我意识，并且对自己的言论不承担任何责任。技术手段的愈加成熟和广泛应用，使作为言传身教的父母角色愈加衰落。本该属于人的教育被异化为技术的附庸，教育的能动性被技术所取代。

> 我们都喜欢上信息技术课，家里没电脑，可以在学校玩。老师讲完就让我们自己练习，有时候可以偷偷打一会儿游戏，或者看视频、网上聊天，老师过来就赶紧关掉。（Y学生访谈）
> 疫情期间上网课，我们有的老师心疼孩子家里条件不好，提

---

① 顾明远. 互联网时代的未来教育[J]. 清华大学教育研究，2017(6):2.

出要不自己买手机送给孩子学习，但我们也担心，没有家长监管，一部手机也有可能毁了一个孩子。有个孩子爷爷身体残疾，疫情期间上网课只好去他姑姑家，姑姑自己的孩子上课，这个娃娃就蹭网看腾讯。你说即使我们心疼这些条件不好又没有人管的孩子，给他一部手机，如果没有人监管，孩子又做不到自我约束，网络一旦给他们开放，成瘾了怎么办，网络不良信息把孩子带坏了又怎么办？如果家长都能做到监督，用一些时间关注孩子教育，互联网的确是一个好的学习平台。（W校长访谈）

（三）延展的物质空间与精神世界"荒漠化"

城镇化的推进，丰富的物质资源涌入，互联网技术、手机通信的发展，农村儿童可以毫不费力地看到外面的世界并即时参与其中。移民子女正处于人生观、价值观逐渐形成的关键时期，而他们的父母外出务工，隔代养育非常普遍。隔代监护有心无力，思想引导和陪伴的缺失，使一些儿童精神状况不佳，表现为沉迷网络游戏、盲目攀比享受、奋斗动力不足、对未来缺乏信心，有的甚至被社会闲散人员拉拢，成为社会不安定因素。家庭教育捉襟见肘，亲近的乡土文化资源供给不健全，城市化又逐渐掏空乡村一切与传统相关的社会生活，移民子女不爱读书，却又被城市生活所吸引，网络不良价值观便乘虚而入。在抖音、快手等平台上，他们看到很多农村青年外出务工，挣钱回来盖房子、买汽车，生活变得越来越富裕，追求物质生活的同时，崇文重教的传统正在消失。乡村教师、文化人、手艺人不再被人尊崇，那些早早外出做生意发家致富的同龄人成了大家羡慕的对象。无限延展的物质世界与家庭教育不在场，乡土文化的边缘化导致乡村儿童成长过程中健康的本土资源缺失，成为了生活在他处的"异乡人"。乡村儿童与生活在其中的乡村亲近性的缺失，使他们不再是文化意义上的乡村儿童，他们中很多人变得看不起乡土，看不起劳动，但又无所适从，因为他们同样不是文化意义上的城市儿童，因此成了一种在精神上无根的存在，成为文化荒漠中人。融不进的城市，回不去的乡村，乡村教育既需要书本知识为乡村儿童打好底色，也需要精神世界的引领和相应文化背景的滋养，才能孕育有生命之根、丰盈内在精神的完整的人。

第二节　精神文化对移民子女教育影响

一、心灵孤岛：不在场的父母

精神力量是一种无形的财富，它是一个人的教养、个性、气质、品行、思维等重要支撑。精神动力会帮助人们敢于面对失败，克服生活困难，收获人生幸福。移民家庭离异重组现象增多，父母关系冲突造成情感支持无力，不在场的父母与失衡的家庭支持使移民子女难以树立自信、自立、自强的人生观，奋斗动力不足。

（一）父母关系冲突造成情感支持无力

著名社会学家费孝通在谈到婚姻和家庭关系时曾经专门论述了双系抚育，并把夫妻和子女称作"社会结构中的基本三角"[①]，以此来描述家庭成员的相互关系及其相互联结构成的一个完整的家。然而，一旦夫妻一方从家庭中分离，这个"三角"失去了一条边，孩子从父母那里得到的关爱和教育是不完整的。父母离异会引发孩子悲观、消极、孤独、攻击等心理情绪，离异家庭在夫妻感情破裂、准备离婚的整个过程中，无论是外显的还

---

① 费孝通. 生育制度[M]. 北京：商务印书馆，2008：107.

是内隐的夫妻冲突,都会给孩子的心灵带来负面影响,造成不同程度的心理创伤。

> YH以前学习特别好,我们下课都喜欢和她一起玩,上二年级的时候他们家出了这个事,他妈妈跑了,到现在只回来看过她一次。她学习成绩下降了,放学总去同学家看电视,和她一起玩也玩不起,输了就哭,还让其他人不和我们玩。(G学生访谈)

离异或重组家庭儿童经常少言寡语,性情孤僻。父母的情感冲突影响到孩子,使他们对他人、社会极端冷漠,缺乏责任感,甚至有的孩子对父母由失望到厌恶以致仇恨,产生反社会行为。情感上受到父母离异的伤害,一些孩子情绪变化激烈,表现为喜怒无常、悲观失望、易发怒、易烦躁等。人际关系上,离异家庭的孩子由于缺少完整的父母保护和家庭成员之间友好相处的体验,社会信任度低,在人际交往中表现为合群性差、攻击性行为明显。

苏联教育家苏霍姆林斯基指出,"在良好的家庭中,那里母亲和父亲亲密和谐,在那里笼罩着这种气氛:对言语、思想和情感,对观点、对微微能察觉的情绪色调极度关心,关系良好,协调一致,互相帮助、互相支持,精神上的团结一致和豪迈,父母的相互信任和尊重,总之在儿童眼前展现一切。在此基础上确立他对人类美好的信念,形成心灵的安详和宁静,形成对不良风气,不道德、危害社会的行为的抵制能力"[1]。

---

[1] 苏霍姆林斯基. 家长教育学[M]. 杜志英,等,译. 北京:中国妇女出版社,1982:19.

（二）隔代养育家庭精神交流减少

隔代养育也存在着隐性的家庭关系冲突。父母不在场，生活的矛盾随即转嫁到家族长辈身上，一辈子生活在农村的祖辈文化水平不高，隔代监护有心无力，只能提供基本生活照顾。祖辈与孙辈异质性的代际差距明显，两代人在社会认知、行为习惯、兴趣爱好等诸多方面差异较大，因此隔代家庭成员的精神交流微乎其微。

> 我和他奶奶把娃生活管着，他爸外面开大车。现在生活条件好了，给娃买了手机，方便看看娃，平时不准用，但我们也管不住，放学回来自己在屋子里关着门，有时候偷偷耍手机。学校的事情我们也管不来，有时候问一下作业写完没，不识字能干啥？他爸外面跑大车呢，很忙。（M学生家长访谈）
>
> 学校的事情，不想给他们（爷爷奶奶）说，他们也听不懂。我很长时间没有见到妈妈了，有时候和她手机视频，也不想让他们看见。我喜欢玩王者（荣耀），游戏人物都太酷了。我愿意把学校的事情告诉游戏好友，他们可以帮我出主意。（S学生访谈）

任何教育都是发生在一种空间场域中，个体与他人展开互动并建构起教育意义。家庭结构的变动以及相应家庭角色的缺失意味着在家庭内部以人的活动和成长为中心的家庭各要素的整体性、有机性严重欠缺，情感缺乏生成基础条件，与整个家庭生活没有形成良性互动。生活节奏加快，物质生活提升反而使亲子关系疏离，这种疏远缺失了关爱的温度，亲子精神世界的鸿沟随之出现。在一个完整的家庭中，只有父母的在场与陪伴的时空融合，才能将家庭温暖投递给孩子，使他们体悟到精神支持和情感支持的力量。

（三）落后的教育方式限制了家庭育人功能

物质文化的变迁必然会引起非物质文化的变迁，但二者变迁速度并不一样，前者较快而后者较慢。一般来说，社会文化的变迁总是先从科技、经济等物质层面开始，然后是法律、规则等制度层面，最后才是风俗、习惯、思维等精神层面。文化发展中的一部分落后于其他部分而呈现脱节的社会现象，被称为文化滞后。移民搬迁后，生产生活方式最先发生了改变，而教育观念和教育方法的改变较为缓慢，与现代教育精神相脱节。

移民搬迁后的教育支持政策，使移民子女能够就近入学，家长也逐渐开始注重对子女的教育投入，为孩子创造更好的学习条件，例如给孩子们购买学习用品、图书，甚至培养才艺，以此消解家庭文化资本不足带来的差距。但教育方式的选择并未受到家长的足够重视。很多家长认为教育是学校的事，只要把孩子送到学校，由学校和老师去教育就行了。还有不少家长虽然知道家庭教育的重要性，但缺乏必要的知识和科学的方法，并不理解真正的教育。多数家长教育观念守旧，机械地认为与孩子的关系是"上对下"的权威，家长本位要求孩子要绝对服从。家长本位的家庭教育模式一味强调家长意志，忽视子女的独立意志，扼杀其创造力，不利于健全个性的养成。因为自己没有接受良好教育，家长非常希望孩子能够跳出"农门"，有一个好的前程，始终将自己的想法强加于子女身上。其实家长并不知道孩子真正的需要，只要求孩子按照家长的想法去做就是对的，反之就是错的，严重影响到孩子的身心健康。

仍有部分家长信奉"棍棒底下出孝子"，缺乏正面教育。多数农村家庭教育缺乏民主，家长很少给孩子倾诉的机会，取而代之的是孩子成为父母说教的对象和训斥的对象。不少儿童在成长过程中缺少个性，相反却多了许多"特性"。"不打不成才"在传统的家庭教育中根深蒂固。禁锢保守的养育方式抑制了孩子的探究欲及创造性，更多地体现为成长功利化和工具性，文化抚育和精神支持被功利性目标所取代。虽然移民生活环境和生活条件较搬迁之前有很大改变，但家庭教育观念和新文化意识并未随着物质生活的改变而产生明显的变化，即精神文化变迁总是滞后于物质文化的变迁。

二、学校理想价值观与实际生活价值观差异

教育中的文化不连续性在思想方面和思维意识方面表现为价值观上的冲突，即学校理想价值观与实际生活价值观的差异。教育起源于劳动，起源人类社会生活的需要和人类自身发展的需要。任何社会、任何形式的教育的共同特点都是寓于各种社会实际生活之中。一方面是人对事物产生兴趣，自发地接受教育；另一方面是在社会的推动下产生，社会的发展需要教育的作用。教育需要可以由身边的人或者环境激发出来，教育理想就是受教育者在个体求知过程中的内在教育意向。孩子的教育意向受家庭子女人数、家庭收入、家长职业、地位、观念、期望以及社会环境等因素影响，其中影响最大的是社会提升的期望和教育的需要。教育对于贫困地区儿童成长而言，读书改变命运是具有普遍意义的。但也有些移民群众认为，义务教育是国家规定，即使考不上大学以后也有机会从事其他方面的工作，例如早早外出务工补贴家用，避免因学致贫。

> 我也问过我的学生，你觉得在老家好，还是这边好，其实在老家补贴多，这边生活水平高，相应生活成本也高。都说这边好，但是学习状态和精神状态两极分化，有的孩子能认识到自己眼界变了，他要争取更好的发展。但也有一些比如说建档立卡户，他们是看不到的，建档立卡户可以直接拿到好处，太容易获得了，

动机就没了。出现了一批不爱学习，学习习惯和卫生习惯都不太好的学生。作业本很新，因为每写完一页就会撕掉叠飞机玩。我记得很多年前在南部山区支教的时候到县城开会，看到好多孩子晚上在路灯下看书学习。现在环境变化了，眼界开阔了，但学习是不是更有动力了呢？未来的路，有些人能看到，有些人看不到。（S教师访谈）

我带的孩子也有考上大学的，师范院校也不少，这些孩子基本上都是高中能升入一、二、九中或者六盘山中学的。这些孩子思想独立，成长环境可能不好，但随着年龄增长，自我意识增强，尤其在初高中阶段变化比较大。一方面是同伴之间的带动鼓励，另一方面他们认识到只有好好学习才能有更好的前途，产生强烈的学习动力。但同样家庭条件不好的孩子，不爱学习的比例更大，老师也头疼。前段时间我去家访，和我关系比较好的一个孩子，我问他，你爷爷建档立卡户，你爸爸建档立卡户，你总不能以后也是建档立卡户吧？这孩子呵呵一傻笑，还是不爱学习。（J教师访谈）

有些移民家庭生活条件比较好，但父母并没有对下一代成才持有较高的期待。部分家长以自己作为参照，即使孩子未来考不上大学，也可以子承父业，一方面能够丰衣足食，另一方面在熟悉的环境中传承传统也具有天然优势。对女孩子的认知是不需要太多的知识积淀，最后还是要嫁人，添置的彩礼也可以作为一部分家底。安置区的区位优势明显，工作机会多，义务教育所学知识完全够用，兜底即可。教育的未来在实际生活中被剥夺，削弱了文化视野中的教育价值。

三、传统与现代文化碰撞下的身份认同偏差

(一)文化认同差异

"认同"一词最早是由精神分析学家弗洛伊德(S. Freud)提出的,弗洛伊德认为认同是个人与他人、或被模仿人物在情感和心理上趋同的过程。发展心理学家埃里克森提出了"自我同一性"的概念,进一步对认同进行了解释。文化认同是一个复杂的结构,它不但包括个体对群体的归属感,而且还包括个体对自己的文化信念、态度和行为卷入情况。无论是儿童、青少年还是成年人,对于社会接纳与承认的重视,对于偏离社会和被社会抛弃的焦虑与恐惧,直接成了人们隶属和认同群体的心理动力。移民子女在学校教育中的文化价值认同是在传统与现代文化价值的融合与矛盾冲突中显现出来的。

走进校园,这里是一个现代化设施齐备并具有现代性意义的学校。宽阔的操场,明亮的教学楼,功能室、录播室、足球场、篮球场、乒乓球台,庄严的升旗仪式、整齐划一的校服,和城市小学毫无两样,这里寄托着移民子女对未来的无限憧憬和美好期望。然而在孩子的内心中,校园内外显然呈现出两个不同的自己,现代价值与传统价值在他们的思想和生活中碰撞。父母总在强调要珍惜学习机会,可是并不愿意为学校开设的武术班给他们购买服装;孩子回家后要承担给弟弟妹妹做饭的任务,由一名小学生转变为一名家长,承担家庭责任;可以和城市孩子一样坐在教室里读书,但回到家后父母常说女子早晚要嫁人,把新房留给弟弟。移民子女在学校与家庭的场域中进行身份转换,加深了他们对自身角色认同的无力感。

> 放学回家后，我睡老房子，妈妈和弟弟睡上房。家里的客厅是新装修的，在银川买了电视柜、茶几、沙发，中午放学可以在客厅边吃饭边看电视，家里来亲戚一般住在这间房。我住的是以前的土炕，我爸前段时间回来，在家里住了一阵，盖新房，留给两岁的弟弟将来娶媳妇。（B学生访谈）

> 妈妈今天在家，我可以出去浪一会。平时妈妈如果给人家干活，我还要管我弟，给他热饭。照顾他我就不能和同学出去浪了。老师今天正好你在，问你几道不会的作业题，平时在家不会的题只能问同学。（N学生访谈）

美国社会学家查尔斯·库利提出，人们的自我概念是通过镜像过程形成的，个体通过想象别人对自己外表及行为的感觉来理解自我，因此库利称这种自我为"镜中我"。乔治·赫伯特·米德发展了库利的思想，提出了"一般他人"的观点。他认为，自我的发展包含主我与客我之间的一系列连续交流，主我是未经社会化的自我，客我则是社会化的产物。学校社会化的客我，使移民子女在学校教育中产生了强烈的向上流动的动机，积极学习知识本领，使自己尽可能成为主流文化群体的成员。而回归家庭后的主我，受传统思想观念、思维方式、生活环境的影响，加之乡村文化中保守的因素，无法摆脱底层社会地位和低教育成就的阴影，从而认可自己的弱势和不利地位，产生了悲观消极的态度。

（二）性别认识偏差

妇女的文化程度是一个国家、一个社会文明与进步的重要标志。女童教育至关重要，它关乎一个民族的振兴与发展，关系到一个社会的文明与进步。虽然贫困山区女童低入学率、高辍学率的现象在移民群体中已不存在，但是家庭对于女童的教育期望还保持在比较低的水平。性别认识偏差是女童教育滞后的首要原因。受封建思想的影响,重男轻女的生育观念依然存在,家里总是要生一个男孩,女子终究要成为别人家的人,这也导致移民群众早婚现象较为普遍,许多女孩过早地成为人妻人母,背负起生活的重担,继续沿着母亲的生活轨迹一代又一代循环。传统思想观念与早婚习俗与女性受教育程度低关系密切,现在搬迁到经济条件和生活环境较好的地方,但群众思想认识的改变是滞后的,一些子女较多、经济负担重的家庭,更倾向于给男孩提供更多教育支持。

> 现在孩子的父母这代人,在山区的时候都早早结婚了,这是习俗,尤其在农村。一结婚立马就有孩子,她还是个孩子的时候,生理和心理都没有发育成熟的时候,还不知道婚姻是什么的时候,她已经有了自己的孩子。婚后家庭不和谐,只能离异。有些可能都没有办手续,有个仪式就行了。经济越落后的地方,婚姻的附加值更为直观,女孩子嫁人都要收取彩礼钱,毕竟家里要盖房子,还要给儿子娶媳妇。(驻村干部 W 访谈)

> 我们去家访的时候,有个五年级的女孩子,从一年级开始大小便失禁没法自理,不和人交流,典型自闭。去医院看病,孩子不愿配合,家长也觉得是个女孩子,考虑经济负担比较重,家庭月收入只有 3000 元,做检查花费太多,如果后期还要治疗的话,家庭负担更重,放弃了。家长说如果学校不愿意接收这样的孩子,他们也可以回家,不念了。(H 教师访谈)

第三节 制度文化对移民子女教育影响

学校是文化的存在,也是制度的存在。"学校的长处全在于制度,它包括了学校发生的一切事。因为制度才是一切的灵魂。通过它,一切产生、生长和发展,并达到完善的程度。哪里制度稳,那里便一切稳定;哪里制度动摇,那里便一切动摇;哪里制度松垮,那里便一切松垮和陷入混乱;而制度恢复之时,一切也就恢复。"[1]学校制度文化是指学校在长期的办学过程中积淀下来并达成共识的价值理念、办学思想、文化习俗、道德规范、运行方式等有机组成的规则系统。美国著名管理学家德鲁克说,"管理不只是一门学问,还应是一种'文化',它有自己的价值观、信仰、工具和语言"[2]。可见,学校管理在特定的文化环境中进行,具有文化性。文化环境不同,学校管理模式也会有差异,即使在同一社会制度下,由于文化传统不同,其学校管理也会存在差异。从校园文化、办学理念到师生关系、学风教风,每所学校都会形成自己的制度文化特色。

一、校长的坚守与无奈

制度文化是人为的,也是为人的。在学校制度文化建设中,学生和教师是制度文化建设服务的双主体。只有制度规则或纪律合乎促进人的发展

---

[1] 夸美纽斯. 夸美纽斯教育论著选[M]. 北京:人民教育出版社,2005:247.

[2] 黄济,王策三. 现代教育论[M]. 北京:人民教育出版社,2012:241.

的目的性和道德性，方能产生正向意义，促进移民儿童健全人格的形成。同时，教育工作者在道德教育中创设制度文化是为了更好地满足师生需要，服务学校建设发展。

（一）校风学风

校风学风制度建设方面，J村小学抓德育、重常规、树新风。以"养成良好习惯，成就幸福人生"的办学理念，增强德育教育针对性、实效性，积极推进素质教育，努力提高教育质量。以"养成好习惯，争做文明人"德育活动为主线，坚持做好学校的常规德育工作，年初由学校大队部拟定学校德育活动安排，利用传统节日、重要节庆、重大纪念日举办主题鲜明、内容健康的仪式活动，激发师生昂扬向上的精神力量。如清明节举办"缅怀革命烈士，争做新时代好少年"演讲比赛及诗歌朗诵比赛等。

（二）习惯养成

培养良好学习和生活习惯，从净做起，加强学生卫生健康教育。第一，让学校净起来。学校党支部立足学校实际，紧紧依靠当地村委会筹措资金，改造了校门口的基础设施和学校北围墙道路。从领导班子做起，身体力行、率先垂范，每天按时打扫好各自办公室的卫生，也要求老师完成好各自办公室的卫生和办公物品摆放，各班级完成本班环境区卫生打扫和保洁工作。值周老师和少先队干部做好每天的检查记录和督导工作，作为文明班级评选的依据。第二，让学生从净做起。一是每天课前班主任认真检查学生的衣着是否整洁，个人卫生是否达标，课桌椅物品是否按秩序摆放，值周老师及大队干部每天不定时对班级卫生、个人卫生进行督查，让孩子自觉从净做起，养成良好卫生习惯。二是教育学生养成良好的饮食习惯。监护人缺位导致孩子饮食不规律，有些家庭只管给钱让孩子自己解决吃饭问题，孩子们经常成群结队购买零食代替午餐，不健康的饮食习惯造成营养不良或肥胖，这些都容易激发儿童不良心理情绪。三是帮助学生养成良好的口腔健康习惯和用眼卫生习惯。甜食的摄入量，刷牙的频次，制定口腔卫生规则等是影响口腔健康习惯的重要标准。有研究发现，城市儿童的刷牙次数、漱口等习惯都要好于农村儿童。培养移民子女良好的口腔卫生习惯，可以减少口腔疾病患病率。视力保护方面，儿童近视与不良用眼卫生习惯具有一定联系。加强普及眼部卫生知识，提升眼部卫生习惯意识，尤其是减少电子产品的过度使用，对于视力保护有着积极意义。四是增强预防病毒感染的教育。引导学生积极接种各类疫苗，加强体育锻炼，常戴口罩，经常使用洗手液、酒精湿巾，学会七步洗手法等，帮助移民子女预防病毒感染。第三，让思想净起来。丰富升旗仪式和班会活动，培养学生热爱祖国的情感。每周一的班队会和每月一次大型德育活动，有针对性地进行德育教育。学校不仅是知识学习的殿堂，更要使学生的思想在德育教育中得到洗礼，培养良好的品质，塑造健全的人格。

（三）家访制度

家访是教师联系家长并获取孩子在家学习情况的桥梁，也是家长与学校互动的重要途径。教师上门家访，会让学生感受到老师的关注和重视，这是对学生的激励，是和家长的沟通，进一步拉近了家校的距离。家访的过程有利于教师深入学生家庭，了解学生、理解学生，从而为每个孩子寻找更适合的教育路径。家访也是教师丰富教育实践的途径，从这个意义出发，家访不仅有助于促进师生交流、加深理解，也能让教育理念与教育方法变得更加鲜活，更接地气。教育实践中，一些教师感慨备课不仅要备好所讲授的知识，更要备好学生的学情。电话网络的寥寥数语，无法替代一次真挚的握手、一个会心的微笑，更不必说一场真诚深入的促膝谈心。家访蕴涵着丰富的教育内涵，是教学活动的有机组成部分。重新认识学生、发现学生，进一步把握学生特点，从而教育学生、影响学生、引导学生。学校通过家访制度为移民子女提供教育支持，进一步增强了教师与学生、教师与家长的沟通，为建构和谐融洽的师生关系打下了良好的基础。

> 移民子女有其特殊性，对于学校来说，什么最难管？人最难管。他们的很多问题都源自原生家庭，需要全社会关注，学校也在努力。有一些孩子比较敏感，对于原生家庭的情况，不能直接说，更不好插手。但从情感上来讲，我们非常希望这些孩子可以得到帮助。心理健康教育有介入，但渠道不多，专业老师少。学校主要做家访。我们按照教育局要求，落实"千名教师进千家万户"和"党员教师进学生家庭"要求，党员教师包干学困生，每人负责3名学困生，提供学习帮助、生活帮助和心理健康支持。学校的活动多给这些孩子参与展示的机会，和他的家人建立沟通机制。（W交流副校长访谈）

> 我们给我们的党员、老师也会传递一个信息，并不是与孩子谈上几次话就可以立马解决问题，有些只凭借老师也解决不了。但至少我们要有关爱举动，要让孩子知道社会是有温度的，有人在关注他们，就算将来在家里受到任何不待见和白眼，至少知道有人在关注他们、关心他们。一些孩子毕业了，围着老师叫哥哥姐姐，跟在他们身后乐呵呵。这一点一滴的变化让我们感觉到自己的付出是有反馈的，也是一种温暖吧。种下一颗善的种子，可能十年之后才能发芽，但是你不种，可能就会出问题。早婚早育导致的父母离异和家庭重组，孩子在心理情感方面的问题还是很多的。（W校长访谈）

（四）教师专业培训

教育高质量发展需要高质量教师队伍，高质量教师队伍建设还需要专业化的教师培训。由于缺乏接触新教育技术的机遇和参与教学改革实践的锻炼，移民安置区学校许多教师仍使用传统教学方法。要根本改变这种状况，首先要注重组织教师认真学习和实践新的教育理念及技术，积极参加专业培训，促进专业发展。教师专业发展的核心在于教师个人的专业发展，这种发展依赖于教师个人对专业性发展的追求，是教师个人内在专业结构不断丰富和完善的过程。近年来，学校将教师培训作为制度建设的重要方面，每年完成一定学时的继续教育基础上，每位教师至少还要参加一次专业培训。

> 现在教师培训渠道很多，形式内容很丰富。国培计划，每年寒暑假都有。我们学校也有学科类的听课、磨课、比赛等等。校际之间交流也有，请区内外名师有针对性地就某一专题进行授课辅导。这些年培训机会比以前多，但也有老师不愿出去，区内的也不愿意参加，贴上交通费，回来还要给班级补课，嫌麻烦。（B教师访谈）

> 我参加过几次银川市的培训，有机会也想出去到外地的名校看看。但区外参观交流学习之类的，我们普通老师机会还是比较少，不过感觉自己离名师也比较远。（S教师访谈）

教师对待专业培训的态度不一。名校和名师都是靠学生推动，首先要有好的教学成绩。专业水平的高低，决定了讲台站得稳不稳，家长和学生是否对你拥护。但也有教师认为，农村学校"一个萝卜一个坑"，即使上课效果一般，也决定不了个人去留，农村本就缺教师。有些教师自我要求比较高，既注重专业发展，又能主动为学生提供学习支持，家长非常感动。他们经常牺牲下班时间进行辅导，家长也希望多留一会儿孩子，甚至放学后给老师送饭。教师的专业能力直接影响教学效果。有一些教师认为带班完全靠态度，靠严厉态度管理班级。但随着孩子年龄渐长，纯粹靠严厉是管不好班级的。自身专业能力很重要，教师所拥有知识的广度、深度决定了课程的吸引力，以及是否能给孩子一些深刻启发和思考，或传授给他们一些有效的学习方法，这些至关重要。

> 我们就有学生故意和老师逗乐子，只要铃声一响，起哄不让拖堂，严厉也没有用。持续提高专业能力很重要，但在这方面，农村教师的自我要求不高。（M交流教师访谈）

（五）班主任队伍建设

班主任是班级建设的设计者，是协调班级人际关系的主导者，是班级组织的领导者。班主任肩负着全面管理班级的职责，是学校教育的中坚力量。J村小学班主任队伍年轻化，部分班主任经验不足，为了促进班主任之间的沟通交流，学校采用分组模式，让一些经验丰富的老教师带领年轻教师不断强化班主任队伍建设，起到传帮带作用。每个年级有年级组长，每个学科有教研组长，实行分组管理，不断加强班主任班级管理能力。

> 老教师经验丰富，带一些徒弟，一带二，但效果不是特别好。我带两个徒弟，去听他的课，我们同课同构、同课异构的方法都在尝试。总之推行得不是很好，有的徒弟不虚心学，有的师傅没精力教，这些工作任务都是课外的，全凭老师自己怎么看待这个事。教师工作量很大，除了上课，行政工作也很多，全压在教师身上。绩效工资不多，根据课程类型、教学工作量、是否承担班主任工作等发放绩效，但奖励性绩效很少。老师参加这些教研活动不积极。（L教师访谈）

（六）信息化教学

学校非常重视信息化建设，加大信息化设备的利用率。每周各个功能室都要使用，开展"互联网＋教育"活动，鼓励教师在教育云平台下载教学资源应用于课堂教学。积极利用多媒体参加各类学习和交流，通过互联网观看其他学校教师的示范课，通过观课、磨课提升本校教师教学能力和教研水平。当前，"互联网＋教育"推进过程中，还存在设备维护和购买资源的成本较高，有设备但没有教师使用，资源利用率低等一系列难题。

> 我们去观摩了二中的双师课，是和"好未来"平台的试用合作项目。农村孩子与城市孩子基础不一样，对方需要和我们沟通以后，针对我们的孩子备课，双方老师在上课之前要磨课。等到正式上课的时候，对方将上课的实况视频传输给我们，我们老师在自己的课堂上巡堂，辅助指导。总之费用比较高，一体机和投影比较贵，对方要求我们使用的仪器必须投出来的人物大小比例不能失真。另外，备课花费的成本非常高。远程课堂，最重要的是要备学生。（Y教导主任访谈）

> 我们的"互联网＋教育"，只能说是同步课堂、资源送课。虽说是名师讲课，但是屏幕下的孩子是农村孩子，基础薄弱，如果没有现场的老师，学生听课过程中的吸收、理解是不好把握的。录播课程实时互动和反馈较少，不像传统课程可以边讲边练，进度由老师自己把握。优质资源共享是好事，但是教与学是人和人的交流，机器不能取代人。教学过程中的态度情感价值观很重要，要有互动，资源可以作为补充。教学过程应该是动态灵活的，资源可以用，可以辅助用，但还是要重视老师和学生的互动。（C交流教师访谈）

二、家校互动的合作与博弈

家校合作是指家庭与学校共同参与学生的教育活动，通过家校之间的双向互动、齐心合作，共同对学生进行教育与管理的过程。家校合作是将学校、家庭双方的教育力量和教育资源有机整合，最终实现合作育人的目的。近年来，移民社区教育氛围浓厚，学校管理规范，教育秩序良好，家长对教育的重视程度有所提高。有影响力的家长加入家委会，帮助老师协调解决孩子学习生活的问题。家校合作的形式有家长会、家长开放日、运动会、宣传讲座等。一个学期开两次家长会，开学的时候给家长介绍本学期的学习目标，期中家长会集中反馈学习动态，提出需要家长关注和配合的地方。现有三分之二的家长能正常参加家长会，家长参与率逐年提升。学校也充分考虑移民群众的特殊情况，选择"2、5、8"日子的下午四点半开家长会，因为这个时间恰逢赶集结束，家长们正好去学校开会。学校与家庭相互理解、相互配合，家校合作氛围浓厚。

移民家庭的角色分工中，父亲挣钱养家，母亲照料子女生活，尤其作为主要监护人的母亲，受教育程度不高，孩子出现问题时可能会导致家校合作失序。这种失序状态会阻碍家庭和学校教育目的达成一致，并对家校协同育人产生不利影响。例如，家长认为将孩子送到学校读书，学校就要承担起教育孩子的所有责任，当出现问题时家庭与学校沟通不足，时常激化矛盾。当学生之间发生冲突，母亲在意自己的孩子"是否受到欺负"，以个人情感作为价值判断标准，而不能客观理性地看待事情本身，对学校不信任，出现了选择性支持的行动偏差。

孩子解决问题常以打架的方式处理。小学孩子也能把初中的孩子打一顿，那几个是田径队的。孩子打架的问题动不动就闹到派出所，派出所给我们打电话，我们再通知家长，让他们去派出所领人。孩子之间发生矛盾给家长打电话，被打孩子的家长能来，打人孩子的家长不好叫来，人家给的理由是"这么点事把我从厂子里叫来，我还要请假，扣工资"。如果是自己家孩子受伤了，恨不得开着救护车就来了，要是欺负别人家孩子，且等着，等五六个小时都不见人。其实孩子之间没有什么大冲突，咱们一些老师本着负责任的态度，还是要告知一下家长，但孩子一听说要叫家长，很紧张，有时候会向家长撒谎或颠倒是非。孩子在学校一旦出现"小状况"，家长就不分青红皂白直接问责学校。上学期有两个男孩子因为打扫卫生的事情有了小小的肢体冲突，都没有受伤，我就分别给两个孩子做了思想工作。第二天其中一个孩子家里就来了四五个家长，问我为什么不惩罚另一个学生，要求学校赔偿……现在的学生不敢管啊。我们尝试让本地老师出面解决一些问题，家长对本地老师或者原籍相同的老师信任度高一些，出面效果更好一些。（校园民警C访谈）

家校合作是家长与学校的双向沟通，首要问题是信任问题。家长要信任学校，也要承担起自己的教育责任，提高自身文化素质，发挥家庭教育作用。学生来自不同的家庭，每个家长的文化程度、生活经历、职业背景不同，老师应与家长建立多种渠道的联系，对家庭情况走访调查，积极营造家校互相尊重、互相配合的良好氛围。讲究语言艺术，真诚对待家长，同时也要及时传递科学的家庭教育知识和教育方法。正如校长所说，"教育，更多的时候是在教育家长，家长的工作做好了，我们的学生就会成长得更好"。

三、社会参与移民子女教育的有限性

社会变迁与治理模式的变革带来的价值转变，意味着教育管理者以及提供教育服务的政府部门开始认识到，现代教育治理要反思过去狭窄的二元思维，应当与时俱进去探索一种新的机制解决教育供求中的矛盾以及保障公共教育服务供给。正是在这样的背景下，社会参与在教育治理中的角色和作用逐渐受到重视。《中国教育改革和发展纲要》指出，要"吸引社会各界支持学校建设，参与学校管理"。《国家中长期教育改革和发展规划纲要（2010—2020年）》强调，"鼓励社会力量兴办教育，不断扩大社会资源对教育的投入"。这些政策的颁布和实施，都不同程度表明政府对社会组织作用的重视，要引导社会组织助力学校教育。当前，社会力量参与移民安置区学校教育还有各种限制性因素。

（一）社会主体参与意识和参与能力不足

社会参与已经成为现代教育治理中的重要组成部分，公共教育服务供给矛盾的解决以及教育公平和教育质量的保障都离不开社会参与。在新公共管理运动兴起之时，人们意识到政府不是供给公共服务和公共物品的唯一主体，提出在社会治理中要发挥社会组织的力量。正是在这样的情况下，社会力量在教育治理中的角色和作用日益受到重视。社会的变迁，治理模式的变革及其带来的其他规范性价值的转变，意味着社区、非营利组织、其他公民个人等各种社会力量参与进来对于公共教育服务的有效供给和公平保障以及提高政府教育管理的有效性具有重要作用。但并不是所有的社会成员、社会组织以及社区主体都有积极参与的意识，有许多机构不愿意参与到移民子女教育中来。以社会组织为例，社会组织的发展首先需要政策支持。当前社会组织的注册程序较为繁琐、注册时效性不高，降低了社会组织参与教育治理的积极性。社会组织投入教育事业缺乏完整的支持体系，形式较为单一，无法产生充足可靠的资源发起和进行慈善行为而产生"志愿失灵"[①]。社会组织的发展还需要人才支持，作为第三方力量推进教育公平、参与教育治理过程中，需要与其他主体不断沟通与协调，目前大多数社会组织缺乏教育专业知识和专业能力的人才作为保障，社会组织服务教育的专业性和精准化程度不高。同时，社会力量参与教育服务与教育治理的舆论环境支持不强，社会参与的主动性没有体现出来。

（二）移民学校管理有其封闭性和自限性

移民学校学生知识基础薄弱，加强学生基础知识学习和基本技能培养，是移民学校教育的主要任务。面临搬迁新环境，安全而有序的校园是学校管理的生命线，很多学校并不愿意非政府形式的社会组织和社会活动参与到已有的教学秩序中来。社会组织参与教育治理体现了治理科学化的要求，但一旦参与教育决策和教育治理，会在一定程度上打破原有学校治理规则和运行，学校可能会对社会组织的专业性存疑，双方信任程度不高。因此，移民学校管理的封闭性和自限性有其客观因素和历史因素。如何打破旧有格局，注入新生力量，提高社会组织参与教育的积极性，构建共同行动的良好教育秩序，还需要进一步探索。

---

① 蒲蕊. 论教育治理中的社会参与［J］. 中国教育学刊，2015（7）：27.

第五章
生态移民子女教育支持若干问题的思考

面对纠结于扎根或离土矛盾中的教师，迷茫于理想与现实困惑中的学生，摇摆在应试教育与素质教育之间的课程与教学，断裂在家庭、学校与社会之间的教育责任，迷失在追赶或守望中的教育期待，我们应破解不同教育主体利益博弈、教育供需内容失衡、教育支持效能偏低的困境，实现教育主体和教育客体良性互动，为移民子女全面发展创造良好条件。

第一节　纠结于扎根或离土矛盾中的教师

一、教师职业选择的工具化倾向

工具化理论由加拿大技术哲学家芬伯格提出，用以描述关注技术的某一方面特性，但没有形成对技术的整体把握。[①]教师既是一种职业选择，也是一项教书育人的神圣事业。当前部分教师仅仅把它当作一份职业，而不是作为一项整体性的教书育人的事业来看待。只看到职业的专业化产出，并没有把教育作为一项具有情怀性的事业来看待，这产生了教师职业选择的工具化倾向，教师职业价值需要重塑。长期以来，农村地区因工作环境

---

① 徐宏伟."工具化理论"视阈下的职业教育发展［J］. 教育发展研究，2016（Z1）：100.

不好、收入待遇不高、工作负荷大、职称评聘难、发展不理想等因素，教师价值长期得不到认同，社会地位难以提高，农村教师不愿扎根农村，导致职业选择工具化，职业属性去情境化，职业生活与职业情感割裂，从而出现了较为突出的职业倦怠现象。

职业倦怠是造成移民安置区学校教师多重流动的重要因素。职业倦怠是教师队伍中经常可以见到的一种心理和行为，主要表现为教师对自己的专业工作缺乏兴趣、热情和变革的意愿，有职业倦怠的教师也体验不到自身工作的价值感和意义感，遇到问题消极对待。[①]移民安置区学校靠近城镇，它既不属于深度贫困地区，但也不属于城市，教师既有较高的社会期望但实现起来又有诸多困难。例如，职业期望高但社会地位低，教学任务重而教师待遇不高，教育资源匮乏且学生基础薄弱，这种无力感使教师容易出现职业倦怠。

一是社会因素。移民安置区学校的基础条件虽然得到了很大改善，但生活保障很大程度上还不能满足教师职业发展需求。比如交通不便、食宿安全问题以及基础设施不足等。学校与居住地有一定距离，教师在通勤方面投入了大量的经济成本和人力成本。移民社区尊师重教的氛围不浓，尽管尊师重教是中华民族的传统美德，但贫困地区一直以来对教育的重视程度不够，搬迁后移民观念的转变需要一个长期的过程，"读书人不如打工仔"的认识在生活中仍旧存在，对教师的社会地位有一定影响。

二是职业因素。移民安置区学校教师的工作任务非常繁重。由于乡村学校师资不足，教师结构性短缺，专职教师配比率不高，教师任教多个班级、多门课程的现象普遍。教师在日常教学基础上，还要承担宣传组织、

---

① 石中英. 教师职业倦怠的一种哲学解释[J]. 中国教育学刊，2020（1）：95.

检查报送、考核评比等行政事务性工作，长期以来工作压力大，身心很难放松。俗话说"一个萝卜一个坑"，教师几乎不能请假，有事只能和其他任课教师调课，否则会影响所在班级甚至全校的教学，长期超负荷的工作导致了职业倦怠。在沉重的教学压力下，移民学校教师还需要角色多元化。对于困境儿童、留守儿童、问题儿童，教师不仅要成为学习的指导者，还要承担起家长角色，充分了解学生的心理状况，成为学生的朋友。教师扮演多重角色难免出现心有余而力不足，久而久之加深了教师职业倦怠。

三是文化因素。移民搬迁面临文化变迁，相应地移民安置区学校教师从城市走向乡村，面对从贫困山区搬迁而来的移民子女，城乡文化在他们之间交汇与碰撞，不可避免地产生文化冲突。但是家长对教师工作理解与支持程度不高，例如教师出于职业责任对学生进行教育和引导，目的是教育学生遵规守纪，培养良好的品行，但遇到问题后可能会受到家长的粗暴问责，使教师陷入深深的困惑与无奈之中，直接导致了职业倦怠的产生。

二、教师专业化发展意识淡薄

教师专业发展是指教师在教育教学过程中的教育思想、知识结构和教育能力的发展更新。教师的专业发展离不开政策保障、教育经费支持、专业引领和自身发展机会的获得。在《乡村教师支持计划（2015—2020年）》落实过程中，基础教育质量不断提升，师资建设也取得了一定的成绩，移民安置区学校教师基本能满足当前的教育需求，但仍是低层次的需求，教师年龄结构、学科结构还不太合理。有的学校缺少语文、数学、英语教师，而有些缺少音乐、体育、美术、科学、信息技术教师，跨科教学现象比较普遍。另外，因城市学校抽调、外调及公务员招考等原因，安置区学校的一些骨干教师流失。教师年龄结构呈两极分化，年纪大的教师缺乏热情，刚进入教师队伍的年轻教师无人引领，农村教师专业化发展也就成了空谈。人作为主体，不是自在的自我发展，而是自为的自我发展，这种发展是主体性终身建构的过程。[①]自我发展，首先要建立专业理想。农村教师长久以来被普遍认为是弱势群体，这种认识也深深根植于教师自我观念当中，导致底气不足，缺乏自主发展的力量，更缺乏教育能动者的角色意识，在实际工作中存在敷衍了事的现象。专业化发展要求教师不断学习，它不仅包括教师在工作中的自学、同事之间的互学，还包括在职期间的专业系统的培训学习。近几年来，教育主管部门虽然对农村教师的专业化培训力度加大，但骨干教师参加较多，普通教师参加较少。他们认为自己离名师距离较远，动力不足，参加培训流于形式，教学反思不多。教师专业化发展过程本质上是教师个体成长的过程，唤醒教师生命活力和内在潜力的是教师自己，教师是专业发展的主体力量。只有不断地思考和实践，才能真正实现自我专业化发展。每一位教师应根据自己的专业特长明确定位，制定好自我发展规划，尽快成为一名高素质专业化创新型的优秀教师。

三、教师综合待遇保障体系尚未形成

长期以来受城乡二元结构的影响，农村教师在工资收入、人事编制、职称晋升、社会保障方面的问题得到了改善，工资性收入有了历史性增长的同时，安置区学校教师职业吸引力仍然不强，综合待遇保障还满足不了教师期待。工资收入与城镇公务员差距较大，专业成长受限、职称晋升困难。安置区学校教师在城镇买房租房情况较多，交通成本高，安全保障不

[①] 戴妍. 乡村教师的主体自觉及其培育[J]. 陕西师范大学学报，2021（4）：97.

足。条件好的学校能够提供周转房,但总体数量不足。周转房由办公室或教室改造,生活设施不齐,条件简陋。教师子女养育条件缺乏,家庭与工作矛盾突出。待遇是一种外在的权利保障,是个体社会价值的体现,是个体职业尊严的重要基础,是教师自我身份认同的前提条件。综合待遇就要将教师的工资收入、职称竞聘、职业规划以及生活需要统筹起来综合考虑,形成全面的、科学的且具有人文关怀的保障体系。当前,教师综合待遇政策的相关建议可散见于教育法规和政策文件中,具有个别性,不具有整合性,没有形成"综合待遇"这样一个明确的概念和内容框架体系用以厘定农村教师应该享有的各种待遇保障。如果能够从制度安排上进行顶层设计、综合考量,对具体的内容和范畴进行分类和体系化设计,形成完善的待遇保障制度体系,对于增强移民安置区学校教师的职业认同具有重要意义。

第二节 迷茫于理想与现实困惑中的学生

一、学校教育中的文化不连续性

同质文化中,文化连续性指在儿童成长过程中按照渐进方式教给儿童系统的文化期望和社会责任,而不连续性则指儿童发展中原有程式的中断或阶段性飞跃。[1] 一般意义而言,教育中的文化连续性只有在相当稳定的社会中才可能存在。一个人在较为封闭的环境中,按照他的身心发展习得这个社会所需要的文化期望和社会责任以及相应的生活技能。但是人不可能永远处在一个较为稳定的文化圈中,每个个体几乎都不同程度经历过文化

---

[1] 冯增俊. 教育人类学教程 [M]. 北京: 人民教育出版社, 2008: 269.

不连续性。文化不连续性会促使人们做出调整，增强文化适应能力。有研究表明，在美国这样的多元化社会中，文化不连续性几乎成为导致学生学业失败的主要原因。种族歧视等文化障碍加重了不同学生间的交往困难和适应困难，家庭、学校和社会以及青少年同辈群体的价值传递的错位，使青少年价值观混乱，文化认同模糊。

移民搬迁使移民子女由一个相对稳定的区域文化圈迁移至更加现代化、主流化的文化场域，学校教育中的文化不连续性对移民子女的学业成就、行为方式、价值态度都会产生影响。由于移民迁出区多处于偏远山区，受自然环境的限制，学龄前儿童所接受的教育大多数是家庭和村落的传统教育，家庭、村落和习俗文化对其实施"文化化"。在这个过程中，个体通过家庭和村落习得自己的语言、文化以及思维方式。按照国家的教育政策，适龄儿童需要接受义务教育，义务教育采用现代学校教育制度。当移民子女进入学校，接受学校教育，必须克服惯习，努力适应新的环境，接受新的教育，这些转变都必然促使每一个人作出新的调整，重新适应这些新的文化体制。这种文化的不连续性更加显著，对人的文化适应性就提出更高的要求。

教育人类学认为，成就需要一种深层动机。受文化背景作用，不同文化群体有不同的成就需要。现实中我们看到移民子女更喜欢数学课程带来的计算能力的提升，有利于未来经商创业。而英语对于他们来说是无用的。认知方面，思维方式受到文化作用，低社会阶层儿童具有较强的场依存性和联想风格，中上社会阶层儿童具有较强的场独立性和分析风格，学校教育更多强调分析性认知风格，导致低阶层儿童学习困难。例如，二年级语文《画杨桃》，有些孩子没有见过杨桃，对其形状、颜色只能依赖课文描写进行联想，但有些孩子通过读书读报、电视网络对其有一定的了解，甚至有的已经品尝过，在课堂上能够与老师进行交流探讨，对课文想要表达的中心思想理解更加深刻。教育中的文化不连续性还表现在价值观和社会交往方面，移民子女往往用他们特有的方言和习惯接受教育，在理解学校文化、师生关系方面，也存在因沟通不畅产生的误解与冲突。此外，移民安置区学校还面临着一个更为严峻的现实，即教师流动，这也是导致文化不连续性的重要原因。因经常性更换教师，学生要对教师的思维方式、授课方法、个性特点不断作出调整和回应，这就导致适应能力不强的学生出现学业困难，进而在升学中被淘汰，离开学校之后再次发生文化中断，产生了大量文化边缘人。

二、家庭文化资本薄弱，难以实现"再生产"

法国社会学家布迪厄提出了文化资本的概念。社会现代化是文化资本概念产生的社会背景，布迪厄认为文化资本是一种能力，它包括语言能力、社会交往能力、专业技能、个人丰富举止以及对成功机会的把握能力。主要是指从小到大接受的教育、头脑中的知识技能、综合文化素质等等。文化资本包含三个层面的含义。第一种是一种具体化的状态，以精神和身体的持久性情的形式而存在，例如一个人受家庭环境的影响所形成的内化于个人身上的学识和修养，可以称为文化能力。第二种是以一种客观化的状态存在，当文化资本转变为像图片、书籍、词典、工具等现实东西的时候，文化资本就是以这种客观化的方式而存在，我们称之为文化产品。第三种是以体制化的形式存在，我们称之为文化制度。文化资本的多寡意味着对中上层的高雅文化所掌握的程度，中上阶层的儿童由于占有较多的文化资本，拥有这种特定的习惯和性情，所以更容易取得学业成功。而出身底层的儿童不具备相应的文化资本，更容易遭遇学业失败。中产阶级的家长通常采取协同培养方法，认为教育是家长和教师的共同责任，而贫困家庭则多选择成就自然成长，家长们很少投入到家庭教育中，认为教育是学校的责任，与自己无关，更不愿意与学校教育产生关联。[1]在文化能力的获得过程中，来自社会底层的学生要想取得教育成就并实现向上流动，必须通过一定方式弥补自身家庭的文化资本匮乏问题。[2]

早期教育的缺失和乡土环境中文化功能减弱，移民子女在掌握教育制度所要求的知识基础和基本技能方面，处于文化上的弱势。教育内容乃至考试内容的城市偏向，更加重了这种劣势，并增强了学习与考试的难度。物质上的匮乏加上文化上的弱势，减少了农村孩子学业成功的机会。知识基础薄弱和家庭文化资本不足，对于移民子女教育来说，具有低水平、内循环的表征。知识获得的剥夺感减弱了对教育的执着和对知识改变命运的信仰，家庭文化资本在存量和增量上都跟不上学习发展的需要。移民儿童的父母多是小学、初中学历，母亲不识字也占有一定比例。家庭文化资本不足难以支撑移民儿童成功实现向上流动，低学业成就逐渐消解了阶层流动的意愿。学习是一个积累持续、循序渐近的过程，如果其中一个环节没有做好，就会影响下一个环节。家庭文化资本薄弱无法提供有效的学习支持，移民儿童意识到升学"天花板"等相对剥夺机制的存在，加深了对自身弱势竞争地位的认识，最终可能走向消极的阶层再生产道路。

---

[1] Lareau, A. Unequal Childhoods: Class, Race, and Family Life [M]. California: University of California Press, 2011: 11.

[2] 杜亮，刘宇. "底层文化资本"是否可行：关于学校教育中的文化资本与社会流动的几个理论问题的探讨 [J]. 中国青年研究，2020（5）：37.

三、移民子女个体文化适应不足

文化适应是促进社会融入的重要方面。进入安置区学校后，环境的变化对移民子女文化归属感和认同感产生一定影响，有可能出现文化冲突和文化适应问题。文化适应从内在机制和外在机制两方面影响和制约了移民子女学校教育中的表现和成就。内在机制包括非智力因素、学生的文化背景以及个体差异性。非智力因素表现在心理素质方面，如动机、兴趣、意志、情感、人格、道德等。完整家庭生活中的儿童在非智力因素表现方面优于单亲家庭或隔代养育家庭，他们更具有获得学习支持的较高心理道德水平。学生的文化背景方面，学习习惯养成来源于课堂，搬迁前的学习内容仅限于课堂知识，搬迁后多元化的学习方式都可以帮助移民子女提高学习效率。当过去的学习习惯与现在的学习要求存在差距，文化不适应随即产生。在个体差异性方面，自然环境和社会环境也是影响文化适应能力的决定性因素。读书无用论观念已减少，但有的父母一边强调学习的重要性，自己却在家中休闲娱乐，对孩子的学习漠不关心。外在机制方面，学校的自然环境、文化环境、制度环境也会对文化适应产生影响。学校通过校园文化建设、学校制度建设，全方位引导和激励学生提高文化适应能力。但仍然有部分移民子女对现代学校规则不适应，不遵守课堂纪律，在校园内乱扔垃圾，不讲究卫生习惯等，这就要求学校适当教育与引导，培养学生良好的行为习惯。

教育人类学认为，教育是一个指导适应的最理想的文化机构，是濡化过程中的关键环节。我们应帮助学生形成良好的适应心态，通过积极引导使学生主动地、自觉地接受新的知识体系、文化习俗和行为模式，并使之成为愉快学习过程中的主动变化者，而不是被迫改变。让那些未能很好适应文化冲突的个体认识自己的文化问题，了解并调节个人、文化及适应之间的关系，增强自我校验能力，在自信自强中更好地融入社会。

第三节 摇摆在应试教育与素质教育之间的课程与教学

一、学校课程体系建设不健全

课程是由一定的育人目标、特定的知识经验和预期的学习活动方式构成的一种蕴含着丰富、基本而又有创造性与潜质的一套计划与设定。从育人目标的角度看，它是一种培养人的蓝图。从课程内容的角度看，它是一种适合学生身心发展规律的、连接学生直接经验和间接经验的、引导学生个性全面发展的知识体系及其获取的路径。[1]可见，课程是在学校指导下给学习者提供的一切经验，体现了课程实践的丰富性和课程理论的多样性。移民安置区学校的课程体系建设不健全，尤其是校本课程存在实质性内容"悬空"。郑金洲博士在《走向校本》一书中这样解释，所谓校本，一是为了学校，二是在学校中，三是基于学校。为了学校，指要改进学校实践，以解决学校所面临的问题为指向。在学校中，指要树立这样一种观念，即学校自身的问题，要由学校中的人来解决，要经过校长、教师的共同探讨、分析来解决，所形成解决问题的方案要在学校中加以实施。基于学校，要建立一种以学校教育的直接实施者和受教育者为本位、为主体的课程开发机制。当前移民安置区学校校本课程在设置上"有形"而实质内容"悬空"，

---

[1] 王道俊，郭文安. 教育学[M]. 北京：人民教育出版社，2001：26.

不能够满足学校和学生发展需要。

一是校本课程资源开发目标不明确。当前，学校对于为何要进行校本课程开发没有明确意识，主要是因国家政策与地方教育规划要求而开设校本课程，因规定而执行，并未从教育实际出发对所开设的校本课程进行整体规划。在课程设计上，主要结合现有的师资条件对现有课程进行延伸，没有进行专门的课程开发设计，没有明确的课程内容和培养目标。当前校本课程目标的设定，单纯是因要求而设置，对于校本课程开发的真正价值没有清晰的认识，导致开发目标不明确。

二是校本课程缺乏对优秀本土文化资源的挖掘。教师与学生是课程资源选择的主体，教师是课程资源的开发者，学生是需求者。开发者对于需求者的内心需求认识不清，教师认为学生最想了解现代性的知识，而学生易于接受的是和自己生活相关的本土知识。"就课程和教材讲，传统观念认为教学传授的各科知识或教材都是对人类长期积累的文化遗产经过逻辑加工而成的，是教师预制完善的向儿童讲授的分门别类的原则或理论。这些教材皆是许多年代科学研究的产物，而不是儿童活动的产物。它们超越了儿童的生活、生长和经验，儿童对它们是感觉不到需要和兴趣的"[①]。美国著名教育家杜威先生深刻指出了如果从儿童现实生活中进行教育，使他们感觉学习的需要和兴趣，在自愿学习和生活中真正理解事物的意义，这种教育才是真实的、生动活泼的。因此，经验性知识作为校本课程的内容，对移民子女学业发展非常重要。教师对校本课程文化选择与学生选择偏差使得校本课程中经验性的本土知识和优秀传统文化资源挖掘不足，不能满足学生的期望。

---

① [美]约翰·杜威. 民主主义与教育[M]. 王承绪，译. 北京：人民教育出版社，2016：121.

三是教师自身的文化素养和开发能力制约了校本课程开发。当前，很多教师在专业分类的影响下，只具备讲授自己学科知识的专业能力，不具备多元文化视角以及交叉学科、跨学科知识的整合能力，缺乏多元文化素养。教师如果不具备多元文化素养，就会局限于自己所在的知识视阈，很难将其他知识纳入校本课程开发范畴中，也不利于与其他课程开发教师的交流合作。另外，在有限的校本培训中，也缺少课程开发能力培养方面的内容，开发途径与模式比较随意，以及在设置和组织内容结构上对于主流文化和本土知识的安排顾此失彼。另外，移民学校师资缺乏，教师在有限的时间内完成基本教学工作任务成为最重要的目标，而个人文化素养的提升与课程开发能力的培训是优先级之外的事情。

二、信息化资源利用效率不高

随着信息技术的广泛应用，互联网教育已不再是一种单纯的技术手段，而是教育整体变革的内生力量和重要动力。"云网端"教育信息化生态的逐步构建和发展，教育云平台应用在推进资源共建共享、构建数据互通、系统互联、应用协同的教育云公共服务体系中发挥了重要作用。对于移民安置区学校来说，网络教育为移民子女提供丰富教育资源，减轻了家庭和学生的经济负担，可以让城市优质课程辐射更多的移民子女，享受到城市名校名师的优质教育。但是要打造高质量教育云课堂，使移民子女能够充分利用云端资源，产生良好的教育效果，目前存在成本较高的困境。一是设备成本较高。国家下大力气为移民学校配置了较先进的计算机多媒体设备，每个学校都有功能室，但是后期设备的检查、维护、更新需要比较高的成本。如果与其他教育机构进行合作，对方可能会对设备规格提出更高的要求，或者需要购买对方课程，再次产生一定的费用。二是所有教师都需要进行信息技术教育培训,才能将资源最大化利用。不只是信息技术老师,所有使用功能室进行授课的教师都要熟悉设备的功能和操作,培训需要一定投入,这也导致功能室利用率不高。

另一方面,传统教学方式不会被智能化教学方式取代,教师劳动给予学生的是不可替代的情绪体验。移民学校对网络教育的探索,主要使用双师制教学模式。双师制是线上与线下相结合的一种教学模式。实施途径是由教学能力较强的教师担任主讲,以直播或录播进行线上教学,即名师教学。由辅导教师配合主讲教师完成线下教学,在学生现场进行巡课。辅导教师多是移民学校自己的教师,一方面对线上讲解内容进行分类指导,另一方面维护班级秩序,辅导学生学习。但移民子女习惯性地依赖身边的教师,面对网络教师存在一定心理距离,减弱了教学效果。信息化教学在实际应用中,最重要的不是备设备,而是备学生,如果对学情不能充分了解,信息化教学也只能停留在技术层面。

网络学习跨越了空间距离,使教育资源成为可以超越课堂向更大范围辐射的开放式教育,但网络教育不具备情感交流与现场互动的优势。传统教育中,师生面对面教学,教师能快速掌握学生学习情况与心理状态,在语言和行动上存在真实的互动,知识和情感两方面都能满足。但在网络条件下,教师和学生身处两地,通过语音、信息、图片、视频、文字等符号性工具进行表达和交流。理性的工具淡化了非理性的情感,移民子女作为知识吸收者是被动的,知识交互不能通过教师与学生象征性互动增加洞察力并达成具有共识性的教与学。

三、地方性知识困境与乡村文化失语

美国著名人类学家克利福德·格尔茨在 1981 年耶鲁大学法学院的讲座

上第一次使用"地方性知识"这个专业术语，随后他又在1983年以《地方性知识》为名出版了一本解释人类学的重要著作，从文化阐释的角度对地方性知识进行了解读。地方性知识是当地人基于当地独特的文化传承，在自己长期生活和发展过程中自主生产、享用和传递的知识体系，是"当地人对自然环境与人文环境的需要而自主形成的一种地方功能性知识"[①]。地方性知识作为本土人民的集体智慧，不仅对本土人民具有不可替代的象征与符号意义，同时也是中华民族文化多样性不可或缺的组成部分。移民群众基于独特的天地系统与生产生活经验凝聚而成的地方性知识，在历史发展的长河中对维护人与自然、人与人、人与社会的和谐发展产生了深远的影响。

对乡村社会的亲近与热爱，是将地方性知识融入学校教育的基础。当前，在现代性知识和新技术发展推动下，移民学校与乡村社会分离、教育生活与社会生活疏远、学校教育与社会教育区隔，使地方性知识正在加速退出"地方人"的日常生活，逐渐失去其本身具有的文化价值和文化意义。

一是移民学校与乡村社会的分离。从教育生态学的角度看，移民学校与乡村社会是生态系统中的两个子系统，学校与乡村存在人才、物质和信息之间的传递与转换，以促进彼此之间以及整个生态的健康发展。义务教育均衡发展使大部分移民学校的硬件条件显著提升，学校无不成为乡村的一道美丽风景线，移民安置区学校也成了现代教育的代言人。然而，围墙越建越高的学校生活与乡村生活呈现出一种割裂的状态。这种割裂主要表现在学校作为一种现代化知识的代言人，承担着传播现代知识的功能。而乡村作为与现代社会相对的传统场域，具有文化传递的传统育人功能，例

---

① 孙杰远，乔晓华. 地方性知识的内涵、特征及其教育意蕴：读吉尔兹《地方性知识——阐释人类学论文集》[J]. 教育理论与实践，2021（13）：56.

如乡村社会独有的道德教育、生产劳动技术教育、传统节日文化等等。而这些传统教育在现代课程中逐渐退场、衰落甚至消失。在丰富的自然资源和文化资源为底蕴的乡村社会，移民学校教育从制度、管理到课程、教学到考核、评价，都完全沿用现代学校制度，忽视乡村文化对学校的独特发展价值，忽视传统文化的传承功能，忽视移民子女在乡土文化孕育过程中特殊的发展价值，乡土文化在现代教育中被边缘化。

二是教育生活与社会生活的疏远。儿童的生活是一个整体。儿童所关心的事物，是他的生活赋予他个人和社会兴趣的统一性，这是结合在一起的。学校教育强调学习内容的适切性，合适的教育才能塑造儿童生活的小宇宙，在不断的信息整合重组中，走进他们的经验形成获得性知识。以城市为导向的知识选择机制使移民学校对地方性知识忽略和遗忘，无论是课程设置、教学方式都与城市教育如出一辙，以学科课程为主，以课堂教学为主。民俗文化、人文历史经验和生产生活技术，已基本退出了移民子女的教育生活。儿童所打交道的事物，是通过与他的生活所带来的个人兴趣和社会兴趣的统一而结合在一起的。离土化教材的弊病，在儿童已经看到的、感觉到的和喜好的东西间缺乏任何有机的联系，致使教材成为单纯的形式和符号。"双基"强调基础知识、基本技能的培养和训练，随着学生与知识关系的转向，要让学生感受知识的生产和建构的过程，培养对知识进行创造性转化的能力。地方性知识厚重的历史积淀、广阔的实践场域，正是儿童增长见识、拓宽视野、探索创造的乐土，如果只注重以城市取向为主的学科知识，忽视乡土实际生活，教育就成了一种被动接受和机械训练的过程。

三是学校教育与社会教育的区隔。教育劳动起源说明确指出，教育的产生是劳动的结果，而劳动是人类生存的一种重要形式。早期人类的教育主要以生产劳动和生活习俗教育为主，那时学校还没产生，教育和劳动生活浑然一体，原始社会的教育没有从一切社会实践中完全分化出来成为专门的活动，没有专门人员和专门场所开展教育。因此，可以认为教育起源于原始社会的日常劳动生活，又以生产劳动、生活习俗这些维系社会运作和延续的日常生活为主要内容，体现了教育与生活的最原始关系。教育起源于生活，又以生活为内容，同时为生活服务。教育不仅是一种技术性、工具性的知识传授和科学探索，更是人类寻求自我完善与发展的基本方式与途径。教育不是游离于生活之外的活动，而是作为人整体生活的一部分，占据人生很大一部分社会实践，对人的生存方式和生存质量都有很大的影响。可以说，学校教育内在地承载着生活的功能。但在移民学校教育实践中，学习常常表现出脱离社会生活的状态。学校管理的保守性加之移民子女社会交往能力和社会实践能力欠缺，社会生活远离教育。现代学科分类把知识分割在一个个独立的体系单元中，固化的教学方式导致课堂教学缺乏生命力，偏重应试教育的评价导向，使课堂之外的学习资源难以进入安置区学校。

四、"双基"遇到"双减"的乡村教育

改革开放以后，"双基"作为课程目标，突出强调现代学科的基础知识和基本技能，为义务教育质量提升发挥了重要作用，它包含着促进学生发展高级认知能力的节点性知识，是深化学生学习的必经之路。乡村教育受发展环境、办学条件的限制，家庭文化资本匮乏以及个体能力不足，移民儿童的基础知识和基本技能仍然是薄弱环节。完不成的作业，低学业成就，升学难题，辍学风险等，对移民子女的成长与发展带来不利影响。

2021年7月，国家发布了《关于进一步减轻义务教育阶段学生作业负担和校外培训负担的意见》。"双减"政策的实施，有效减轻了义务教育阶

段学生过重作业负担和校外培训负担,切实规范校外培训,提升学校育人水平。当乡村教育面临"双减"政策,而又面对基础知识和基本技能薄弱的移民儿童,学校要根据学生实际进行政策调适,以适应移民儿童学业发展水平。对于移民子女来说,"双减"把城乡所有学生放在了同一基准线,减轻了学业负担,减轻了父母焦虑,但是人才选拔机制还在,中考的分流会导致一部分移民子女学业失败,过早走向社会。"双减"政策要求学校实施"5+2"课后服务模式,一方面延时服务有效解决了移民家庭课后辅导的教育难题,另一方面当教育回归学校,家长不能把教育责任又全部推向学校。对于乡村教育来说,"双减"不能减轻学业的重量,只有在打好学业基础的前提下,学生的全面发展才有根基,在获得基础知识与基本技能的同时,使学生学会学习并形成正确价值观,向着新课标提出的知识与技能、过程与方法、情感态度与价值观的"三维"育人目标努力。

第四节 断裂在家庭、学校与社会之间的教育责任

一、"半耕半工"生计转型对移民子女教育的冲击

"半耕半工"是工业化和城镇化推动农民流动的特定阶段形成,由农业收入与非农业收入共同构成农民家庭经济基础。以农哺工,要维持家庭劳动力的再生产,并且在城市消费主义压力下保持较好的生活,只有通过半工半耕实现家庭收入最大化[①]。而"半耕半工"生计方式的变迁导致了家庭

---

① 夏柱智,贺雪峰. 半耕半工与中国渐进城镇化模式[J]. 中国社会科学,2017(12):125.

结构的变迁。移民搬迁后，家庭成员外出务工的情况比较普遍。父母不在场，使核心家庭出现了"残缺的三角"，家庭教育随即缺位。另一方面，在传统乡村社会，信息闭塞、人员往来有限，随着城市化发展，移民迁入靠城的安置区，传统乡村的封闭落后状态被打破，城乡人员交流变得逐渐频繁起来，这在一定意义上影响婚姻的稳定性，离异重组家庭增多。离异家庭子女多数留给祖辈照顾，而母亲再婚不会选择留在原籍，这也就是离异家庭子女常说"妈妈跑了"。家庭由最早的核心家庭、主干家庭逐渐变成了单亲家庭、祖孙相依相伴的隔代家庭，家庭教育影响逐渐减弱，由祖辈、父辈和子代至少三代之间进行的完整的文化传递模式变为随机的、不稳定的文化传递。

家庭不是孤立的存在，它自身是一个生态系统，包含了与家庭直接相关的人口结构、家庭关系、经济状况、居住环境、文化程度以及家族村落的文化心理等历史传承生态，同时也会受到社会文化环境、社会经济环境、社会制度环境等因素的影响。农村家庭文化资本薄弱，父母一方面寄希望于子女的高学业成就向上流动，另一方面家庭教育常常让位于生计需要。父母要外出务工，家庭教育中的父母角色常常"不在场"。家庭教育与生计生活的矛盾从而转嫁到家庭或家族长辈身上，隔代监护有心无力，只能完成基本的生活照料。任何教育都是发生在一种空间的互动关系中，个人与他人在其生活环境中展开生命与精神的建构。家庭教育的退场意味着在家庭内部以人的活动和成长为中心的家庭各要素的整体性、有机性、生长性严重欠缺。家庭成员教育能量的生成和创造没有得到激发和释放，与家庭的经济、文化要素没有形成良性互动，家庭教育呼唤新生态。一方面，儿童个性发展不完整，对性格养成、角色认知、行为习惯带来不利影响，导致出现功利、偏执、自卑等消极心理。另一方面，家庭教育生态贫困造成了儿童个体参与学校生活的不足，家庭参与学校教育的局限性，家庭远离教育的局外人立场，使得学校的各项活动开展困难重重。

但是，"半耕半工"的生计转型也给移民家庭带来了阶层流动的希望：有条件的家庭"飞走了"。移居城镇的家庭首先进行了择校。择校产生了教育的两极分化，有条件的家庭为孩子提供相对较好的教育条件，而农村家庭只能选择村小，这种新的教育分化使移民家庭在城乡教育之间进行艰难的选择。虽然一些移民子女从村小"飞"到了城镇学校，但从中考升学率来看，城镇学校的教学质量并没有得到较大的提升，反而在与城市学校的比较中形成了巨大的反差。

二、贫困文化对移民子女教育认知的束缚

我们眼中的贫困，常常是一片失去机遇的土地。治贫先治愚，扶贫先扶志。物质脱贫后，群众是否能够获得与资源相匹配的社会成就？《贫穷的本质》一书提到，"贫困人群常怀疑那些想象中的机遇，怀疑实现根本改变的可能性。他们的行为常常反映出这样一种想法，即任何值得做出的改变都要花很长时间。因此，他们只关注当前，尽可能把日子过得愉快，在必要的场合参加庆祝活动。在选择食品时，贫困人群主要考虑的并不是价格是否便宜，也不是有无营养价值，而是食品的口味怎么样，我们常常为其想出的完美计划，因为他们不相信这些计划会有什么效果"。思想保守、观念落后、心理消极都表现出贫困文化对人们认知以及思维方式的束缚。当我们解决了看得见的物质贫困，还要注重精神脱贫，发挥教育在贫困治理中的重要作用。

对于读书的认知，部分移民家庭还停留在完成九年义务教育的层面上。个别学生"不爱念书""念不进去书"的情况仍然存在。因学习困难而厌学，又因厌学而早早走向社会。也有家庭认为读书的性价比较低，

甚至认为读书没有用，免费读书也不想读。教育环境得到改善，学生免费上学，困难家庭还能得到一些补助，无学可上或者没有能力负担教育支出的现象已经成为历史，但是仍有一部分家长对教育态度比较消极。一是移民子女学习困难产生升学压力，教育的周期性长，没有看到及时回报，由此产生外出务工的想法，务工收入更为实际。二是部分群众通过读书以外的途径获得了所谓成功，身边人相继模仿和跟随，因为他们更相信身边人的经验。三是部分移民家庭获得了丰厚的扶贫支持，孩子看到父母没有读书但也能过上幸福生活的现身说法，偏离了对教育的正确认知。贫困文化对移民子女教育认知的束缚，从根本上抑制了移民子女发展的内生动力。

三、学校、家庭、社会协同育人机制不健全

儿童发展的三大环境是家庭、学校和社会。家庭、学校和社会协同育人对于教育发展至关重要。虽然教育场域不同，但都有着共同的教育目标。当前，移民子女家校社共育难题，表现在观念、平台和制度方面的困境。教师希望家长扮演追随者的角色，对学校的要求和活动尽力配合，协助学校提供课后辅导、纪律教育、社会活动等方面的帮助。但家庭的生计优先级及家长文化水平有限，认为教育是学校的事情，孩子交给学校，应由学校肩负起全部教育责任。平台和机制建设方面，家校合作仍处于个别式的自主探索阶段，没有成熟的长效机制和合作平台。社会力量参与教育积极性不高，社会组织发展缓慢，调动社会资源能力较弱。有以下几个方面问题。

第一，协同育人主体责任边界模糊。一是家庭教育缺位使得学校成为单一的育人主体。相对于个性培养、性格塑造、品德教育，家长们更多关

心学习成绩。有的移民家庭养育模式是隔代养育、亲友监护，这只能满足孩子基本生活需求，无法在学业和精神上为儿童提供教育支持。二是学校管理错位使得形式化倾向凸显。一方面，当协同育人缺少家庭教育的维度，"家长会"逐渐变成"通报会"，家长群变成了作业群，家长只是扮演"传声筒"的角色，而教育作用发挥不够。三是社区教育缺乏，育人成效不足。社区承载着社会教育的主体功能，随着"分级管理、以县为主"教育管理体制的推进，乡镇在办学过程中的失位，农村基层自治组织及集体经济组织的文化教育和公共服务功能未能很好发挥。乡村教育拥有着独特的文化资源优势，但是缺乏第三方对资源的调动、提取、聚合和利用的方法与手段。

第二，协同育人系统性建设不足。一是教育责任主体沟通协调不畅。信息限度、专业权威、职能不清等因素，造成了家校社育人协同松散，引发边界冲突，教育责任主体之间缺乏深度信任和合作关系。二是学校与家庭协同育人的体系化建设不足。首先，学校与家庭沟通方式单一。家长会是教师和家长沟通的主要形式，但合力效果不明显。例如学校缺乏有效的家校合作机制，家长会、学校开放日流于形式。其次，学校指导下的家庭协同深度不够。一般情况下，家长委员会、家长学校的日常活动能够坚持进行，但在活动中家长只是作为被动聆听者，深入思考不多。三是学校与社会组织之间缺乏有效的沟通和联结机制，学校和社会的资源共享范围极为有限，学校教育资源难以辐射社区，很难对社区教育进行覆盖，社区资源的利用也在一定程度上与学校脱节。

第五节　迷失在追赶或守望中的教育期待

一、成人视角审视作为人生"匮乏者"的儿童

当前，教育呈现出工具理性、实用主义和家庭主义的阶层特征。现代教育正逐步演变为一种急速的特殊训练，通过固定的知识技能训练而胜任将来的某一种职业，从而使教育萎缩为获取资本和资源的附庸。以成人视角审视作为人生"匮乏者"的儿童，以成人视角对儿童未来进行"预设与训练"，忽视了儿童以自身视角探究这个世界的主体性和主观能动性。当我们没有"看见"儿童时，成人和儿童的冲突就此展开。

美国著名教育家杜威先生"教育即生长，教育即生活，教育即经验的改组改造"教育观，对我们重新认识儿童具有一定启示。首先，生长的首要条件是未成熟状态，"未"不是匮乏或一无所有，它内含积极的意义，它指向生长的方向，它意味着即将走向成熟。未成熟状态潜藏着无限可能，这是一种对未来生活的理解、选择、追求的各种可能。未成熟状态蕴含着巨大的潜力，那是可以在外部环境的影响下变成某种可能性的能力，即发展的能力。因此，对于未成熟状态下的儿童教育，杜威认为，这取决于我们使用比较的观点还是内在的观点看待儿童期，以及不同的儿童观所选择的不同教育方法。

从传统意义上看，未成熟状态是成熟状态的前期，儿童在达到成熟期之前表现出的空白和匮乏，是需要成年人经验指导下的生长来填补这个空缺。这种观点是以他者的思维即用成年人的眼光衡量、审视并评价作为人生"匮乏者"的儿童。从进化论的视角和人生发展阶段看，儿童期的确处

于低级的、启蒙的初级阶段,固然缺乏种种社会化所需的知识、技能和经验,态度情绪不稳定,价值观也尚未形成,但这是人生发展必经阶段。如果将成人期与儿童期、成熟状态与未成熟状态进行生硬的比较,必然会出现一种预设——儿童(未成熟的人)是匮乏的,我们需要帮助他们规划人生,以体系化、系统化的各种知识技能填补这些空缺。

相反,所谓的空缺并不是真正意义的空缺,以内在的观点看待儿童,未成熟状态指向一种向前生长的可能性,一种潜在的积极的势能和力量。杜威认为,"生长并不是外面加到活动的东西,而是活动自己做的东西"[①]。哪里有生活,哪里就有热切的活动,儿童以其成长阶段特有的敏感性、好奇心、探索欲望、模仿能力和积极热烈的情感赋予未成熟更加丰富而有意义的内涵。作为生命个体本身,儿童需要寻找自身内在动力源去开启生活意义之门,构建生命的内在秩序,使生命始终保持活力,充满想象力,而不是以预设好的发展脚本按部就班地走入千篇一律的社会生活。

杜威指出,未成熟状态的两个主要特征即依赖和可塑性。儿童期的孩子缺乏自主认识世界、控制环境的能力,他需要成年人的抚养和教育,对自然生活的畏惧和无能为力使成年人认为儿童期的孩子生来就依附于成年人。而有研究表明,"这种依赖暗示着某种补偿的力量,儿童赋有头等社交的能力,对他们周围的人的态度和行为都同情地产生反应,很少成年人能把这种能力保持下来。儿童对自然界事物的不注意(由于无力控制他们)相应地强化了他们对成人行为的兴趣和注意,这两方面是相伴随的"[②]。我们

[①] [美]约翰·杜威. 民主主义与教育[M]. 王承绪,译. 北京:人民教育出版社,2001:50.

[②] [美]约翰·杜威. 民主主义与教育[M]. 王承绪,译. 北京:人民教育出版社,2001:51.

可以这样理解，儿童并非不具备社会能力，而是在发展过程中本能地趋利避害，对自然环境的无力控制转而使自己的注意力与反应力集中于对成年人行为的观察和互动，通过对成年人生活世界行为的反映和模仿来增加自己的利益。但这种倾向在成年人看来是一种无条件的依赖，这种无依无靠的自然状态如同"软弱无助的寄生"毫不掩饰地显示出儿童未成熟状态的依赖本质，其实这忽略了依赖背后儿童自身某种建设性力量的存在。

未成熟状态的第二个特征是可塑性。杜威认为，"未成熟的人为生长而有的特殊适应能力，构成他们的可塑性"①，包括从经验中学习的能力和从经验中保持可以用来对付以后情境中困难的力量。儿童面对纷繁复杂的社会现象，在不断受到外界环境的影响时，会保持并提取自己的经验面对各种问题，当他发现自己现有的经验不足以解决问题以实现目标时，会思考如何对自己现有经验和行为进行重组和改造，克服这些困难。作为最初的生命系统，儿童是一个灵活开放的能量系统，他们精力无限、充满活力、兴趣盎然，他们的注意力会指向任何一个未曾认识的事物、未曾参与的活动甚至是曾经经历的事情以不同形式带来的不同体验。他们乐于对这些不同的信息进行筛选、组合和分配，以表现出种种不同的行为倾向，通过无数次试错获取反馈来调整和确认自己的行为。这种以先前经验的结果为基础、保持和提取过去经验中能改变后来活动种种因素的能力并在这个过程中发展各种倾向就是儿童的可塑性。

习惯是生长的表现，习惯养成贯穿教育全过程。可塑性最大限度地发展为习惯养成奠定了一定基础。习惯有两种形式，一是习以为常的形式，即有机体的活动和环境取得全面的、持久的平衡；另一种形式是主动地调

---

① [美]约翰·杜威. 民主主义与教育[M]. 王承绪，译. 北京：人民教育出版社，2001：52.

第五章 生态移民子女教育支持若干问题的思考

整自己的活动,借以应付新的情况的能力。习以为常的习惯在培养动作技能的作用中表现明显。儿童通过控制自己的器官和身体来控制环境和自身行为以实现学习动作技能的目的。由于技能是通过练习而形成的合乎法则的活动方式,有其独特的标准和内在规定性、一整套程序和外显的结果,儿童只需要学习技能所需的固定知识和步骤加之反复多次的练习,很快就能掌握这项技能并使之成为习以为常的习惯。这种习以为常是一种下意识习惯,是儿童对日常生活应然状态缺乏理性思考和情感参与的被动适应过程,就是这种习以为常的习惯控制着我们,使我们丧失了对生活的积极探索,从而"求助于机械的常规的反复的练习获得习惯的外表效率"[①]。儿童虽然通过这样的学习和训练掌握了知识技能,以此适应环境,但缺乏理性思考的习惯只能停留在被动适应的层面。

与习以为常的习惯相对应的是主动适应的习惯养成。重视培养儿童理智和情感参与习惯的倾向,使他们能够主动寻找机会、主动适应环境、主动选择改变并创造未来。儿童需要保持积极的情感充分参与到生活的每一个情境中来,将思维、观察和反思的模式变成各种技能和愿望,一同进入习惯,从而抵制习以为常的倾向。这时,教育作用的发挥就是创设促使儿童思维发展的各种情境,提供开放性发展空间,允许儿童犯错误,对他们的行为偏差保持宽容心理,使其在生长过程中能够充满信心主动地利用环境进行经验改造,自觉调整行为适应生活。这种主动的习惯和以阻碍生长为标志的墨守成规相反,这是一种包含思维、发明和使自己的能力应用于新的目的的首创精神。主动思考和主动适应的习惯养成成为学习的动力系统,不断激发儿童的各种天赋潜能,这是生长的表现,因此教育过程就是

---

① [美]约翰·杜威. 民主主义与教育[M]. 王承绪,译. 北京:人民教育出版社,2001:53.

促使儿童不断向前发展的生长过程。

　　无论是未成熟状态的可塑性，还是主动学习、主动思考、主动适应的习惯养成，都蕴含着一种指向未来的积极的建设性力量——生长中的发展。不要用绝对的观点将儿童与成人进行比较。儿童期与成年期是人生发展的不同阶段，人的成长总是遵循从低级阶段向高级阶段循序渐进的发展规律。而从共时性角度看，无论儿童还是成年人都作为人的存在而存在，在各自不同发展阶段表现出不同个性特征和不同社会化程度。"换言之，常态的儿童和常态的成人都在不断生长，他们之间的区别不是生长和不生长的区别，而是各有适合于不同情况的生长方式"①。儿童的发展不断趋向成人的成熟，成人也应该保持自身如儿童一般拥有同情心、好奇心、探索意识和求知精神。因此，教育的发展不是单向度的，而是作为教育对象的个体存在的人的多向度发展。生活就是生长，生长就是发展。发展的教育意义就是要尊重儿童的生活。无论学校教育还是家庭教育，要充分给予儿童成长的空间，尊重儿童天性，将教育内容孕育在丰富的生活场域中。教育要引领儿童的启蒙，"教育非它，乃是心灵转向"，"真正的教育"是"促进灵魂的转向"。柏拉图的洞穴比喻蕴含着丰富的哲学内涵，作为启蒙对象的儿童，正如那在洞穴中被束缚和捆绑的囚徒，他们囿于反射在洞壁上的影子。因此，教师对学生进行启蒙，就是要用一种外在的力量，使学生不再局限在预设好的知识空间、技能空间、理解空间和目标空间中，不再认为儿童表面的兴趣和行为就是他生活的全部，儿童超越理性而表现出的行为可能就是未经训练的生长所需要的能力的征兆，教育的过程就是要尽力创造使儿童继续生长的条件以及为了实现这个愿望提供多样化的方法。如果我们把儿童的

---

① ［美］约翰·杜威. 民主主义与教育［M］. 王承绪，译. 北京：人民教育出版社，2001：58.

生长过早嵌入固定的轨道，在预设中加以控制，儿童即如柏拉图洞穴比喻中的囚徒一样被套上了沉重的枷锁，失去了未来意义。这种被蒙蔽状态使儿童的生活逐渐枯萎、黯淡并停止生长，这绝非真正的教育。真正的教育能够唤醒儿童心灵走向远方，为他们开启充满想象力和创造力的智慧之门，为他们的发展提供可持续的力量。

二、功利主义背景下追赶式教育"三问"

内卷化的教育生活中，人们普遍存在这样一种心理：竞争与超越。在这样的教育氛围中，儿童如同父母的衍生品，从小被急速推着向前走，被迫完成设定好的每一步教育"计划"。接受教育是个体的权利，而教育的目标首先要培养健康向上的孩子。我们不禁要问，在竞争式快乐中被教育出来的孩子真的能够健康成长吗？因此，我们需要对教育起点、教育过程和教育结果重新审视来寻求答案。

第一，对教育起点的追问："他者思维"还是"孩子眼中的世界"。日常生活中的我们常常先入为主，以成人的眼光看待孩子，以成人的思维理解孩子，用成人的标准要求孩子。究其根源，大多数人在潜意识中会给儿童贴上风险制造者的标签，即成人的行为是安全的，而儿童的行为是有风险的，因此，儿童的未成熟状态必须依赖成人抚育，这是儿童的弱点。"你"必须按照"我的眼光"认识问题，吸收"我的意志"，遵循"我的行为"。以成年人的观点，儿童思维局限导致认识和判断不准确，想象力过于丰富表现出不着边际的思想，缺乏理性致使难以自控情绪而产生不可理喻的行为等等，都是需要及时修正的"错误"。从发展的内在观点看，这样的认识本身就存在一种不合理逻辑——对儿童发展套路的预设和假想，过早对儿童行为、性格乃至潜能下结论，否认儿童发展的内在力量，否认可塑性对生命的重构。

在追赶式的教育竞争中,儿童理解的世界被迅速放大为成人世界,事实上,可塑性的空间又被无限地压缩为书本知识空间。儿童眼中游戏是生活的中心,家长眼中学习是生活的中心;儿童认为自得其乐的愉悦生活最重要,家长认为相互比较中的优秀最重要;儿童认为有趣的体验、结识新朋友的过程最有意义,老师认为掌握学习设计的解题思路最有价值。岂不知,用孩子的眼睛看世界,用孩子的体验诠释他们的生活,从孩子的角度理解他们的困惑,以孩子的经验去解决他们的问题,应是儿童教育应当遵循的基本规律。自在地生长并不意味着失去控制和迷失方向,在不超越法律、社会、文化、道德、安全底线的基础上,儿童眼中的世界正酝酿着学习的需求和生长的能力,这孕育中的力量使儿童最富有可塑性。

第二,对教育过程的追问:"刻意形塑"还是"静待花开"。著名捷克教育家夸美纽斯认为人有发展的极大可能,问题在于使人得到发展的机会与动力,所以他首先反对强迫儿童学习,"凡是强迫孩子们去学习功课的人,他们便是给了孩子们很大的损害",因为"知识的获得在于求知的志愿,这是不能够强迫的"[①]。因此,培养儿童自觉学习的意识和主动适应的习惯是贯穿在教育过程中的最重要功课。期望还未达到推理年龄的儿童去埋头学习不符合他们年龄特征和生理特质的抽象理论,是毫无益处的,这种刻意形塑有可能会导致挫败感的产生,扼杀了学习兴趣进而产生厌学情绪。因此,儿童应该学习通过他的亲自发现所能理解的事物,也就是说,将知识与自己的经验所联系以此激发个人兴趣,从而由被动接受知识转向主动关注学习。刻意形塑的教育内容是狭窄的、僵化的,硬以外铄力量取代儿

---

① [捷克]夸美纽斯. 大教学论[M]. 傅任敢,译. 北京:教育科学出版社,2014:217.

童潜在学习动力的教育形式是刻板的,教育应提供指向儿童生长和经验改造方向的启发式指导。

启发式指导的教育过程展现给儿童丰富多彩并有无限可能的世界,在这里,儿童的思维是活跃的,情感是积极的,意志是独立的,在启发式教学中点燃学习兴趣,将同观察、思考、探索、创造一同进入经验,进而形成主动学习的习惯自觉,这个真实而生动的过程就是"静待花开"的过程。"静待花开"要求教育要面向生活,生活的方方面面对儿童都有教育意义,生活提供了丰富的教育内容,生活是生长的前提。人与生活各方面相互作用的过程中,儿童也逐渐养成和形成自己的习惯和性格,因此,最好的教育就是,教育向生活开放,从生活中学习。教育过程不是直指生存一元终极目标的刻意形塑和系统规划,教育在它最广的意义上就是能够自然充实儿童生活之延续,使儿童能够主动适应生活,创造生活,在生活中汲取养分。

第三,对教育结果的追问:"教育焦虑"还是"教育期待"。如果教育是生长,这种教育必须循序渐进地实现现在的可能性,从而使个人更适合于应付后来的要求。生长并不是有空的时候能够完成的东西,生长是不断地通向未来。杜威在批评传统教育的问题时指出,传统教育或多或少地为未来做准备。而为未来做准备这种意识在当今激烈的社会竞争中表现得愈加强烈,"凡事要趁早""不能输在起跑线上"等认知在无形之中转变为一种教育理念和价值导向,加剧着现实中的内卷与焦虑,而焦虑又反过来助推着对"凡事要趁早"观念的认同。儿童期成了人生预备期,这种为实现未来某种功利性的准备是导致教育焦虑的根源。

孩子一出生,很多家长还没来得及体会新生命诞生的喜悦,就开始有了强烈的焦虑感。随之而来的早教压力、入园压力、入学压力、就业压力等充斥在家庭生活的方方面面,各种教育辅导、兴趣拓展、素质培养接踵而至。教育呈现出更加显著的工具性特征：家长帮助孩子对未来生活做好规划，即通过各类"教育准备"，提前获得一些"有用"的技能，使他们在成长过程中能够成功通过各类竞争激烈的考试，增强他们在就业市场上的竞争力，进而为未来获得更多的财富和更高的社会地位做准备。每年五六月，在升学关键时间节点，名校周围水泄不通，或为了争取一个学位，或为了等待走出考场的孩子，阴郁的气息中隐藏着胜机与某种不可控的命运，紧张而焦虑的心情默默思忖着自己的孩子能竞争掉多少人，进入最后的"精英小分队"。功利性追求、竞争式快乐和过关斩将般的刺激使家长们忘记了教育的初心，在激烈竞争中忽视了儿童成长的意义，这必将造成教育与生长的断裂。

我们需要怀有一种合适的教育期待，这是一种使儿童的生命能够自由绽放的教育期待。"如果一味望子成龙，把自己一生的失败和没有达成的愿望统统加在子女身上，要他们努力向上，去替自己争口气而光耀门楣，荣宗显祖，这不但是很大的过错，实在也是做父母心理道德上的罪过"[①]。尊重儿童的生命，尊重不同生命的选择，让孩子们能够拥有自由意志，自主选择学习什么，过怎样的生活，书写怎样的人生故事。"当一个人进行选择时，他实际上就是将他自己推向了未来"[②]，通向未来的教育是生长的、发展的，允许在自由空间中探索世界，构建内在生命秩序。

---

① 南怀瑾. 新旧教育的变与惑［M］. 北京：东方出版社，2015：35.
② 陆有铨. 现代西方教育哲学［M］. 北京：北京大学出版社，2012：197.

第六章
生态移民子女教育支持体系建构

第六章　生态移民子女教育支持体系建构

教育是最大的民生，也是最大的民心。更加公平、更有质量的教育，是人民对美好教育生活的向往和追求。教育追寻美好又完整的人，要回归教育的初心与起点，把握新时代教育三个根本问题，开创美好教育生活之路。

社会支持理论指出，人与周边环境是由功能上相互依赖的各种元素组成的系统整体。事物的发展通过系统与环境的互动，系统内部各个子系统或各个元素之间有效配合、相互协调发挥作用，否则系统均衡就会受到破坏，个体的生存和发展就会出现问题。建构生态移民子女教育支持体系，就是要通过政府、学校、家庭、社会各个支持主体为移民子女提供适切的教育支持。尊重受教育者的主体地位，在政策性支持、工具性支持的基础上，重视情感性支持、文化心理性支持，充分调动移民子女学习主观能动性，使他们从被动接受教育者转变为主动寻找支持者，利用教育支持，增强发展内生动力。链接教育要素形成教育合力，以移民子女教育融入促进社会融入，助力乡村振兴，促进城乡共同富裕，实现乡村教育现代化，协调乡村两个文明建设，增强教育与乡村社会互促互进。

第一节 生态移民子女教育支持的价值意蕴

一、教育追寻美好又完整的人

教育的本质,要回答何为教育的问题。很多教育问题都是围绕对教育本质的理解展开。从一个接受教育的个体,到国家的人、有用的人、完整的人、自由的人、追求真善美的人,古今中外教育家都从不同方面对教育的本源问题进行了探寻。古希腊哲学家、教育家苏格拉底以德尔菲神庙的名言作为其教育思想的中心,"认识你自己",这意味着教育不为他的,是为了人类自身的完善,真正的智慧源自对自己深刻的了解。孔子所言,"古之学者为己",这里的"为己"是指自我提升和修养,通过学习来丰富自己的内心世界,提升自己的道德品质和学识修养。教育的根本目的乃是认识你自己,成为你自己。优良的教育并不是为了物质财富的占有而获取各种人生资本,而是为了人自身的完满和人格的健全。

中国古代的教育思想起源于古人对宇宙、生命、万物的探索。从天与人的关系到人与教育的关系,《中庸》作了最概括的阐明:天命之谓性,率性之谓道,修道之谓教。以性、道、教三个范畴,探求人生从事道德修养和道德教化的教育原理。以孔孟为代表的儒家教育思想,以伦理为基础,人性论为中心,通过性善论来表达人与自然的关系。《学记》将"教学"与"化民"相联系,指出人通过教育来改善内在的气质,提升人性道德修养。孟子进一步发展了孔子"仁"的思想,以"仁政""德治"施展政治理想,重视教育对政治的重要作用,要求把教育放在政治的首位,以"礼让"为理想国家的目标,顺应人的仁义塑造人,塑造具有独立思想和人格尊严的社会个体。以程颢、程颐、朱熹、王阳明为代表的宋明理学家在继承传统儒家教育思想基础上，创立了新儒家教育学派，即教育不但要求使人学圣，还需要重视心灵范畴中"心理—精神"层面的塑造，以追求人的情感情绪的本来面目为依归，塑造"体验人""生存情境人"为教育目的。从孔孟儒家道德主体教育角色向新儒家精神主体教育角色的转换，从重视伦理道德教育逐步转向人的心理精神层面扩展和深化，古代教育思想对教育本质内核的不断探明，回归本真的教育追寻，塑造了中国传统教育的特点和民族品格。

历史视野中的西方教育，始终围绕对人性的探索，如何认知、如何去教，什么是真理、什么是善，学校的教育目标等问题进行哲学探讨。古典教育家苏格拉底认为，教育的本质是"唤醒"，用"产婆术"教育方法唤醒人们心中的真知。柏拉图主张教育应由国家来办理，以德、智、体方面和谐发展的教育，为理想国培养聪明能干的哲学王。亚里士多德在《政治学》中强调教育对国家政治生活的意义。从中世纪向近代社会的转型过程中，人文主义思潮的兴起，新兴资产阶级思想家和教育家打出了人性的旗帜，把尊重儿童个性的发展提到突出位置。夸美纽斯的泛智论认为，教育可以把有用的知识交给所有人，发展健全的个人。洛克的白板说认为，人生来是自由平等和独立的，教育和环境对儿童施加影响，使儿童具有无限的可塑性。卢梭在《爱弥儿》中提出自然教育，将儿童发展回归于自然之中，教育要顺应儿童天性发展的自然历程。杜威的教育即生活、教育即生长、教育即经验的改组改造三大教育信条更是体现了实用主义的教育理念。虽然视角不同，但相同的是强调教育与人的关系，重视教育促进人的身心发展的作用。因此，教育、人与社会的关系成为研究一切教育问题的逻辑起点，教育价值与生命价值的内在契合共同指向对教育本质的终极追求。

鸦片战争后，中国传统教育思想开始了方向与道路的转变。面对内忧外患的半殖民地半封建社会，为了挽救国家和民族的危机，马克思主义在中国的传播使一些知识分子找到了教育救国的路径。在研究社会物质生产与人类发展关系时，马克思、恩格斯指出，教育是造就全面发展的人的唯一方法。工厂制度萌发了未来教育的萌芽，人的发展与社会生产发展应该相一致，消灭人与人之间的分工，通过教育训练和培养全面发展的，全面训练的，会做一切工作的人。全面发展的人，既表现为人的劳动能力、人的体力和智力的全面发展，又表现为人的个性、才能和志趣的全面发展，而且是这些方面广泛、充分、自由地发展。

马克思提出人的全面发展理论之前，亚里士多德、夸美纽斯、卢梭、裴斯泰洛齐等人提出了使人的体力、智力和道德等多方面和谐发展的教育。然而，在提出和讨论人的全面发展的过程中，他们只是基于上帝的意志或人的本性来解释人的发展。英国空想社会主义者欧文关于全面发展的人的理念，也未能从根本上阐明人类发展与社会物质生产之间的关系。马克思主义的出现，为审视和解释人类发展提供了新的科学方法论。它要求在规定人的发展时，不能局限在思辨思维的"抽象的人"上，不能脱离具体的社会历史条件，而必须"从人们现有的社会联系，从那些使人们成为现在这种样子的周围生活条件来观察人们。"[①]马克思主义关于人的全面发展学说从社会生产发展的角度特别是工业生产对人的影响中，探明工人尽可能多方面的发展是社会生产的普遍规律，揭示了人的全面发展的历史必然性。

从古今中外教育思想有关教育本质的论述看，都是围绕受教育者个体发展方向、社会进步对人才要求的两个方面展开。也就是说，教育活动既要遵循个体身心发展规律，也要契合一定历史条件下社会发展的方向和需求，正确把握人、教育、社会三者之间的关系。

---

① 马克思恩格斯论教育[M].北京：人民教育出版社，1979：26.

二、回归教育初心与起点

教育是生长,生长就是目的,在生长之外别无目的。当前教育出现的一些问题,是超越发展阶段的望子成龙、望女成凤。他者思维下的儿童观、刻意塑造的学习世界,更甚是教育焦虑的现实境遇,都凸显着"作为地位竞争以及稀缺机会分配代理机制的教育,尤其是它的文凭符号具有位置性商品的特征"[①]。因此,人们更是凭借教育对人才进行分类与编码,将其输送与配置到社会的不同层级中去关照自身,通过追赶式教育尽快进入某个层级继而获得资源和机会。工具性和功利性的价值取向忽视了教育人文关怀,违背了教育发展规律,割裂儿童身心发展的完整性和统一性。因此,要回归教育初心与起点,实现从塑造转向生长的儿童未来。

尊重自然天性,以"去成人化"的视角发现儿童世界的真、善、美,让教育回归对人本身的关注。儿童有其自身社会化的阶段性和独特性,我们要将儿童看作正在进行社会化的独立个体。儿童不只是儿童,还是独立存在的社会个体。虽然年龄小、经验少、知识面不丰富,但这种未成熟状态与成年人迥然不同,这样的差异指向可探索的未知世界,更活跃的思维和更具与众不同的视野。儿童通过自身感知理解事物,通过独特的经验探索未来,成人年不应标榜自身成熟而对儿童生活作出预设和安排,并在儿童生长过程中以这个"预设"为参照对他们进行主观改造。我们应该认识到,成人视角下的他者思维永远无法代替儿童眼中的世界,我们需要用儿童的思考方式感受他们的生活,了解他们的情感,发现他们眼中世界的真善美。以成年人的经验帮助他们改善条件、控制环境,以共同参与活动唤起儿童

---

① 刘云杉. 教育失败者究竟遭遇了什么?[J]. 清华大学教育研究,2014(4).

的兴趣，提升儿童的意志力，引导他们向着正确的方向前进。即使可能遭遇各种挫折和失败，但这个充分参与情境、调动主观能动性的过程是真正具有教育意义的生活，激发儿童对自身行为不断思考并付出行动，使他们的行为充满意义和目的。

维护直接经验教育场，以活动体验促进主动学习的习惯养成，建立社会生活与个体认知的有机联系。一切真知都是从直接经验发源的，社会实践是一切知识和经验的源泉。活动中心就是强调直接经验的学习过程，由占有知识转向生成知识，由外部知识灌输转向当下生活体验，由被动形成习惯转向对社会生活的主动适应。我们要为儿童提供自主发展空间，重视生活场域中游戏、活动对主动建构行为习惯的独特作用。由于主动适应的习惯养成，"是同他们自身能力所提供的动机和他们的周围环境所激起的各种需要密切联系着的"[①]，所以儿童只有经过亲身体验和探索，才能将生活中的知识与自己的经验联系起来，真正在遵循自己意志、兴趣、需要前提下养成主动学习的习惯。任何认为儿童生活中一切活动和游戏都是无意义、无目的的观点是武断的，任何对儿童学习照本宣科、灌输和填鸭式的行为都是盲目的。事实上，活动和游戏是一种方法，儿童可以根据自己的选择主动参与其中，利用这些方法得到反馈，形成经验并建构自己的知识体系。因此，我们要珍视儿童的游戏精神和生活世界，充分提供可以使他们实际操作、亲身体验的学习机会，在游戏和生活中汲取营养，在主动学习的习惯中不断生长。

"绵延"的内在时间构建儿童发展内在生命秩序，使儿童成为内在精神的唤醒者、内在价值的构建者和开拓意识的实践者。法国哲学家柏格森的

---

① 张更立. 从"占有"到"生成"：儿童学习观的转换[J]. 华东师范大学学报（教育科学版），2016（2）.

生命哲学指出,"我们只能从时间里把握人的生命和意义,而时间又可以被分为两种类型:科学的时间和真正的时间"。从学校教育传统来看,我们有统一的教学计划、课程安排和教学进度,在固定时间内完成教学内容,必然要严格规定学习的科学时间。这种科学时间是可计量的,是人们建构出的对精确性、高效性的追求,成为教学的重要参照。然而,生命是复杂的,科学时间不能反映生命的本真和意义,真正的时间是以人们内在时间为标度的"绵延"。绵延哲学的核心意义关照人的生命和意识,对人的强调不仅仅是一种外在尊重,更是对人的内在精神和创造意识的唤醒。儿童是发展过程中的人,儿童的成长不是一蹴而就的,教育效果也不是立竿见影的,我们要懂得,尊重内在生命时间的绵延是一种合适的教育期待。每个儿童成长都具独特性,内在经验时间隐藏着创造潜力和发展潜力,"我们生命的每一个瞬间都是一种创造……我们的所作所为取决于我们之所是,但是,还应该补充说,在某种意义上,我们就是我们的所作所为,我们在连续地创造我们自己"[①]。如果我们用科学的钟表时间对儿童做规定,摒弃儿童依据自我经验的时间进行学习,就会制约儿童的自我发展倾向,这种僵化割裂了生命成长的意义,与其说我们要培养全面发展的人,不如说正在抑制人的全面发展。尊重每个儿童的内在经验时间,让儿童成为自己时间的主人,使知识学习能够真正抵达生命的内在本质。

有灵魂的教育促进内在生命力的可持续发展,在回归初心和实现教育终极的成长之路上领悟人生使命,走向学会学习、学会生存、学会做事、共同合作的儿童未来。德国哲学家雅斯贝尔斯认为,教育本身意味着一棵树摇动另一棵树,一朵云推动另一朵云,一个灵魂唤醒另一个灵魂。如果

---

① [法]亨利·柏格森. 创造进化论[M]. 姜志辉,译. 北京:商务印书馆,2012:12.

教育不能触及到人的灵魂，未能引起人的灵魂深处的觉醒和成长，它就不能成为教育。教育不是一个空壳，更不是塑造未来的冰冷工具与手段，回归教育的初心与起点，我们需要一种能引领儿童用自己的眼睛去观察，用自己的语言去交流，用自己的经验去判断，用自己的心灵去体悟的教育生活，培养一个拥有自信、责任、担当和创造力的人的教育。这样的教育是我们始终追求的充满生命力的灵魂教育。有灵魂的教育要基于生活实践，在个人的全部生活史中，每个人都必须与生活的多个方面发生联系，孕育生命底色。实践教育丰富儿童生活的经验，增加生命的厚度与宽度。有灵魂的教育追求儿童内在生命力的唤起，帮助他们找到隐藏在体内独特的个性潜能，使每一个个体能够自主选择并承担起独特的人生使命。有灵魂的教育不再只是"通关"而获得一张毕业证书，是在通向未来的路上帮助和引导儿童向善成长，在追求真善美的路途中成己、成人；教育的终极不是为了实现一个个教育目标，而是受教育者对教育自身的反观和对生命的思考。儿童是鲜活的生命体，只有唤起内在生命力的灵魂教育，才能引领儿童共同搏起生命的旋律，汲取成长所需的养分，在成长之路上领悟人生使命，走向学会求知、学会做事、学会共处、学会生存的儿童未来。

三、教育三个根本问题

习近平总书记在 2018 年全国教育大会的重要论述，将教育之重，提升到国之大计、党之大计的新高度，深刻阐明发展教育在治国理政中的重要性，把教育事业放在优先发展的战略地位。习近平总书记对教育工作提出了一系列富有创见的新理念新思想新观点，系统回答了一系列方向性、全局性、战略性重大问题，形成了习近平总书记关于教育的重要论述，标志着我们党对教育规律的认识达到了新高度，为推进新时代教育改革发展提供了强大思想武器,为办好人民满意的教育指明了方向。

教育的首要问题,是培养什么人。对培养人才的界定,也常常蕴含在教育的定义之中。新中国成立后,我们研究苏联教育,"教育是对于受教育者心理上所施行的一种确定的、有目的的和有系统的感化作用,以便在受教育者的身心上,养成教育者所希望的品质"[①]。凯洛夫的共产主义教育,给教育赋予了阶级的内容,"共产主义的教育,是有目的、有计划地实现青年一代的培养,使他们去积极参加共产主义社会的建设和积极捍卫建立这个社会的苏维埃国家"[②]。我国教育的根本任务是培养社会主义建设者和接班人,这作为一定历史时期国家发展教育的总体指导原则,体现了国家的教育意志及其价值取向。毛泽东同志 1957 年在最高国务会议上指出,"我们的教育方针,应该使受教育者在德育、智育、体育几方面都得到发展,成为有社会主义觉悟的有文化的劳动者"[③]。这是新中国成立以后党和国家对教育目的第一次明确表述。其后,国家相继出台若干教育法律法规和制度,对教育目的进行完善和补充,规定我们应当培养具有何种社会价值的人才。一方面,为社会主义现代化建设培养合格的劳动者和各级各类专门人才,另一方面对教育所培养的人应具备的身心素质及其相互关系作出界定,即品德、知识、智力、审美、体质等方面都应获得全面的发展。这两个方面的相辅相成,规定了当前历史条件下个体社会化发展的方向和水平,是社会进步与个人发展的辩证统一。

"国势之强由于人,人材之成出于学",习近平总书记历来强调爱国情

---

① 顾明远. 中国教育的文化基础[M]. 太原:山西教育出版社,2018:3.

② 凯洛夫. 教育学[M]. 沈颖,等,译. 北京:人民教育出版社,1947:14.

③ 毛泽东著作选读(下册)[M]. 北京:人民出版社,1986:780-781.

怀、立德树人、励志奋斗、做真学问、知行合一等教育精神，反映了他对教育改革发展长期以来的深入思考。党的十九大提出，"中国特色社会主义道路是实现社会主义现代化、创造人民美好生活的必由之路"[①]，不断前进和发展的教育也必然要体现对民族复兴、国家富强、人民幸福的支撑。习近平总书记在全国教育大会给我们指出了明确的奋斗方向，即要在"坚定理想信念、厚植爱国主义情怀、加强品德修养、增长知识见识、培养奋斗精神、增强综合素质六个方面下功夫"，充分体现了新时代培养人才的内在要求，也是我国各级各类学校教育的共同使命。1996 年国家开始实施素质教育，提出培养"'有理想、有道德、有文化、有纪律'的德、智、体、美、劳等全面发展的社会事业的建设者和接班人"，这是改革开放以来对培养人才的规格和方向作了明确的阐述。德、智、体、美、劳"五育"的全面发展构成了我国学校教育的目的。2018 年全国教育大会，针对"五育"教育，习近平总书记提出七个教育引导，为解决怎样培养人的问题提出了科学的、具体的实践路径。由于教育领域长期存在的应试教育弊端，教育改革实践层面对劳动教育目标不明确、不清晰，劳动教育内容体系不完整、不统一等问题，"五育"中劳动教育始终处于边缘化位置，在教育方针论述中一度再未提起。2018 年全国教育大会将劳动教育重新归位，重视劳动教育、体会劳动精神、积极进行劳动创造，这是在新的历史时期对中国劳动文化传统的继承，也是马克思主义教育与生产劳动相结合在新时代的新发展。

习近平总书记还指出要把立德树人融入思想道德教育、文化知识教育、社会实践教育各环节。从学理角度来看，一方面，立德是树人的前提，树

---

① 习近平. 决胜全面建成小康社会 夺取新时代中国特色社会主义伟大胜利——在中国共产党第十九次全国代表大会上的报告[M]. 北京：人民出版社，2017：16.

人是立德的归宿，只有在立德基础之上的树人才会有根基。另一方面，树人是立德的路径，树人是立德的心之所向。儒家经典《大学》开篇第一句，"大学之道，在明明德，在亲民，在止于至善"①，明德至善是儒家道德观的体现，是中华优秀传统文化的核心要义，是千百年来人们修身、修心、修业的重要品质。德育工作将作为社会现象的道德转化为作为个体现象的品德，使道德认识、道德知识、道德情感、道德意志和道德行为在理论与实践中形成知、情、意、行的有机统一，不断提高学生政治觉悟，增强社会公德心，养成良好道德品质，立有德之人。明德至善的教育智慧，是受教育者成己、成人的第一要素。

习近平总书记强调，"引导学生珍惜学习时光，心无旁骛求知问学，增长见识，丰富学识""帮助学生在体育锻炼中享受乐趣""以美育人、以文化人""崇尚劳动、尊重劳动"。学生是完整的人，是发展中的人，是国家的栋梁，生命整体性要求学生以一个完整的生命体在生理、智力、精神、审美等各方面发展与提高。教育要使学生掌握认识世界所需要的学识和才能，在教育实践过程中形成真正的人生智慧。教育要主动涵养孩子们身心发展所需要的体质能力、审美素养、劳动品质等，以促进个性的丰富丰盈，使生命的发展充满内在活力，展现出具有时代性的创造性才能。

人的全面发展不是静态的物质结构，人的全面发展不是把若干良好品质的素质零件组装起来。人具有自然性、社会性、主体性，人的全面发展乃是整合在生动发展的个性之中，在社会实践之中。学生在任何时候都应该作为一个整体而接受教育，作为德智体美劳以及爱的情感向度、对公共生活具有责任感的完整个体来接受教育，置身于使命感的教育责任与教育

---

① 陈晓芬，徐儒宗. 论语·大学·中庸[M]. 北京：中华书局，2011：249.

情境中，置身于能力获得的知识与技能中，实现面向整体的、更高层次的全面发展。教育为青少年打好文化知识基础、涵养身心发展所需素质的同时，帮助每一个人实现幸福和有意义的人生而努力。我们的教育应培养有灵魂的，扎根中华大地的，自信豪迈的中国青少年。

社会主义教育必须坚持教育为人民服务。新中国成立以来，教育经历了"为工农服务""为无产阶级政治服务""为社会主义现代化建设服务""科学发展、以人为本""以教育强国建设有力支撑中华民族伟大复兴"的历史进程，始终坚持人民立场，彰显全心全意为人民服务的宗旨，党的教育方针必然体现人民群众的根本利益。人是社会发展的主体，人的解放和自由，人的全面发展是社会进步的最终指向。人民对更加公平、更有质量的教育期盼从未像今天一般迫切，从"有学上"到"上好学"，提高教育质量、教育内涵式发展，保障人民群众享有平等接受教育的权利和接受良好教育的机会，是人民群众最现实的需求。办好人民满意的教育正是体现了以人民为本、服务人民的执政根本。

在新的历史方位下，优先发展教育是关系民族复兴和国家富强的重大战略选择。21世纪以来，世界日新月异的深刻变化，人力资源越来越成为推动经济社会高质量发展和可持续发展的重要战略性资源，中华民族伟大复兴中国梦的实现，教育要提供强有力的人才保证、智力支撑，构筑共有精神家园。科技时代的智识是有共性的，代表科技进步与生产力发展水平，而精神与文化层面的表现是有独特性的，代表一个国家或一个民族的价值内核。中华文明和中国精神是每一个中国人的文化底色，是千百年来我们的前辈在无数革命斗争与开拓进取中积累并展现出的思想智慧、人生品质，彰显出独具特色的精神气魄。社会主义核心价值观，是中华民族五千多年来优秀文化发展的结晶，其中饱含了对中华大地深厚的情感，对中华民族伟大复兴坚定的理想信念，凝结着国家梦想、社会责任、奋斗品质、道德意志，是我们安身立命的栖身之所，心之所向的精神家园，砥砺前行的行动力量。在逐梦道路上的时代新人，要将智识性外在能力的提升与中华优秀传统文化内在价值的涵养实现历史性、辩证性、发展性有机统一。以社会主义核心价值观滋养青少年成为"具有中国精神、中国价值、中国力量，文明开放、自信豪迈的中国人"[①]，向世界贡献中国智慧。

四、美好教育生活之路

党的十八大以来，我国教育现代化进程加快，人民群众教育获得感不断增强，这些成就取得的根本原因，在于党对教育工作的坚强领导。2018年全国教育大会将教育提升到"国之大计、党之大计"的新高度，一方面强调了党对教育的领导，教育要坚持育人的正确政治方向。另一方面，教育培养时代新人，构建政府、学校、家庭、社会教育共同体，增强教育活力，积蓄人才力量。教师是第一教育资源，是教育发展的关键因素，是燃灯者和引路人，明晰主体第一资源的重要作用，以教师的教育影响涵养新时代具有真善美丰富内涵的人。

第一，坚持党对教育工作的全面领导，坚持教育发展正确的政治方向。树立"四个意识"，坚定"四个自信"，坚决做到"两个维护"，坚持不懈增强党对教育工作的政治领导和组织领导，抓好学校思想政治教育工作。全面准确把握习近平总书记关于教育工作重要论述的科学内涵和精神实质，提高政治站位，把握教育育人正确的政治方向。各级党委要把教育改革纳入议事日程，党政负责同志要熟悉教育、关心教育、研究教育，明确教育

[①] 刘铁芳. 培养担当民族复兴大任的时代新人：论新时代我国教育目的的蕴含[J]. 教育学报，2018（5）：11.

发展处在重要战略机遇期、内外部发展环境最好时期，不断深化教育领域综合改革，提升教育质量。习近平总书记提出必须要把党的教育方针全面贯彻落实到学校工作各个方面，抓好学校党建工作，充分发挥好学校基层党组织的战斗堡垒作用，为教书育人工作提供坚强政治保障。

第二，增强教育发展活力，以教育共同体协同育人。形成全民全社会办教育的合力，是发展教育的最有效途径。社会合力的载体是共同体，教育合力的载体就是教育共同体。马克思认为共同体充分体现了人的社会性发展需要，真正的共同体是个人利益与社会利益相结合的自由人的联合体。教育作为培养人的社会实践活动，政府、学校、家庭、社会协同合作，内含了对共同体的共建共享以及整体性、目的性、多样性、结构性共同特征的需要，由此形成全社会办教育的合力。

政府要坚持优先发展教育，在资源供给、发展规划和组织制度保障方面落实教育优先发展地位。真正认识教育能够直接生产生产力的社会功能，改变经济优先而后发展教育的固化思维。在教育运行中注重科学的教育评价，坚决克服唯分数、唯升学、唯文凭、唯论文、唯帽子的顽瘴痼疾。要推行学生综合素质评价，改变应试教育长期以来只强调教育对精英的甄别和选拔功能，进一步侧重对大多数学生的教育激励。改变总结性评价只关注学习目标，忽视教学改善的诊断性评价。改变只注重成绩的学业成就评价，忽视情感、意志、动机、人格特征等非认知因素影响的学生个性心理性评价。

明确家庭教育责任，使家庭成为孩子成长的参与者。"天下之本在家""齐家治国平天下"，我国自古重视家庭在个人成长过程中的作用。习近平总书记指出，"家庭是人生的第一所学校，家长是孩子的第一任老师"，无论时代如何变化，家庭生活的依托不可替代，家庭的文明作用不可替代，家庭、家教、家风孕育了孩子成长的底色。受工具主义和功利主义的影响，当前家庭教育功能被弱化，社会上出现两种不良的家庭教育。一是以农村家庭为代表的漠不关心的隐形父母式，另一种是以城市家庭为代表的过度焦虑的家长介入式。农村家庭弱势的文化资本，家庭教育不得已让位于生计需要，也正因此，更多的农村家庭将子女教育责任全部指向学校。相反，城市家庭的孩子从小就卷入各类教育竞赛中，谁都不能输在起跑线上。漠不关心的家庭出现了隐形的留守儿童，过度焦虑的家庭培养了"空洞的小眼镜""精致的利己主义者"抑或是"精神贫困的巨婴"，无不凸显出孩子成长过程中家庭教育精神内核的缺失。因此，家庭教育要回归初心、回归生活、回归生命本真，父母要真正承担家庭教育责任。

加强全社会对教育的充分参与，打破学校教育与社会教育的藩篱。教育是一个系统工程，学校不能把围墙越建越高，只有全社会参与教育事业，才能形成全民全社会办教育的合力和良好教育氛围。著名教育家陶行知先生指出，"社会即学校"[①]，学校教育要有空间的延伸、内容的拓展，生活、社会构成了孩子学习的课堂。企事业单位、社会组织要充分提供社会支持助力学校教育，增强教育活力。依托社区的各种场所，如居委会、养老院、图书馆、精神文明实践中心等，开展社会实践，使学生从学校教育中走出来，参加志愿活动，扮演社会角色，在社会生活体验中进行道德教育、技能培养、习惯养成和自我教育。与此同时，要注重营造尊师重教的社会氛围，公共媒体要发挥宣传教育和社会监督功能，挖掘身边生动的教育资源，树立好榜样、传播正能量、宣传好典型，讲好教育故事。

明晰主体第一资源的重要作用，重视教师的教育影响。教师是人类灵魂的工程师，教师不仅是教书者，更是教育者。教书与育人，是教师和学生在精神上一致性的反映，教学过程不能窄化于智识方面的传授，而表现

---

① 陶行知全集：第 2 卷 [M]. 长沙：湖南教育出版社，1985：712.

为共同智力的、道德的、审美的、人文的多方面兴趣的能动性，将学生启蒙与教师发展作为共同性事业。教师的魅力在于展现给学生的是其自身完整的人格，而不只是知识的依托。教师的使命是引导学生树立自身的价值，活出生命的意义以及对这个社会应尽的公民责任，而不是知识竞争中的补亏思维。教师是育人第一资源，育人不能简单比喻为工匠对待一件正在制作的工艺品一般，进行着枯燥的、千篇一律的流水作业，教师应是点燃学生求知热情和道德信念火把的第一颗火星，将生命中一切真善美的理念和事物传递给学生，以某一方面的教育影响为教育事业做出贡献。习近平总书记与北师大师生座谈时提出的"四有好老师"，指出了新时代一名合格的人民教师在教育追求、教育素养和教育情感方面应具备的共同素质。

一是要以传道为责任和使命，心怀国家和民族，保持对教师使命的深刻理解，对教育工作的责任担当，对教育事业的奉献情怀。教师对学生的影响，离不开教师在是非、曲直、善恶、义利、得失等方面为人处世、于国于民、于公于私所持的人生观、价值观，因此教师要在理想信念和道德情操方面立教师之德，以身作则，引导和帮助青少年扣好人生的第一颗扣子。

二是教师对学生的教育影响，既离不开"授业""解惑"对教师专业素养的要求，也要促进现代教师职业角色的更新。教师作为传统文化权威概念中的文化资源掌控者，要逐步向更加开放多元的教育时空开放，由知识传授者向教育行动者转向。扎实的知识功底奠定了学生知识视野的广度，过硬的教学能力能够自如地掌握教材，把握学生的思维，创新精神和实践能力使自身在不断变革的教育环境中快速适应，科学的方法能够同时诉诸学生的理智和心灵两个世界，在这个过程中，教师才能成为真正的能手、诗人和艺术家。

三是教师对学生要有仁爱之心，使教育者与受教育者两个相对的个体，在爱与丰富的生命对话中形成充盈的教育情感。培养教师对教育的热情，实现人生的丰盈，让学生感受到师者的灵魂高度。教师要认识到自身作为教育者的重要意义，努力成为孩子的需要，只有认识到教师对于学生来说是孩子的重要他人，才会有意识地引导孩子，给予他们人生的信心与希望。

教育使命呼唤教育担当，教育使命引领教育未来。教育就是一把钥匙，带着人民对美好生活的期待，开启通向未来的幸福之门。习近平总书记把教育提升到"国之大计、党之大计"的新高度，给予了青少年儿童和包括教师在内的广大教育工作者极大的关怀，是办好人民满意教育的责任担当。全国教育大会对我国教育发展的顶层设计，彰显了塑造灵魂、塑造生命、塑造新人的教育之根本。我们的教育既不是百科知识的教育教条，也不是十八般武艺的僵化训练，更不是为了鲤鱼跳龙门，是培养德、智、体、美、劳全面发展，向着一切文明开放的自信豪迈的中国青少年。培养尊重生命、敬畏自然，为人类的可持续发展作出贡献的栋梁之才。培养"把握自身命运、具有时代发展敏感性和社会责任感、创造中国未来"[①]的时代新人。教育兴则国兴、教育强则国强，教育开启民族复兴的百年征程。只要教师在，学校就有灵魂，只要学校在，村子就有灵魂，只要每一所学校有坚守的老师、健康向上的孩子，教育就会散发出耀眼的光芒。只要教育的光芒能照进接班人的心灵深处，我们的社会就是温暖的，我们的民族复兴就会坚强有力。

---

① 刘铁芳. 培养担当民族复兴大任的时代新人：论新时代我国教育目的的蕴含[J]. 教育学报，2018（5）：11.

第二节　生态移民子女教育支持体系建构的目标任务

融不进的城市，回不去的农村，这是移民子女的真实写照。他们本能地对自己的原住地产生疏离，因为在那里他们度过了孤独的童年、叛逆的青春，固化思维中形成了一种离土化观念。但在城市融入过程中移民子女又不具备应对激烈竞争的能力。建构生态移民子女教育支持体系，振兴乡村教育，帮助移民子女找到一条独特的发展路径。

从城乡义务教育一体化的角度来看，义务教育均衡发展和城乡差距缩小是第一要务，需要凝聚政府与社会合力，在资源分配均衡的基础上，推动教育融入。家庭教育的普及化、全民化必须引起重视，良好的家庭教育对于每一个孩子的成长意义重大。社会组织参与学校教育的机制尚未建立，需进一步加强社会工作者队伍建设，将优质社会资源融入学校教育，增添社会教育的人文关怀。将政府、学校、家庭、社会多方力量进行整合，将移民子女置于教育与社会的动态发展关系中，建构一个全面的、完整的社会支持系统，以教育振兴助力乡村振兴，促进城乡共同富裕，加快乡村教育现代化，协调乡村两个文明建设，实现乡村教育与乡村社会互促共进的良性循环。

一、助力乡村振兴

党的二十大报告指出："全面建设社会主义现代化国家，最艰巨最繁重的任务仍然在农村。"乡村振兴、共同富裕的时代背景为乡村教育变革孕育了前所未有的新机遇，乡村教育之于乡村振兴的重要性日益增强。早在民国时期,晏阳初、梁漱溟、陶行知等知识分子曾通过系统化的教育推进社会和文化变革,致力于学校教育、社会教育、社区教育和成人教育、家庭教育系统化的整体推进。这些尝试对当前乡村教育助力乡村振兴有重要借鉴意义。

梁漱溟作为乡村建设运动的先驱和代表,高度重视农民在乡村建设实践中的主体地位,并将教育启发农民自觉性作为乡村建设的万事之首。梁漱溟认为乡村教育是引发农民自力的重要途径,即通过文化知识和科学技术教育,赋予农民自我发展的能力。因此,在乡村建设过程中,梁漱溟将教育摆在首要位置,设置乡农学校作为主要教育机构,对乡民进行基础知识教育和职业技术教育,让他们拥有参与乡村建设实践的能力。乡农学校的课程分为公共课程和乡土课程,公共课程是每一乡农学校共有的课程,包括识字、史地、音乐、精神陶冶等。乡土课程是各乡农学校根据当地乡村特点和需要因地制宜开设的课程,如自卫训练、农业技术、职业教育等,通过教育和训练乡民,让他们掌握农业生产、农产品制造等农业常识及技术,以达到培养新型农民的目的。另外,梁漱溟非常注重发挥知识分子在引发农民自立方面的指导作用。他指出:"中国问题之解决,其发动主动以至于完成,全在其社会中知识分子与乡村居民打拼一起,所构成之一力量。"农民对乡村问题的认识是模糊的、迂缓的,需要有知识、有眼光的知识分子为他们提引问题、出谋划策,由此,知识分子就被赋予了"推动设计"的作用。知识分子要从日常生活中出现的匪患、兵乱、灾祸等现象中提出问题、引发思考,并给农民传授解决问题的新知识、新技术、新办法,从而激发农民的潜在力量,引导农民前进方向,为他们提供社会自立的路径与方法。要充分激发农民的内生动力,如果乡里人自己不主动,等待乡外人来替自己解决问题,乡村建设便难以维系。

陶行知先生作为乡村教育运动的先行者,提出了乡村教育应该建设适合乡村实际生活的"活教育"理念。陶行知先生在《我们的信条》中指出,"我们深信乡村学校应当做改造乡村生活的中心,乡村教师应当做改造乡村生活的灵魂。"因此,教师在教学生读书的同时,也要教会学生做事、做人。乡村学校是乡村社会的一部分,而乡村社会是乡村教育场域之一,由此将乡村教育场域扩大至整个乡村社会,以改造乡村社会生活为教学目标,进而推动乡村社会建设。乡村学校教育目的是培养有乡土灵魂的乡村知识青年,乡村教师应该让学生在劳作中学习生活技能,体验劳动者的辛苦,培养学生的劳动意识。乡村教师要把自己作为连接乡村学校和乡村社会的桥梁,置身于乡村社会建设中,提升乡村学校在乡村社会中的地位。同时,扩大教育场域的乡村教育也提升了乡村学校的育人价值,提升了乡村社会的教育价值。社会即学校,乡村教育的发展应该融入自然生态。就像笼中的鸟,让它在天空自由翱翔,这样的学校才是真正的学校,才能成为推动乡村建设的中心。乡村学校根据乡村社会的需求来办学,与乡村实际发展紧密联系。乡村学校不仅要成为培养乡村未来建设者的教育场所,而且还要成为推动乡村社会建设的现实场域。我们生活的场所就是教育的场所,教师不仅要带领学生改造学校,而且还要带领学生改造乡村社会,要与学生一起推进乡村社会建设,并培养学生奉献乡村的家国情怀。

陶行知先生认为,乡村教育内容不仅要包含书本知识,而且还要让学生学习乡土知识,让学生在实践中获得直接经验,并将经验提炼为知识继续付诸行动。在此教学过程中,教会学生做事、做人。这种"教""学""做"合一的教学方法,不仅改变了传统口耳相授的教学方法,而且还能够让学生在实践中寻求真理,并且理论联系实际,促进学生扎实掌握乡村文化知识。乡村教师为学生补充必要的乡土知识,教会了学生基本的生活技能,不仅完成了育人的任务,而且还履行了乡村文化传承的责任。乡村学校通过补充乡土知识,让学生回归乡土,更亲近大自然,促进了学生对乡村文化的认同。陶行知先生曾提出,"活教育"不能只靠书本知识,还要利用自然环境中的活力,激发学生改造乡村社会的热情,提升学生改造乡村社会的本领。陶行知先生把课堂讲学延伸到自然社会中,培养学生厚植乡土文化情怀。学生只有了解和认知乡村文化的来历、特色和形成过程,才能增强文化认同。乡村文化来源于乡村社会,是祖祖辈辈乡村人生活经验的总结和提炼。因此,只有开展以乡村社会生活为主题的乡土课程,激活乡村学生的乡村想象和建设热情,只有这样的乡村教育,才是真正的"活教育"。陶行知先生还强调,教师要做到平易近人,积极参与学生的学业活动。教师只有与学生共学和共事,才能构建师生文化共同体。他主张要让学生主动在社会生活中学习,教师要以真诚的态度和学生共同学习,并在学习中逐步形成文化认同。教师只有与学生构成文化共同体,才能激发学生的文化自信。陶行知先生就是把自己和教师、学生看作一个整体,大家一起共学共事。教师是学生的引路人,他们的文化取向影响着学生的人生观、价值观。因此,乡村教师只有认同并引领乡村文化,才能培养出愿意扎根乡村的文化传承者。陶行知先生主张教师要尊重学生,要与学生共甘苦。教师只有多与学生进行情感交流,让学生打开心扉,才能真正了解并理解学生,与学生建立平等的文化共同体。

当前,乡村教育助力乡村振兴向现代化发展进程中,不可避免地面临诸多挑战。乡村教育资源短缺,乡村基础教育与乡村技能教育难以兼顾,乡村文化传统与乡村教育现代化之间存在冲突。面对新挑战要坚持以人民为中心的理念,加大教育资源投入,推动乡村教育现代化进程。坚持系统协调的观点,促进乡村教育与现代科技的融合,引领乡村教育现代化。坚持守正创新的观点,实现乡村教育现代化与乡村文化传统的共生。城乡学校教育发展在人力物力资源、教育观念和质量等方面都还存在较为显著的差距,为了促进乡村振兴,需要实现更大范围、更深层次的教育公平,使农村各级各类教育的学校建设、师资队伍等资源配置实现均等化，而课程、教学等方面实现差异化、特色化发展。同时，农村各级各类教育还要与社会、社区和家庭建立广泛而深刻的联系。一方面能够汲取社会、社区和家庭的力量，促进学校教育高质量发展，为乡村振兴培养高质量人才，重塑乡村民众对各级各类教育的信心。更重要的是，以乡村学校为核心和纽带，联结社会、社区和家庭，全面推动乡村文化建设，培养村民自治的意识和能力，社会生活所需的伦理道德和法治观念，传播农业生产经营的科学知识，助力农民素养的全面提升，进而推动农村文化和社会的整体改善。在乡村振兴过程中，知识分子对农村文化的挖掘和提炼，进而引领农民的文化自觉和自信是关键。在现代化进程中，农村文化在与城市文化相比较的过程中处于弱势地位，成为被忽视的对象。但中华文明根植于农耕文明，从中国特色的农事节气，到大道自然、天人合一的生态伦理；从耕读传家、父慈子孝的祖传家训，到邻里守望、诚信重礼的乡风民俗等，都是中华文化的鲜明标签，承载着中华文明生生不息的基因密码，彰显着中华民族的思想智慧和精神追求。乡村文化在中华文化传统中具有根基性地位，是国家走向现代化的基础和保障，而不是阻碍。因此，要找寻乡村文化与现代文明的结合点，融汇二者的优势，促进乡村文化和社会的深层变革。乡村教育的高质量发展是乡村振兴的重要动力，承担着改造社会和文化的重要使命。改造社会而不从办学入手便不能改造人的内心，不能改造人的内心便不是彻底地改造社会，改造社会如果忽视了文化与文明的根基，便没有目的，没有意义，没有生气。

二、促进城乡共同富裕

新时代以来，为支持乡村教育发展，国家出台了一系列政策措施，特别是乡村学校的标准化建设。乡村教育的变迁是一个缓慢进程,当前一些地区仍然存在国家系列政策对乡村教育释放的红利似乎敌不过城市、县镇对乡村教育的虹吸,乡村教育还未实现期待中的美好,甚至在一些地方出现了衰落与萧条。有研究者指出,当前乡村教育存在教育质量低下、学生身份认同感淡漠、教师身份迷失以及学校社区失联等危机,这些危机在城乡二元结构惯性影响和城镇化进程中持续推进。城乡基本公共服务均等化水平差距大,乡土文化的冷落等多种因素叠加影响下,使得乡村教育发展的现实样态并不理想,没有想象中伴随国家乡村振兴战略实施而蓬勃兴起的高质量发展样态,反而出现了诸多现实困境,甚至在一些乡村出现了空心化学校。乡村教育发展的现实样态若不能实现向高质量发展转向,不能满足乡民对优质教育的需求,不仅不能召唤离乡农民返乡,还会继续加剧在乡农民离乡,也很难吸引乡村振兴所需人才入乡。没有人,没有人才,没有足够数量的人力资源,乡村全面振兴不仅容易落空,也会失去振兴的价值和意义。

乡村教育为乡村振兴和城乡共同富裕提供基础性支撑。面向未来,乡村建设与发展更需要教育发挥提升农村人口素质、培育内生动力的根本性作用,乡村教育振兴是助力乡村振兴的重要力量。从整体上看,乡村全面振兴包含乡村的人才振兴、产业振兴和文化振兴等内容,而乡村教育则是实现乡村人才、产业和文化振兴的基石。首先,人才振兴是乡村振兴的关键。乡村社会通过开展职业教育、成人教育和技能培训等,能够有组织、有目的、有计划地培养大批知农爱农、扎根乡村的兴农人才,为助力乡村振兴储备丰富的人力资源。其次,产业振兴是乡村振兴的经济基础。乡村产业振兴的实质是乡村产业的转型升级,这就必然倒逼人才结构的调整升级,如此重任落到以培养专业型与职业型人才为核心载体的职业教育领域,职业教育服务功能的充分发挥,将有效推进乡村产业的崛起与兴旺,助力乡村产业经济的复苏与振兴。再次，文化振兴是乡村振兴的精神基础。乡村文化既是乡村的，也是民族的，它关联着中华文明的基本形态，具有区别于城市文化或城市文明的独特价值。乡村教育在传授乡村文化知识、培育文化传承人才、创新文化传承形式和开拓乡村文化新形态上具有不可替代的优势，乡村教育是支持乡村全要素振兴的重要基石。

党的二十大报告指出，"教育、科技、人才是全面建设社会主义现代化国家的基础性、战略性支撑""必须坚持科技是第一生产力、人才是第一资源、创新是第一动力""坚持教育优先发展、科技自立自强、人才引领驱动"，为全面推进乡村振兴、促进共同富裕创造发展新动能新优势。

坚持教育兴农是乡村振兴的基础性支撑。一要以教育兴农提升农村人口的整体素质，为农村社会的全面进步提供强大的精神动力和智力支持。二要以教育兴农培养大批农业科技创新人才，通过发展农业科技教育和农业职业教育提升农村民众的整体科技素养，带动新一代农民掌握现代农业科技，为乡村振兴注入科技的力量。三要以教育兴农带动乡村文化更加繁荣，充分发挥教育在传承中华优秀传统文化中的重要作用，把乡村教育作为乡村文化的孵化器，让更多现代农民成为文明乡风的弘扬者，淳朴民风的实践者，农业文化的创造者。四要以教育兴农阻断贫困的代际传递，有针对性地为农村提供优质教育资源，让农村的孩子都能接受公平而有质量的教育，为学生个体成长和发展提供适宜的平台和广阔的空间。

坚持科技兴农是乡村振兴的引领性动力。以先进的科学技术赋能现代农业，走科技创新引领农业现代化之路，既是发展现代农业的必然选择，也是保障农业安全的现实需求，自然也就成为乡村振兴战略的重要内容。一方面，乡村振兴的经济基础在于产业的振兴，而农业科技创新是推动产业发展的核心动力，如耕地保护、粮食安全、培育良种、改造产业、绿色发展、智慧农业等，其关键在于农业科技创新。另一方面，中国特色社会主义乡村振兴之路，必须强化以工补农、以城带乡，推动形成工农互促、城乡互补、协调发展、共同繁荣的新型工农城乡关系，只有以科技创新引领农村改革和统筹乡村建设、完善农村基础设施、改善农村人居环境、健全城乡融合发展机制、增强农业农村发展活力、发展新型农村经济，才能筑牢乡村振兴的第一推动力。因此，我们应当把农业科技创新作为国家战略科技力量的重要组成部分，健全农业科技创新体制机制，加强农业基础研究和原始创新，瞄准现代农业前沿领域，整合优势研究资源，提高农业农村现代化水平，走出一条中国特色的科技创新引领乡村振兴发展之路。

坚持人才兴农是乡村振兴的战略性引擎。乡村振兴说到底还是要靠人才来完成，只有把农村人口资源转化成人才资源才能实现产业兴旺、生态宜居、乡风文明、治理有效，人们的生活也才能真正地富裕起来。从某种程度上讲，人才是事业发展的关键动力，乡村振兴的人才基础决定着我国农村是否能够真正实现现代化，农业、农村人才的培养与应用是当代社会发展的重要议题，也是实现中华民族伟大复兴的关键要素。以人才汇聚推动和保障乡村振兴，增强农业农村自我发展动力，就是要落实党的二十大报告提出的"真心爱才、悉心育才、倾心引才、精心用才"，通过优化发展环境、厚植乡土情怀，让更多的有用之才成为乡村振兴的强大引擎，下决心解决乡村人才供需矛盾，不断造就大批能够适应新时代"三农"发展顶层设计的战略人才，懂得现代农村治理的管理人才，掌握先进农业技术的科技人才，服务乡村文明建设的文化人才。站在新的历史起点，面对复杂的国际竞争，最为关键的就是科技的竞争、人才的竞争，本质上也是教育的竞争。要全面推进乡村振兴战略，就必须推动教育、科技、人才三位一体高质量发展，以乡村教育的优先发展培养农业创新拔尖人才和新型职业农民，以农业科技自立自强破解农业发展的"卡脖子"难题，以农村人才的成长发展奠定乡村振兴事业的新动力。

三、实现乡村教育现代化

乡村学校承担着乡村教育的主要责任，肩负着乡村教育振兴和实现乡村教育现代化的重要使命，也是乡村振兴战略的重要依托。从乡村学校的发展历程看，自清末新学创设，现代学校开始下沉并嵌入村庄，给乡村社会带来新风尚。民国时期，以陶行知、晏阳初为代表的知识分子推动乡村教育运动蓬勃发展，现代学校逐渐融入村庄，并成为引领乡村及其教育发展的重要力量。新中国成立后，政府不断加大对乡村基础教育的投入，现代学校在乡村快速崛起并成为支撑乡村社会事业发展的载体。伴随着以工业化、城镇化为主要标志的现代化快速推进，城乡二元经济结构形成并牵引着城乡教育资源不均衡配置，乡村学校失去了原有的动力支持。进入新时代，在政府大力推动乡村学校标准化建设的努力之下，乡村学校在各项指标上虽已处于历史最佳，但就其质量而言，仍不能完全满足乡村振兴对教育的需求。乡村学校日渐萎缩导致乡村教育现代化面临人文根基丧失的风险。

首先，乡村教师数量不足在一定程度上动摇乡村教育现代化的文化根基。根据东北师范大学中国农村教育发展研究院发布的《中国农村教育发展报告2020—2022》数据统计，2021年全国义务教育阶段专任教师1057.19万人，比2012年净增148.21万人。但是，全国小学平均师班比为2.02∶1。其中，城区为2.04∶1，镇区为2.11∶1，乡村只有1.88∶1，乡村小学专任教师配置凸显不足。2020年对全国31个省（区、市）21278名教师调查显示，29岁以下年轻教师占整个教师队伍的比例，乡村为22.2%，镇区为21.3%，城区为16.1%，乡村高出城区6.1个百分点，呈现年轻化走势。同时，乡村教师老龄化问题依然严峻，55岁以上教师占比，乡村为

8.8%，镇区为 4.5%，城区为 3.3%，乡村高出城区 5.5 个百分点。乡村教师数量不足，尤其是乡村小学教师数量不足以及老龄化问题无形中把大量的乡村学生和乡村精英推向城镇，致使乡村教育现代化面临社会生产力锐减的风险。

其次，乡村学校"离农化"倾向加剧，乡村教育现代化失去了"在地化"教育的支撑。当前的乡村学校仅在空间意义上姓"农"，而在文化内核上"离土"，致使其自然属性和社会属性相背离。学校与乡村的渐行渐远或貌合神离，导致乡村学校无力承载推动乡村教育现代化的时代重任。乡村教育何以发生？从系统与环境的关系来看，乡村学校教育是在独立于乡土文化之外的特殊系统内运转的，它的动力来自他者（城市）创制的统一机制和制度，在形式、内容和诉求上都与村落格格不入，更像一块教育"飞地"。从教育内容看，教学文本是给定的、他者的、固化的，在考试规约下教学自由度很难发挥，教学只是按程式化的步骤将"科学化"的非乡土知识传递给乡土中的孩子。与乡土直接相关的内容极少会作为学习材料在课堂上向学生提供，教的知识难以与当地社会发展相结合，与农村生产劳动技术的发展需求严重脱节。村落的学校里未曾见到有人传授与农业、种植业和畜牧业生产相关的知识，诸如刺绣、蜡染、编织、山歌和舞蹈等民间艺术或乡土文化遗产，这些很少进入农村学校的美术课和音乐课中。那些创造上述民间艺术和乡土文化的能工巧匠和乡土艺人则未被允许登上学校的讲台。从教学方式上看，为了完成"教出来"的任务和指标，教学被进行了科学精致的工具化设计，但凡可以提高学生分数的模式都是好的，所以，满堂灌、死记硬背、题海战术等方法在农村地区仍然普遍。然而，这种教学方式是基于文本知识的程式化设计和效率优先的管理化编排，它既非来源于乡土生产生活，也不是针对乡土环境的量身定制，无论属性与目的都表现出明显的离土性。例如，乡村地区冒出一大批中考工厂和高考工厂，它们采用军事化的管理方式和工业化的教学模式，训练出大量不识五谷、只知做题的离土少年。

乡村教育振兴的关键在于实现乡村教育现代化，乡村教育现代化的关键是振兴乡村学校。当前，我国尚有包含乡村小规模学校、乡镇寄宿制学校在内的乡村学校群，这些乡村学校的办学质量关系到几千万农民子女的成长发展，也关系到中国教育现代化推进的速度与成效。乡村教育振兴行动为全面振兴乡村学校提供了机遇与可能。一方面，乡村学校能够在教育振兴行动中实现发展方式的转变。乡村学校是立足乡村、依靠乡村、服务乡村的教育载体，应主动摆脱对城市教育或城市学校发展方式的简单模仿与过度依赖，依托乡村独特的自然条件、文化资源和乡土特色等优势，走与城市教育和而不同的发展道路，办出特色，办出活力，办出自信，实现在地化发展，全面提升乡村学校的办学质量。另一方面，乡村学校能够借助教育振兴的历史契机快速推进数字化转型。乡村学校的教育环境与内容通过数字化资源配置跨界联结，搭建智慧网络，以此引入更多优质外来资源，同时将乡村学校建设成联通世界的智慧校园，突破时空边界，使得乡村学生具备更多的学习选择权和更广泛的共享机会。

乡村教育现代化的核心是实现乡村儿童的现代化。一方面，乡村教育是乡村儿童现代观念生成的重要载体。在受教育过程中，乡村儿童根据现代社会的要求，自觉主动扬弃自身的传统元素，能动内化和生成与现代社会相符的价值观念、思维方式与生活旨趣，最终达到素质的全面提升和价值观念的现代转化。另一方面，乡村教育是培育乡村儿童现代素养的重要手段。作为引领乡村儿童实现现代化的能动性活动，乡村教育以乡村、学校为教化中介，通过德性教化、知识传授、身心锻炼和技能训练等活动，在乡村教育实践中锤炼儿童的品性，开发儿童的潜能，为乡村儿童参与未来社会建设提供基本的现代素养。

四、协调乡村"两个文明"建设

乡土文化日渐式微难以协调乡村"两个文明"建设。与城市相比，富足的生态资源、独特的乡土文化是乡村最核心的竞争力，也是支撑乡村物质文明和精神文明协调发展的重要基石。作为乡土文化重要内容的耕读文化、家风文化、乡邻文化、农耕文化等文化形态，长期且依然存在于当今的乡村社会之中，对培育中国人的道德规范、人文精神和生命哲学观等具有不可替代的作用。推动乡村精神文明建设，应培育好这些生长在乡村土地上的"精神庄稼"，保护、深耕日趋缩退的"精神良田"。反观目前乡村社会精神文明建设的现状，尽管在乡村振兴的推进过程中，我国乡村精神文明建设取得了显著成效，但仍不能满足乡村社会日益增长的精神文化需求，这与乡村精神文明建设的城市化倾向和乡民对乡土性精神产品需求之间的矛盾密切关联。乡土文化在乡村精神文明建设中的日渐式微，不能完全归咎于乡土文化的自身孱弱，而应视为城市化浪潮中政治、经济、文化、教育等要素聚合叠加影响的结果。城镇化浪潮加剧了乡土文化"荒漠化"，侵蚀了乡土文化教育的生存土壤。回首改革开放以来我国城乡关系的演变历程，无论是教育、医疗、就业等领域的发展，还是户籍、土地、财税等制度的改革，无不遵循着城市中心的发展逻辑和价值导向，乡村在其中被迫扮演着配角和陪跑的角色。在此过程中，作为一种强势文化的城市文化借助人口流动、商品交换、影视娱乐等方式不断入侵乡村，导致乡土文化在演变过程中走向衰落，乡土自信逐渐丧失，乡土价值蒙受遮蔽。与此同时，乡村教育也逐渐与乡村文化剥离。乡村教育的被动"离农"与主动"向城"，导致乡土文化教育缺失。乡村教师和乡村儿童会主动加强对城市化知识的传授和学习，对鲜具考试价值的乡土文化常持冷漠态度，使得乡村儿童在教育中较少收获乡土文化元素。这种乡村文化的荒漠化与虚无化，同乡村精神文明建设形成强烈的反差。

党的二十大报告强调，"中国式现代化是物质文明和精神文明相协调的现代化。物质富足、精神富有是社会主义现代化的根本要求。物质贫困不是社会主义，精神贫乏也不是社会主义。我们不断厚植现代化的物质基础，不断夯实人民幸福生活的物质条件，同时大力发展社会主义先进文化，加强理想信念教育，传承中华文明，促进物的全面丰富和人的全面发展"。物质富足、精神富有是社会主义现代化的根本要求，乡村教育振兴就是要实现物质文明和精神文明比翼齐飞、协调发展。乡村教育可以最大化地开发乡村人力资本，促进乡村居民的健康可持续发展，实现乡村居民的物质与精神富足。从物质富裕层面看，实现乡村社会物质富足离不开充足的、与之匹配度高的人力资本。人力资本启示我们，为儿童提供有质量的教育服务等方面的人力资本投资会产生更大的经济回报。因此，人力资本的获得需要把教育作为最佳投资持续加大投入。从精神富足层面看，乡村教育不仅需要培养乡村建设所需要的乡村产业工人，增加乡村居民的物质财富，还要通过人文教化提升乡村居民的精神境界和生活趣味，培养乡村居民感知幸福和享受幸福的能力。习近平总书记指出，"要注重农村青少年教育问题和精神文化生活，完善工作举措，加大资源投入，促进他们健康成长"[①]。乡村教育的目的是增进个体的幸福，为社区和生态体系谋福祉。

---

① 习近平. 坚持把解决好"三农"问题作为全党工作重中之重，举全党全社会之力推动乡村振兴[J]. 求是，2022（7）.

五、乡村教育与乡村社会互促共进

教育并不能孤立地存在于社会体系之中。一定社会的教育总是要与相应的社会结构及其生活方式相匹配。在传统农业社会,乡村教育对于乡村社会秩序的维护与乡村社会关系的再生产起到了积极的作用,那时的乡村教育与乡村社会结构及其生活方式是相匹配的。然而,随着工业文明为代表的现代化的兴起,传统的乡村教育受到了前所未有的挑战,现代化在给乡村教育发展带来许多便利条件的同时,也给乡村教育发展带来了不少现实问题。例如,现代化弱化了家庭教育职能,乡村学校失去家庭支撑;现代化引发"意义过剩",乡村学校失去社会支撑;现代化引发乡村教育的功能性冲突,乡村学校失去乡村支撑。当下的乡村教育遭遇了前所未有的冲突、尴尬或两难困境。传统"为农"的教育,最终却导致了"离农"的结果。一方面是建起了现代化的美丽乡村学校,另一方面却是人去楼空,导致教育资源浪费。一方面需要大量的乡村振兴人才进到乡村,另一方面却是乡村学校无力满足人才对其子女接受优质教育的需求,难以吸引和留住人才。一方面是鼓励优秀教师下得去、留得住、教得好,另一方面却是城市、县镇学校不断公开招考,掐尖乡村优秀教师。一方面乡村需要"化农民"须"农民化"的教师为代表的新时代乡贤,另一方面却是少了"土气",多了"洋气",难接"地气"的来来走走的支教、轮岗、特岗教师为代表的候鸟型教师。乡村教育发展的上述诸多不利局面,很难形成与乡村经济社会发展的良性互动,乡村教育系统与乡村社会其他系统之间互促共进的良性循环生态尚未形成。这就导致乡村教育发展不利易归过于乡村社会不达,乡村社会发展不振易归咎于乡村教育不兴的不良循环。

乡村教育发展既需要外部动力,更需要内部动力。既离不开外部的支持、援助与激励,更离不开内部的觉醒、自主与内发。在乡村教育发展的当下,由于诸多的历史欠账和现实多重制约,乡村教育更多需要外部动力,需要外部的倾斜性政策支持、人财物的援助和可持续的制度激励。但从乡村教育发展的长远来看,乡村教育发展必须摆脱对外部的过度依赖,走自觉自主的内生发展道路。因此,当前乃至今后一段时期,对乡村教育发展的外部"输血",除了缓解和应对乡村教育的刚性需求外,更多地应用在引导、支持、激励乡村教育发展的自身"造血"上。乡村教育的振兴不是一时的振兴,而是久久为功、可持续发展的振兴;不是简单的教育统计数据的振兴,而是高质量内涵式发展的教育事业的振兴;不是脱离乡村发展需求与实际的被振兴,而是扎根乡村、服务乡村的有持久生命活力的主动振兴。为此,乡村教育振兴的根本动力、持久动力来自乡村社会内部,来自乡村教育与乡村经济社会发展的互促共进。虽然这个动力的启动和起始阶段的维护依然离不开外部动力的支持与援助,但当下必须要牢固树立乡村教育振兴的动力在于乡村教育与乡村社会互促共进这样一个基本理念。只有牢固树立这个基本理念,乡村教育才不会一直被动,不会仅仅"等靠要",更不会亦步亦趋,乡村教育会寻求主动发展的机遇,会抢抓乡村全面振兴和中国式现代化推进的战略机遇和后发优势,会立足国情、扎根乡土,勇于探索、敢于创新,走出一条富有中国式现代化内涵的乡村教育振兴之路。

六、教育支持促进社会适应

教育的终极目标是为了每一个个体的全面发展,所以当生态移民子女来到城市时,面对种种由于环境改变而引发的困惑和不适应,教育主体有责任积极协助他们顺利进入城市,尽量缩短他们的不适应期。家庭是孩子的第一所学校,家庭教育是儿童社会化的摇篮,家长言行对孩子产生潜移默化的影响。而学校是有计划、有组织、有目的地向儿童系统传授社会规范、价值标准、知识技能的机构。在个人的社会化中教育和管理有着重要的影响,它不仅可以提高个人对社会生活的认识,也有利于培养个人的价值取向和良好社会行为,并习得生活技能。因此,加强家长、学校与社会的合作,可以有效帮助生态移民子女克服城市融入的困境,循序渐进实现向上流动。由于青少年具有很强的可塑性,他们正值世界观、人生观和价值观的形成时期,学校、家长和社会有必要开展有针对性的教育,需要家庭、学校、社会的合作与支持。在社会适应教育中家庭教育是基础,学校教育是主导,社会教育是纽带,需要把家庭、学校和社会三方力量整合起来,形成"三位一体"的教育支持网络,构建家庭、学校、社会协同育人机制。

社会适应教育内容包括城市行为规范教育。城市行为规范教育是城市融入教育的基础内容。一是生活常识教育,通过向生态移民子女传授城市文明礼仪、法律法规、卫生保健、交通安全等常识,培育社会文明风尚。二是责任教育,通过开展各类社会实践活动和社会公益活动,让生态移民子女主动参与社会实践、社区治理,为社会建设增添活力。三是法纪教育,通过向他们传授法律常识和维权知识,让其知法、懂法、守法、用法,学会用法律维护自己的合法权益。四是心理健康教育,加强生态移民子女心理健康教育,特别是自信心和承受挫折能力的教育,给予他们更多的支持与关爱,使其克服自卑心理,塑造健全健康的人格。

社会适应教育内容还包括文化适应教育。教育的功能在于社会成员对知识技能的共享、在情感价值观等方面对人的身心发展施加影响,使个体社会化,积累群体经验,形成生活智慧。学校应在社会主义核心价值观引领下,搭建交往交流交融的有效平台。促使师生之间、学生之间以及学生与社会群体之间的交往互动，相互学习和吸收对方的优点和长处，使学业发展、兴趣发展、人格发展、人际关系发展的共同因素得到增长，实现文化上的相互接纳，心理上的相互认同，精神上的相互共鸣。学校管理者、教师应保持文化敏感性，正确引导并谨慎处理由于文化背景不同可能引发的学生矛盾、师生矛盾、家校矛盾等，避免无意识的文化区隔对学生心理产生不利影响。创造校际之间学生交流的平台，通过研学、展演、竞赛等活动，充分发挥各自优势，学习他者长处、经验和方法，培养开放包容的格局和胸襟。良好的交往能够提高移民子女适应能力，由此在社会成员共同的理解方式和价值观认同方面做出一致的情感反应，从而获得更多的发展机会，促进学生的全面发展。

另一方面，增强社会主义核心价值观和民族团结教育对生态移民子女的引领作用，铸牢中华民族共同体意识，以文化融入反哺家庭教育。把爱我中华的种子埋在每个孩子的心灵深处，让社会主义核心价值观在心底生根发芽，坚定不移担负起传承、发扬、创新中华文化的历史使命。有研究表明，移民年轻一代相比年长者内隐的、固化的文化信念较少，文化认同主要是基于对外部因素的认知而产生，获得的是文化习得的客观判断，继而能实现积极融入。因此，要加强对年轻一代中华民族精神、时代精神以及社会主义核心价值观教育，由此反哺年长者，铸牢中华民族共同体意识。

第三节　生态移民子女教育支持体系建构的方法原则

习近平总书记在2018年全国教育大会上指出，办好教育事业，政府、学校、家庭、社会都有责任。要正确认识生态移民子女教育的特殊性，充分挖掘移民子女教育有利因素，激发移民子女教育内生动力，链接要素形成教育合力，注重一体化与均衡化、差异化与本土化、全面化与个体化发展。

一、教育支持体系建构的方法原则

（一）正确认识生态移民子女教育的特殊性

民族地区教育发展具有不平衡性。生态移民子女教育，受历史文化因素和经济发展水平制约，教育发展不平衡主要表现在区域之间、城乡之间和校际之间，同时地域文化也直接影响着移民群众思想认识和文化观念。随着移民搬迁，地域变迁导致生计方式发生转变。"半耕半工"家庭生计转型对学校教育有三个方面的影响。一是移民家庭对学校教育和现代性知识的需求不高。二是生计方式转型在乡村内部产生了新的教育分层。三是现代性意义的学校和凋敝的传统乡村形成鲜明对比。移民群众虽然集中搬迁到了离城市较近的适宜生活地区，但思想观念的改变总是滞后于物质生活的改变。曾经聚居在贫困落后的山区，信息闭塞与交往封闭容易造成思想观念陈旧和僵化。在固有习惯与思维模式影响下，不容易或不愿意接受新的事物。因此，学校教育要避免移民子女在接受系统的学校教育后因升学失败变成了所谓的文化边缘人。每个地域都有独特的文化传统以及在此环境中长期生活形成的特有思维方式、价值观念和文化心理，应探索和探讨独特文化背景下教育的运行规律，培养具有文化自信的时代新人。

（二）充分挖掘生态移民子女教育有利因素

贫困地区学校教育应是整合现代性知识与地方性知识的有效途径，而不仅仅是某一方的承担者。学校教育一直以来被界定为传递现代性知识的机构，包括主流意识形态、价值观念和知识体系。但学校不应该成为单向度的机构，要既可以传递现代性知识，也要立足教育实际，定位地方文化需求，传递地方性知识。在学校教育空间吸收不同的知识类型，有助于提升学校教育的丰富性，拓展教育的内涵与外延，为学生充分发展、全面发展提供多种可能性。在政策支持下开展彼此平等又互有差异的教育。平等意味着移民子女有同样的受教育机会，在政策支持下拓展自身生存空间，有助于教育机会均等的实现。与此同时，差异则意味着文化多样性通过学校得到延展，使有利于自身发展的文化品格得到保持，这有助于拓展学生的个性。此外，还需破解传统与现代对立的难题，培养穿梭于现代性与地方性之间的沟通型人才。鼓励移民子女加强社会交往，从孤立封闭的圈层文化中走出来，嵌入社会、融入社会，增强人际沟通的能力，既要培养跨入现代生活的素养，也能滋养返还乡土世界的品格。

（三）激发生态移民子女教育发展内生动力

帮助贫困人口真正实现可持续发展，不能只是给予一时物质上的帮助，扶贫更要"智志双扶"，这也就赋予了教育阻断贫困代际传递的重要使命。国务院扶贫开发领导小组《关于解决"两不愁三保障"突出问题的指导意见》中明确强调义务教育有保障，充分说明义务教育是教育扶贫的基础。万丈高楼平地起，不论移民子女将来从事何种职业，文化知识都是基本要求，只有打牢文化基础，增加知识储备，增强未来职业发展的本领，才能带动家庭可持续发展。启志脱贫，要树立终身教育理念。终身教育应贯穿人的一生，超越了学校作为接受教育唯一机构的局限，从而扩展到人类社会生活的整个空间。教育不是单纯的知识传递，而应贯彻人的全面发展精神，学习者不仅要学习已有的文化，更要培养个人对环境变化的主动适应性。充分尊重人的可塑性，为学习者提供一条自我发展、自我开拓的教育之路。

（四）链接教育要素形成教育合力

学生的健康成长离不开学校、家庭、社会的通力合作。2023年1月，教育部等十三部门联合印发《关于健全学校家庭社会协同育人机制的意见》提出，2035年要形成定位清晰、机制健全、联动紧密、科学高效的学校家庭社会协同机制。由此可见，学校家庭社会协同育人不仅是舆论共识，而且已得到制度认可与保障。完善学校家庭社会协同育人机制，是全面贯彻新时代党的教育方针、落实立德树人根本任务的重要举措，是加快建设高质量教育体系的有力支撑，也是推进中国式教育现代化的重要抓手。建构教育支持体系，要明确教育支持主体、教育支持客体和教育支持内容三者之间的关系，充分考虑三者之间的互动、作用与影响。

系统耦合理论为学校家庭社会协同育人提供了理论依据。系统耦合理论是研究两个或两个以上系统要素或一个系统内的子系统之间耦合关系的协调、反馈以及发展的机理和机制的理论，最早应用于物理学、生物学、农学、地理学等自然科学领域。耦合是指两个或两个以上的系统或运动方式之间通过各种相互作用而彼此影响以致联合起来的现象，是在各子系统间的良性互动下，相互依赖、相互协调、相互促进的动态关系。根据系统耦合理论的观点，学校家庭社会协同育人是一个整体，学校教育、家庭教育、社会教育作为三个相对独立的子系统，是育人机制的基本构成要素。三者既相对独立，又相互依赖、相互协调、相互促进。三个子系统的相对独立性主要体现在三者育人职能与优势上的差别。学校是学生学习知识技能、提高综合素质的主阵地，学校教育的专业性、科学性和系统性是其他教育无可比拟的。家庭教育的主要任务是品德教育，在促进儿童道德发育层面，家庭教育有着独特优势。教育儿童学会做人是家庭教育的首要任务，也是家庭最根本的职能。社会教育作为学校教育和家庭教育的补充与延伸，为学生的全面发展提供了可靠保障。每一子系统充分释放育人潜能都要依赖于另外两大子系统。学校教育发挥主导作用离不开家庭教育的密切配合和社会教育的大力支持，家庭教育是学校教育和社会教育的基础与有效联结，社会教育规范发展依赖于家庭教育的积极参与和学校教育的科学引导。任何一个子系统的单一优化很难对耦合系统的整体优化起到显著作用，只有不断加强子系统间的协调性，增强它们相互作用的效果，才能在整体上使系统的耦合功能达到最优。由此可见，若三大子系统各自为政，子系统本身的育人潜力难以完全释放。而三者联系越密切，互动越频繁，耦合性则越佳，越能促进学生的全面发展。

教育支持系统建立的目标就是把正式和非正式的社会支持进行整合，以耦合机制形成教育合力。移民子女教育支持体系中，政府支持占主导地位，各级政府应从政策、制度、机制等各个方面完善支持的功能。所以，行之有效的健全的政策是解决移民子女教育问题最为宏观的方式。例如城乡资源共享、师资一体化、集团化办学、教师减负等等，由政策来引领。但是，仅仅依靠政府的力量是远远不够的，社会组织、民间机构能够更加直观接触移民子女，他们的力量也不容小觑。社会保障制度的完善也能够为社会组织参与教育提供一部分政策支持。学校要主动改变传统的教育体制和管理方式，以特色化办学思路引领学校教育发展。一方面做好基础知识和基本技能培养工作，另一方面充分挖掘学校和乡村的特色教育资源，立足学校实际，以特色化办学思路引领学校发展，促进移民子女的文化适应。家庭、邻里、亲戚、朋辈在情感、道义、友情上的支持能够带给移民子女极大帮助，这些非正式社会支持系统所起的作用主要是对政府、学校等正式社会支持进行补充和完善。例如，亲友邻里多走动，教师及时和监护人、家长取得联系，对需要帮助的学生提供物质、精神、心理、情感关怀等。促进朋辈之间积极交往，互相关照，共同进步。社会力量、社区及非政府组织要整合形成规范的民间支持系统。与政府主导支持地位不同，非正式支持系统更加着眼于对政府的政策法规进行补充。例如，社区更能够深入移民子女所在的每家每户，通过与家庭的联系，协助宣传相关教育政策，或由社区工作人员进行家访，开放社区公共空间，为移民子女学习和交往提供支持。而互助组织则能够更好地利用基层组织的保障功能，确保儿童健康成长。此外，民间社会力量、私人企业、慈善机构、儿童福利院等机构也能形成强大的教育支持力量，从根本上解决政策在细节实施上的不足。

耦合机制区别于一般机制的特征就在于其具有明确的目的性——各个耦合要素无论通过何种方式进行耦合，都围绕着一个明确的目的。反过来正是为了达到一定的目的，使得各个耦合要素通过特定的方式相互联系、相互作用。学校教育、家庭教育、社会教育的目标都指向立德树人这一教育根本任务，都致力于培养德智体美劳全面发展的社会主义建设者和接班人。正是目标的一致性，赋予了学校家庭社会协同育人的实现可能性。迫切需要以学校家庭社会协同育人机制为抓手，促进德育、智育、体育、美育和劳动教育的有机融合，全面提高人才自主培养质量。系统场力是指系统内部各要素由于其所处的不同位置而形成的不同影响力，场力耦合即系统场力的相互作用与影响。在学校家庭社会协同育人的系统耦合机制中，学校作为教育的主阵地，处于核心地位，应积极发挥主导作用。但是，家庭教育系统和社会教育系统也有其独特的育人职能与系统场力，其系统效能也会通过耦合网络传达到整个系统。实现场力耦合，除了要强化学校教育的主阵地作用之外，不可忽视家庭和社会的重要作用。家庭是人生的第一个课堂，是学校教育的重要基石，应重视家庭教育的基础作用。全社会都要担负起青年成长成才的责任，构筑良好的社会生态，共同促进学生全面发展。

充分利用三大场域，促进系统间的贯通融合。从系统耦合理论的观点来看，系统的存在意味着界面的存在。界面是系统之间以及系统与外界的分界和连通的中介。学校家庭社会协同育人机制包括三大界面，即家庭—

学校界面、学校—社会界面以及社会—家庭界面。这三大界面是三大子系统的反馈，通过界面，某一系统的要素或信息进入另一个系统，并与另一系统的要素相互联系与作用，产生耦合效应。就家庭—学校界面而言，需要家校密切配合。一是家长要不断学习，树立正确的教育观，掌握科学的育人方法，增强家庭教育本领。二是以学校教育引领家庭教育，提高家庭教育的专业性。可在中小学设立家庭教育工作室，在教育内容和方法等方面给予家长专业指导。三是组建家校共同体，健全家校沟通机制。通过家长学校、家长委员会、家访等形式，加强家校沟通与互动，增进互信，形成家校共识。四是将家庭教育人才培养纳入高等教育体系。充分发挥高等院校人才培养优势，有计划、系统性地培养高层次家庭教育指导服务人才。

就学校—社会界面而言，需要校社同心协力。一是以现代教育理念为指导，构建多方参与、共商共建的治理结构，促进学校与社区的协调和可持续发展。二是学校教育要适度向校外教育和线上教育开放，尽力打通校社共育的桥梁。也可通过社会开放日等活动，把优质社会教育资源引入学校教育。三是加强学校周边环境治理，为学生成长营造良好的社会环境和育人生态。四是借鉴发达国家经验，充分发挥社区基金会的作用，促进社区教育事业蓬勃发展。社区基金会对于当地的社会服务、教育、社区发展和文化组织都是强有力的支持者。五是鼓励和支持有条件的机关、社会团体、企事业单位为学生提供各类志愿服务和职业体验的机会，引导学生正确理解学业与职业、升学与生涯、个人与社会的关系，帮助学生成为新时代栋梁之材。

就社会—家庭界面而言，需要家社携手共育。一是加强社会教育资源的开发和利用。充分认识图书馆、文化馆、科技馆、纪念馆、博物馆、艺术馆、体育馆等机构所具备的教育功能，提高少年宫、青少年活动中心、儿童活动中心、研学教育实践基地等公共阵地的服务质量，拓展教育空间，为协同育人提供优质教育资源。二是鼓励社区开展家庭教育公益讲座,宣传家庭教育知识,提高家长家庭教育素养。三是社区探索设立家庭教育指导机构。组建专业化、规范化家庭教育指导队伍,为开展家庭教育指导服务提供保障。四是家长要正确认识社会教育的重要作用,帮助学生走进社会,投身实践。

需要特别指出的是,有界面就会有边界,耦合机制并不排斥边界的存在。恰恰是边界的存在,印证了三大子系统具有一定的相对独立性。边界的存在体现在学校、家庭、社会三者在教育内容、教育方法、教育过程等方面各有不同,功能各有优劣,承担的职责也不尽相同。这就需要在协同育人过程中,明晰各方的职责和权力边界,避免相互越位、互相推诿。学校教育要在学校落实,家庭教育要在家庭落实,社会教育要落实到政府主导下的社区。各就其位、各司其职、各负其责,真正做到功能互补、协同育人。在厘清学校家庭社会三者各自的职责边界外,还应淡化三者的身份等级,彼此尊重,相互协商,这也是能否真正做好三方协同育人的关键。

强化时间和空间耦合,推动教育资源全时空覆盖。学校家庭社会协同育人的系统耦合机制着力将育人的时间属性和空间属性融为一体。从纵向来看,协同育人作为构建更加完备的终身学习体系的重要一环,应贯穿于人才培养始终。应继续增强幼儿教育、小学教育、中学教育及大学教育之间的耦合性,推动学校教育、家庭教育、社会教育自然接轨、深度融合。构建"大中小幼"相衔接的教育体系,努力实现大中小幼全学段教育资源的有效整合。尤其是要在清楚了解人才培养模式现状的基础上,不断推动教育的持续深化改革,构建一个自上而下,从学界研究到政府推动,聚焦发展核心素养和关键能力的素质教育体系。从横向来看,教育数字化是学校家庭社会协同育人实现时空耦合的重要支撑。如果说工业时代的学校体系造成了家庭教育与学校教育的分割,那么当前的数字化技术将为学校家庭社会协同育人创造无限可能。一是要加强以教育数字化带动教育现代化理念的宣传和普及，让教育界清晰认识到以教育数字化带动教育现代化是国家的一项重要的发展战略。二是加快完善数字化基础设施建设，着力将国家智慧教育平台打造成教育领域最重要的公共服务产品，为学校家庭社会协同育人提供更加便捷和丰富的教育资源。三是完善优质数字教育资源共建共享机制，将优质数字教育资源辐射到每个家庭、每个社区、每个学校，缩小数字教育鸿沟，特别是要加大对革命老区、民族地区、边远地区、贫困地区优质教育资源的供给力度。四是在纵深推进教育数字化的背景下，亟须全面提升学校家庭社会协同育人相关参与者的数字素养。

优化调控系统，确保耦合系统正向有序发展。学校教育、家庭教育、社会教育三者间的相互作用错综复杂，为确保学校家庭社会协同育人耦合机制正向有序发展，应不断优化调控系统，维持三个子系统的动态耦合关系。

一是完善制度设计，提高耦合协调度。自上而下为主的政策推进，以及自下而上的创新实践，是我国的体制性特点和优势。首先，政府需要实现自我优化与升级。学校家庭社会协同育人的落脚点在于为党育人、为国育才。各级党委和政府应对学校家庭社会协同育人机制做好顶层设计，进一步优化学校家庭社会教育资源的配置方式，充分发挥统筹协调作用。其次，需要政府在政策层面积极引导，加强协同育人理念的宣传。引导全社会重视和支持学校家庭社会协同育人工作，为协同育人营造良好的社会环境和舆论氛围。再次，有必要将学校家庭社会协同育人的相关事宜持续纳入教育发展规划，纳入教育财政预算，纳入师范教育和教师教育培训体系，也纳入对各级政府的教育评估指标。最后，各地教育部门和学校要在当地党委和政府的统一领导和部署下，建立常态化沟通协调机制，引导耦合系统健康有序发展。

二是完善法治保障体系，提高耦合效率。法律具有强制性，在推动耦合机制正向发展上具有重要作用。《中华人民共和国家庭教育促进法》在为实施家庭教育提供专项法依据的同时,也确立了全社会共同支持家庭教育的责任要求。广泛宣传《中华人民共和国家庭教育促进法》帮助家长切实履行家庭教育主体责任。完善学校家庭社会协同育人评价体系,科学引导耦合系统发展方向。尽快建立专门的学校家庭社会协同育人评价机构,统筹标准制定和组织评估工作。要规范评价流程,建立科学的考核激励机制,对协同育人的评价结果进行公示,及时反馈,奖惩结合,扶助弱势,提高学校、家庭和社会三者间的耦合度。要调动学校家庭社会三者自我评价的积极性,引导三者通过评价发现自身问题、改进自身不足。提高评价的科学性。只有科学的标准和评价体系才能真正引领学校家庭社会协同育人高质量的发展。注重评价的多元性。不存在统一的学校家庭社会协同育人评价体系,发达地区和欠发达地区、城市和农村、不同地域之间,协同育人应当是多样性与灵活性的统一,应针对各地的实际情况,构建相应的协同育人评价体系。

移民子女教育支持体系的构建,并不是单个因素努力就能够实现的。它涉及社会的方方面面,是一个需要将移民子女受教育过程中所接触到的各方面进行充分整合的过程。当建立起完善的教育支持体系,能够在逐步推进的过程中实现每一要素、每一环节之间的相互融合并最终形成整合的教育力量,帮助移民子女在教育、生活、成长方面迈出崭新的一步。

二、教育支持体系建构需要重视的几对关系

（一）一体化与均衡化

一体化不是统一化或者同质化,而是以资源一体带动教育总体发展,打破城乡二元结构,促进教育优质均衡发展。这就要求改变城市教育优先

的发展理念和发展模式，开创一种城乡教育协调发展、均衡发展、合作发展、和谐发展、共享发展的新格局，实现城乡教育各美其美、美美与共。一体化发展不是统一标准下的"一刀切"，而是一体化下的精准化，最终实现发展目标的一体化，物质资源、政策资源的一体化，体现教育支持的全纳性，缩小区域之间、城乡之间、校际之间在办学条件、师资水平、教育质量方面的差距。同时根据移民子女教育发展实际，精准化、个别化地利用资源，进行教育支持和帮扶，最终实现移民子女全面发展，促进城乡儿童共同接受良好教育的一体化发展愿景，在教育结果公平的层面体现一体化、均衡化发展的特征。

（二）差异化与本土化

相较于城市教育，乡村教育在教育环境、教育内容、教学方式等方面有其自身特点，是一种异质化教育。生态移民子女从贫困地区搬迁到靠近城市的移民安置区，教育政策的制定要尊重移民子女现实需求，打破城市教育与乡村教育、普通教育与移民子女教育之间的屏障，在观念契合、资源整合、功能融合中实现本土化，形成具有地区特色、本土特色的教育制度。促进移民子女教育的供给侧结构性改革，实现由"有学上""上好学"到"学得好"的策略转变。一方面，我们要树立具有扶贫特色的移民子女教育观，通过政策支持，在资金、资源等方面加大支持力度，全面补齐发展短板。另一方面，要在一定程度上给予安置区学校自主性，提升学校自主办学能力，鼓励学校特色化发展、差异化发展。在课程建设、师资建设、教学改革等方面，给予学校更大的选择权，在保障正常教育秩序前提下，充分利用现有资源，开放办学，促进教育高质量发展，在大众化教育中体现小众特色。

（三）全面化与个体化

教育要面向全体，这是由教育本身的任务、性质和功能决定的。教育是有目的、有计划、系统地培养人的社会活动。教育不仅要面向城市，也要面向农村，既要面向普通儿童，也要面向特殊儿童，面向每一个适龄儿童。面向全体是基础和公平，不能因为教育对象的不同而失之偏颇。处理好全面化和个体化的关系，既要突出全纳性，体现教育公平，也要关照个体差异，体现教育的人文关怀。关注困难群体、弱势群体，不让一个孩子掉队。关注具有特长的儿童，充分创造条件支持他们发挥自身独特优势。

第四节 生态移民子女教育支持体系设计

一、政策性支持

（一）加大资金投入与建设力度，促进移民安置区学校发展

学校是移民安置区的标志性场所，体现了国家在生态移民搬迁实施过程中为移民群体提供的教育公共服务。学校是生态移民子女教育的实际承担，乡村文明的重要承载，需要高度重视移民安置区学校建设，推动生态移民子女教育高质量发展。推动安置区学校和城市学校在办学条件、设施配置、信息化建设、教师配置和收入、生均经费五项标准统一，加大公共教育资源和财政投入支持义务教育发展力度，促进城乡义务教育一体化。第一，在基本理念、制度安排、财政投入、政策举措等方面予以重点支持，特别是建立移民安置区学校高质量发展的长效机制，探索实行"基数＋补助"的公用经费拨款方式，设立专门的面向教师与教育质量提升的特别支持项目。第二，在充分运用集团化办学、学校联盟、合作教研等形式加强城乡教育资源流动互通的同时，大力推广运用"互联网＋教育"模式，建设专递课堂、同步互动课堂、双师课堂等，为学校提供丰富优质的在线教

育资源，推动优质教育资源流通共享。第三，在乡村振兴、城乡统筹发展的大格局中，各级政府应当在乡村建设总体规划、城乡一体化发展规划中加强对义务教育资源的统筹安排，尤其关注移民安置区学校的投入与建设，着力加大对移民安置区公共服务设施的建设力度，为稳定学校教师队伍提供基础保障。为安置区学校与乡村社区共建共享、协同发展创造条件，因地制宜地将学校建设成以乡村教育文化为主的多功能中心，使之既是移民子女接受教育的中心，同时还是乡村活动中心，更是乡村文化和文明的传承传播地。

（二）改革教师编制政策制度，推进城乡教师资源配置一体化

移民安置区学校存在教师编制短缺问题，这也是我国乡村教师队伍面临的一个普遍性问题。在现行编制总量控制的前提下，通过创新教师编制管理体制和人事政策制度，盘活存量，优化结构。第一，提升编制的管理层级，完善编制管理体制。明确自治区、市、县三级政府在教师队伍规划和编制管理中的职责，形成各级政府明确分工、分级管理的教师编制管理体制。第二，建立县域内统筹的教师编制统筹机制，创新编制资源使用制度。由县级政府设立中小学教师"编制蓄水池"，或建立一定数量的基础教育周转编，依据本县（市、区）社会经济发展、城镇化进程、学龄人口流动和需求变动趋势，及时统筹调控全县（市、区）教师编制，盘活用好教师资源。第三，建立人社部门负责核定编制、岗位总量，教育部门统筹教师资源调配及招聘引进、职称评聘、考核评价等工作机制。

适当支持乡村教师回到原籍任教，提升队伍质量。例如开辟绿色通道解决因家庭问题需要调动回当地的教师问题，以保持乡村教师队伍稳定。大力推动城镇学校骨干教师到乡村学校交流任教，与乡村教师结对帮扶，提高教学水平。促进联盟学校之间深入交流，合理流动城乡优质师资。创设良好的校园工作环境，满足教师工作需求，鼓励教师在完成教学任务的

基础上，积极开展科学研究、学科建设、师徒结对等工作，充分发挥交流轮岗教师的辐射带动作用。

（三）全面提升教师综合待遇，切实增强人力资源吸引力

实施国家乡村教师岗位特殊津贴制度，综合考虑乡村教师贡献，提供专业发展补偿、交通补助等。通过加大中央财政投入，强化省级统筹，使乡村教师的工资性收入在现有基础上大幅提高，对偏远乡村中小学教师发放与基本工资数额相当的津贴。加强住房保障政策，让乡村教师安居乐教。加大力度完善城乡一体化的教师住房公积金制度和购房补贴制度，将乡村教师住房纳入当地政府住房保障体系，优先安排符合条件的乡村教师在县城或乡镇购买经济适用房。进一步推进乡村教师周转房制度建设，宜集中建在人口密集的乡镇，这不仅有利于保障安全，也有利于满足乡村教师人际交流与业务交流需求。出台乡镇以下学校教师子女可在入园、入学时享有进入城镇名校的优惠政策。乡村教师子女"上好学"的政策制度设计将极大地带动和吸引优秀人才到乡村从教，并稳定大批已在乡村从教的教师。

对于教师工资这一问题，虽乡村教师有乡村补贴，补贴大多都用于路费，因为他们离家比较远，路费比较高。因此，重点要尝试建立弹性的薪酬制度。城乡教师五险一金的购买在做到一致的基础上，完善科学合理的绩效工资制度，充分体现多劳多得、优绩优酬原则。绩效工资制度的落实，关键在于建立科学合理、行之有效的考核与分配办法并严格执行。

第一，科学合理的绩效工资制度需要合理设定考核指标，科学地评价教师的工作实绩。绩效考核方案需要各学校根据不同的情况进行更为科学合理的设计。教师绩效考核的内容应包括教师工作量、教学效果、教研课题、专业成长以及出勤情况、师德表现等因素，对于班主任、行政后勤等特殊群体，还应有个性化的考核指标。构建规范、公正、公开、可调整的评价体系，实现教师绩效评价的可持续。教师绩效评价体系应该是多元、

民主和公开的，除了学校内部的自我评价外，家长、学生、社会的评价以及教师的自评也应该纳入评价体系，全面评价教师的工作绩效。绩效工资考核既要对教师外显的工作业绩进行评价，又要注重教师的隐性贡献。例如通过引入社会评价机制了解教师的工作状态，有效运用教师的自我评价、教学反思，形成系统化、综合化的管理模式，从不同角度对教师绩效进行全面科学的评价。

第二，科学合理的绩效工资制度需要切实可行的分配办法，让奖励性绩效工资收入充分反映教师的实际付出。在科学合理地考核教师工作绩效后，更重要的是要让工作绩效之间的差异充分体现在工资收入上。若处于合格等次中排名第一的教师与排名最后的教师，在工作业绩和实际贡献上存在很大差异，但绩效工资收入却完全相同，这必将导致大部分教师会越来越趋于平庸，在争取优秀无望后，往往会选择以不掉出合格等次为目标，从而丧失努力争先的动力。但是若采取在完成对教师的绩效考核后，将全校教师的绩效考核总分与奖励性绩效工资总量相除，折算出每一分值的业绩，再乘以每名教师的绩效考核得分，从而得出该教师应获得的奖励性绩效工资具体数额的这种方法，会导致教师变得功利化，对日常工作斤斤计较，对于不纳入绩效考核的临时性工作直接拒绝或想办法推诿，长此以往也不利于工作开展。因此，对奖励性绩效工资的分配应当根据学校实际情况，采取合理的区间划分，探索科学的分配方式。

（四）建立教育支持主体协同育人机制

移民子女成长过程中，政府、学校、家庭、社会要充分发挥自身特点与优势，增强与其他支持主体的联系，建立多方参与的协同育人机制。学校、家庭、社会在教育内容、教育形式和教育方法上各有不同，但三方面的教育对象是共同的，都是成长中的移民子女。从教育支持的观点看，各个主体之间联系越紧密越有利于相互之间的协调，便于为教育客体提供更多动力。协同育人机制分为两种，一种是双主体联动，另一种是多主体联动。以学校为主导的双主体联动，表现形式为，学校—家长、学校—社区。多主体联动是指通过学校链接各支持主体，共同为移民子女创造一个充满人文关怀的教育环境。通过家长委员会、家校合作联合体、家校协同专业委员会等多种方式，推进学校与家庭协同育人的制度化、规范化和专业化。举办家长开放日活动，邀请家长到学校对学生的课堂学习进行参与式观察，课后邀请家长进行评课，了解学生的学习状态，帮助家长解决家庭教育中的棘手问题，使学校和家庭向学生提出一致性的要求，保持同样的原则，实现共同的教育目标。加强社会共育，激励家庭、学校、社会为协同育人出策出力，联系本地宣传、民政、文化、共青团、妇联、关工委等组织部门，发挥党政机关和企事业单位专家学者、先进教师以及模范人物的作用，搭建社会育人平台，整合教育资源，组织社会实践活动，提高移民子女社会参与度，逐步改变贫困家庭代际传递中固有理念、价值观、心理反应、互动模式和环境暗示模式，增强他们置身于社会的自信和底气，帮助移民子女健康成长。

二、工具性支持

(一)培育现代学校管理理念，建设有特色、内涵式、发展型学校

学校管理理念要从过去强调学校发展规模向注重内涵式发展转变。传统理念上的学校改进是相对窄化、短期及补救性概念，而内涵式发展指向长远、全面及形成性的概念。传统的乡村学校常常被封闭在"围墙"中，管理较为保守，开放性不强，这不利于信息交流、资源引进，更不利于移民子女全面而充分地发展。运用现代学校管理理念，建设有特色、内涵式、发展型学校，就是要转向注重学校教育质量和效益，并能够服务每一位移

民子女的教育需求。同时，学校管理由外在控制转为自我管理或校本管理，增强学校办学自主权，把权力下放到学校本身，鼓励建设个性化的发展型学校。

聚焦立德树人根本任务是特色学校建设的重要原则。一是加强"两个教育"，即社会主义核心价值观教育和中华优秀传统文化教育。二是要形成爱学习、爱劳动、爱祖国等主题活动有效开展的长效机制。三是要进一步增强学生的社会责任感、创新精神、实践能力。四是要强化体育课和课外锻炼，加强艺术教育。将社会主义核心价值观教育和中华优秀传统文化教育融入特色学校建设；在特色课程建设上重视体育教育，如开发形体特色课；重视艺术教育，通过特色乐器课、特色美育、艺术节弘扬艺术之美；重视劳动教育，通过园艺特色课等培养学生的劳动精神和劳动素养；通过多种途径和方法培养学生的实践能力、创新精神，培育学生的社会责任感。

特色学校建设虽然追求独特与优质，但归根结底是为了提升学校教育质量。因此，特色学校建设首先要以促进学生全面发展为价值指向。在特色学校建设中坚持全面发展的价值导向需要注意以下几点。一是尽可能面向全体学生，不只培养某一部分特长学生。二是协调好学校特色发展与学校一般发展的关系，以学校的特色发展支持一般发展。三是通过课程、教学、文化建设等内容的特色变革和学校环境建设推动学校整体内涵的转变和品质提升，真正实现特色学校建设，促进学生全面发展。

追求学生的个性成长是特色学校建设另一目标。在特色学校建设过程中，由于对个性追求的认识误区，常常出现"特色局限化""特色形式化"等问题。为避免学生的个性化发展走入误区，需从以下方面着手。一是要将个性化追求建立在学生全面发展的基础上，注重基本知识和基本能力发展合格。二是要通过课程、教学等领域的特色建设满足学生个性化、多样化的发展需求。在开发特色课程、选择课程内容时，要关注学生的个性化差异，科学设置课程。在建设学校特色课程、开展学校特色活动的具体过程中，可以设置"学生意见箱""学生热线"等工作板块，听取学生的意见，以更好地满足学生多样化、个性化的发展需求。

建立区域间校际合作共同体。特色学校建设正是一个满足内外部环境要求、统筹特色建设相关要素、协调利用各种资源优势实现特色办学目标的过程。处于同一地域的乡村小学往往处于相似的内外部环境之中，拥有相似的资源也面临着同样的困境和问题。区域内校与校之间所主张的特色理念或许不同，但承载其特色理念的实施措施不外乎管理制度、课程结构、教学模式、校园环境和学习空间设计等内容。相近的特色学校建设正是区域特色学校建设共同体的切入点，学校之间可以从以上方面入手，共享资源、共谋进步。

校长与教师是特色学校建设的重要主体，同时校长领导与教师参与也是保障特色学校建设的两大主力。由此，校长和教师都应重视理论研究和应用，发挥理论对乡村特色学校建设的指导作用。首先，校长作为学校行政负责人和日常工作的主持者，肩负着规划学校发展、营造育人文化、领导课程教学、引领教师成长、优化内部管理、调适外部环境的责任。在特色学校建设中，校长扮演着总设计师的角色。校长个人的能力素质、眼界经验、兴趣偏好直接影响特色学校建设的决策，其专业权威与道德权威在特色学校建设中的领导作用更是必不可少。校长对特色学校建设的认识和对特色学校相关理论的掌握正是其专业权威的体现，有助于校长在学校建设工作中做出正确决策。其次，作为特色学校建设主力军的教师，也要加强理论学习。一方面，理论学习是提升教师专业能力的重要路径。教师不仅要学习特色学校相关的理论知识，还要广博地学习其他理论知识和新生事物，拓展自己的眼界和思维，提升专业素质。另一方面，只有正确认识特色学校建设的理论内涵，正确看待特色学校建设，教师在从事特色学校建设相关工作时，才能真正领悟特色教育教学活动背后的育人意义，发自内心地认同特色学校建设的价值。

（二）注重现代教育技术应用，开展丰富生动的教研活动

现代教育技术作为学生学习知识和解决问题的有力工具，有效地改变教与学的方式，使学生主动并有可能投入到现实的、探究性的教学活动中。信息化教学手段兼具声、像、图、文的特点，其多种表现手法经过处理后形象、生动地演示出来，帮助学生理解教学中一些术语含义和规律，完成由感性认识向理性认识的过渡。教师借助现代信息技术结合教学自身特点进行教学，拓宽了学生的视野和互动的空间，让他们透过课堂这个狭小的空间，了解课堂以外的世界。信息化技术有助于建立知识交流平台，让学校、教师和学生能有效地创造、积累和应用这些知识。

信息技术的应用可以将学校资源与校外资源非常有效地结合起来。利用网页展示学生活动，将学生的特长、学校的特色通过网络进行宣传展演，让更多的教师、家长以及其他群众不断了解移民子女，有针对性地提供资源支持和帮扶活动。通过网络平台让校内活动走出去，将校外资源引进来。教研方面，利用互联网开展教研活动，与其他教研成员随时分享新的教学观点或解决教学中的某个问题，提高教研活动的效率。教学管理方面，传统的课堂教学由老师主导，忽视了学生的主动性，降低了学生的学习热情和创造力，而信息技术下的课堂教学以学生为中心，为学生提供自主探究、小组合作和创新能力培养的资源和技术支持。通过充分利用网络的互动性和资源共享，激发学生的学习热情，引导学生自主思考，提升课堂教学效果。对于信息化设备维护成本高、教师不具备信息技术素养的问题，可争取专项资金支持，用于设备维护和教师专业培训，提高"互联网+教育"利用率。

在"互联网+教育"环境下，运用现代信息技术手段，通过教育云、

智慧校园、网络学习空间、在线互动课堂、网络协作教研等，使学校实现优质资源共享化、校方管理手段智能化、家长学校互动实时化，推进教育信息化、管理科学化。但面对技术性变革，我们也要不断保持对教育技术的审慎与思考。例如，现代教育技术是否可以满足不同受教育个体的教育需求，技术的广泛应用是否会带来人役于物的弊端等等。只有将线上线下各类教育资源调动起来，既发挥大数据资源利用效率高的优势，又兼顾不同受教育者个体成长需要，培养未来社会发展所需要的既有高度思维能力、创新能力、技术能力的应用型人才，又能够具体问题具体分析、具有温度和情怀的生动的个体。

第一，把信息化建设应用效果突出的学校设定为试点学校，通过试点学校对教师进行培养，鼓励这些教师突破传统方式，积极探索新的教学方法与策略，进而形成示范效应。第二，定期组织教师交流，借助教学研讨、专家指导及同行交流等活动，不断提升信息资源应用水平，促进教学与信息化资源深度融合。第三，在优质教育的供给侧改革工作中，建立资源共享机制，不断对信息化资源的共享进行强化，更新优质资源。第四，积极推动资源共享帮扶活动，进行"名师+名校+高校+互联网"结对帮扶活动，充分促进乡村地区教育主管机构共同开展城乡教育一体化改革工作。以省级教育信息化平台为基础，不断推动教育资源建设，覆盖全部移民学校，建立教师网络研修、远程专递课堂以及城乡同步课堂等应用模式，对帮扶机制进行创新，不断促进信息化资源的共享共建工作，促使优质资源辐射面能够进一步扩大，进而保证城乡结对帮扶学校之间能够实现师生互动、管理共进、信息互通以及优势互补。

此外，还要强加教师与学生的信息化能力。第一，教师积极开展信息化理论学习工作，掌握相关概念，认识到日常教育工作中信息化资源的重要性。只有教师不断提升自身理论素养，明确定位信息化资源建设，才可以在日常教育工作中积极使用这些资源。第二，为教师的信息化教学融合应用提供培训。主要是培养与信息化资源相符的教学模式，主要涵盖课程与信息技术整合、教学信息化教育资源制作、教学设计等内容，不断强化教师的信息化资源应用水平。第三，通过以赛促学方式，不断推动信息化资源建设与应用，应该和教师职称评定、绩效考核以及评奖评优等方面有机融合，充分强化课程和信息化资源之间融合深度。第四，将模范教师示范作用发挥出来，建立跨校、跨区域帮扶小组，建立教师发展共同体，展示成果，进而充分强化整体建设应用能力，保证全体教师均能够参与进来，保证乡村学校信息化资源充分利用。第五，乡村学校还应该对学生的信息能力培养工作加以重视。《国家中长期教育改革和发展规划纲要（2010—2020）》文件强调鼓励学生借助信息技术进行自主探索，充分提升学生创新意识与信息化意识，不断加强学生借助信息技术处理问题的素质，为国家培养创新型人才。教师需要引导学生了解STEM教育、3D打印等概念，并积极引导学生参与混合式教学活动，进而培养创新思维。

（三）以校本课程为抓手，促进移民子女全面发展

课程建设是打造特色学校、落实育人目标的核心力量，是学校建设的重中之重。强化学校特色课程体系是学校建设不能忽视的基本内容。深耕课程建设需从课程的开发、实施、评价等多方面入手。课程开发要立足学校历史、资源等实际情况，充分挖掘整合可用资源，在特色学校建设的理念指导下构建丰富多元的特色学校课程体系。乡村学校在课程开发过程中，尤其要注意挖掘当地乡土文化资源，将乡土文化符号的意义表达融入课程建设中。不断创新课程实施方式，突破固有思维，打破传统理念，注重个性化设计和跨学科探索，充分调动学生的积极性，展现特色学校课程的生命力。要建立相应的课程评价体系，依托多元主体对学校特色课程进行量化评价，发挥评价的调节和激励作用。

基础教育课程改革以来，三级课程管理体制的正式确立打破了我国长期以来课程管理过于集中的状况，使得校本课程正式成为基础教育课程体系中的重要组成部分。校本课程开发之前，首先应当对学生实际状况，如学习态度、知识储备、学习方法等学情进行调查摸底，对本校软硬件资源，如教室条件、场地条件、师资力量、教学设备等进行数据统计，在此基础上开发校本课程，确保校本课程开发的科学性和针对性。应注重以学校为办学主体的校本管理，追求自己的发展目标和教育风格，形成独特的校园文化。根据本地区的文化资源、学校师资以及学情设定校本课程。在校本课程的安排中，要切实提升课程开发与资源整合水平，整合课内外有利于学生学习的各类资源。一方面，从校本课程设计和学校课程资源扩展开发的角度，对校本课程资源开发和设计进行理论和实践研究。另一方面，遵照事物之间相互联系的规律，把学校的各种学习资源有计划地及时地融入教育教学，加强课程与时代生活的联系，体现整合的科学性。将移民群众长期以来形成的民俗文化、地域文化与中华优秀传统文化相结合，加强爱国主义教育和民族团结教育。通过一系列丰富多彩的特色校本课程，进一步增强移民子女的爱国情怀，同时也让民族团结之花在每一个孩子的心中绽放。

（四）加大教师培训力度，为教师专业发展提供智力支持

加大乡村教师培训项目的比重和财政支持力度，同时在市级及以上培训中单列乡村小规模学校教师培训专项计划，并由中央和自治区级财政提供经费保障，使优质高水平的教师培训直达乡村小规模学校。建构分层次、分类别的乡村教师培训内容体系，针对不同发展阶段和发展水平，不同学科和不同发展需求特点的教师，分别设计和提供基础性培训、提升性培训、卓越性培训等不同层次的内容。强化培训内容的乡土性和为农性，将乡土知识、乡土文化、乡土情感、心理健康及心理疏导等内容纳入培训计划，

同时提升教师开展分组教学、多学科综合性教学和开发校本课程的能力。运用"互联网+教育"创新培训模式。充分利用网络平台，为教师提供丰富的多学科线上优质示范课，特别是组织开展城乡教师线上线下相结合的双师教学，即由城市名师授课，全程通过网络传输，另一端由移民学校教师现场组织教学、辅导答疑，通过优秀教师的导入式培训，从而提高教育教学能力，为教师专业发展提供智力支持。

加强校本培训的实施力度。校本培训与校本课程一脉相承，强调基于学校、学校实施、为了学校的目标。科学的校本培训在教育专家的指导下进行，由学校自主规划和实施。校本培训是在职培训的一种，其目的在于提升教师的教学水平和教育科研能力，促进学校发展。由于校本培训在组织上的自我主体性，其形式灵活多样，内容也具有针对性。另一方面，教师是特色教育的实施主体，需要根据学校的办学目标和特色教育的理念，制定相应的教学方案，为学生提供优质的学习服务。作为学校建设的中坚力量，教师的专业发展对特色学校建设具有重要意义。在推进特色学校建设的过程中，应通过校本培训促进教师专业发展，保障学校特色工作的有效开展。强化校本培训首先要增强教师对校本培训的心理认同。如果在校教师仅仅把培训看作工作任务而缺乏自驱力，校本培训便成了学校"一厢情愿"的主观行为。因此，通过合理的利益驱动，激发教师参加校本培训的积极性，引导教师主动地投入到校本培训中。其次，加强校本培训还必须根据本校的实际需要，将校本培训、校本教研、校本课程等联系起来。开展校本培训、推进校本研究、建设校本课程本质都是为了提升学校办学水平，促进学校优质发展，在开展校本培训时应结合校本研究的内容和校本课程建设的情况，提升校本培训的针对性，保持学校校本发展的一致性。最后，在开展校本培训工作时，还要有创新意识，运用个性化、多元化的培训模式提升教师的创新精神和专业能力，建设高质量有特色的教师队伍。

第六章　生态移民子女教育支持体系建构

（五）链接社会资源，为移民子女开展辅助拓展型服务

辅助拓展型服务主要是为了满足移民子女个性化的教育需求，例如在课后或寒暑假提供课程辅导，以社区为依托，链接社会资源，如大学生、志愿者、义工等督促和辅导移民子女完成家庭作业，有效提高学习成绩。由于家庭教育观念陈旧、家庭经济收入偏低，有些移民家庭对子女的兴趣拓展、才艺特长培养投入不足。通过整合社区资源，如退休教师、有艺术才能的社区居民、义工或志愿者，即可为移民子女提供书画、舞蹈、陶艺、剪纸、合唱等兴趣拓展服务。积极推动社会组织参与移民子女教育，组建服务团队为留守儿童、困境儿童、特殊儿童提供照料服务。对安置区移民家庭进行摸底调查，掌握需要特殊照顾的儿童情况，从健康维护、安全教育、情感支持、能力提升方面进行评估，细化完善特殊照料档案，为留守儿童、困境儿童、特殊儿童开展日常看护、人文关怀、心理疏导、学业辅导、环境适应、社会融入等照料服务，使移民子女生活和发展更有保障，更有质量。

对于社会财力资源的利用，主要是使用社会资金，以捐资助学为主要方式。一方面，学校可充分利用各种社会基金。学校应根据自身办学特色及教学需要，争取社会基金机构对学校专项教育、班级或学生给予资助。另一方面，学校可根据自身改革发展的需要，通过设立教育基金向社会募捐资金，接受企业、校友、家长及社会人士的捐助，用于学校改善办学条件，探索特色教育，推进教育改革，奖励优秀师生以及资助困难学生等方面。例如，设立美育基金，包括乐团、书法、国画等单项艺术教育基金；设立体育基金，包括足球、篮球、体操、射击等单项体育教育基金；设立文化教育基金，包括非遗传承、传统文化教育、特色文化等单项文化教育基金等。还可以直接接受社会的资助，如校庆、学校重大活动等均可接受校友、家长及社会友人的捐赠。

对于社会人力资源的利用，主要是解决学校教育专业师资不足的问题。随着教育改革的深入发展，德智体美劳五育并举推进素质教育的要求对各类学校，尤其是基础教育学校的师资队伍素质要求越来越高。部分移民安置区学校缺乏德体美劳的专业教师，尤其是缺乏有社会经验的专业教师，利用社会师资弥补学校师资不足是一条重要而有效的途径。社校共育、家校共育是现代教育的特征，也是学校教育、家庭教育、社会教育三者良性互动的表现。一方面，各类学校应按照社校共育的要求，主动对接社会部门、单位和专业人士，聘请非遗传承人、技艺工匠、模范英雄人物、专家学者和相关专业人士等作为学校外聘教师建立社会师资专家库。另一方面，家长也可成为学校的重要社会师资资源。学校可利用家校的特殊关系，邀请有特长的家长作为校外教师，参与进校园活动，为学校教育贡献力量。学校开展社会实践活动时需要大量的人力保障，志愿者恰恰是学校缺乏的辅助人力资源。因此，利用社会志愿者服务是学校的又一选择。学校需积极对接社会志愿者协会及其主管部门，提出志愿者服务需求，建立志愿者服务教育的有效机制，有效利用社会志愿者为学校教育活动服务。

在网络信息技术迅猛发展的背景下，学校在充分利用各级教育行政部门建设的数字教育平台开展教学的同时，还可以结合学校教育实际需要，有组织、有计划、规范地利用社会信息资源。依托社会数字教育资源平台，解决学校教育资源不足、功能不齐全的问题，如使用希沃、优酷、QQ、钉钉等教育资源平台。学校还可以利用社会行业和部门单位建设的学习资源平台，丰富学校教育教学活动，如宣传部门的"学习强国"学习平台，文化部门的数字图书馆，科研单位建设的科普类资源平台等。利用社会网课慕课资源，开展线上教育教学，并结合学校实际将线上教学与线下教学相结合。各地区各学校还可以利用新媒体资源，创新教育教学载体和方式，如使用抖音、微信公众号、移动 App 等新媒体。

三、情感性支持

（一）安全依恋

家庭中获得的安全感、依恋感，感受爱的能力、追求爱的态度，以及社会化过程中形成的世界观、人生观和价值观，这些都会成为移民儿童面对未来生活的勇气和力量。由于家庭教育角色的缺失，移民儿童长期缺乏亲情抚慰和关怀，往往感到焦虑和紧张，对健全人格的形成产生不利影响。

首先，回归家庭生活是情感性支持的起点。父母要树立正确的教育观，积极承担家庭教育责任。将视野放长远一些，综合考虑孩子的长期发展需要，不能以物质支持代替精神支持。通过陪伴式教育和励志性教育，帮助子女树立自信心。正确的教育观不能以眼前利益为导向，孩子需要的不仅是物质支持，还需要陪伴和鼓励。充分发挥监护功能，关注孩子的身心健康，试着去用儿童的眼光看待他们的世界，了解他们的需要，在情感上关心支持，在行动上示范引导。注重对孩子情感世界的呵护主动配合学校工作，当孩子在学校出现问题时，要保持理性，与学校和教师积极沟通，按照学校各项规章制度，结合老师的管理要求，积极解决问题，共同呵护孩子成长。

其次，父母在教育孩子时应注重改进教育方式和沟通技巧。不能仅仅关注孩子成绩，还要关注孩子精神世界，多倾听他们的心声，体会其内心情绪的变化，了解孩子的渴望以及情感表达方式。除了通过电话、网络，还要尽量创造与孩子面对面交流的机会。父母需根据实际情况调整务工方式，在孩子发展关键期和过渡期尽可能不要外出，可以选择就近务工，尽量提供高质量的陪伴和关爱。守护家庭结构的完整，父母双方相亲相爱、相互尊重，相互体贴、相互关心，共同营造良好的家庭氛围。父母自身的生活态度、生活方式和言语行为，都会对孩子产生潜移默化的影响，因此父母要注重言传身教，给孩子树立榜样。孕育亲子之间生命与文化的双重温暖，就是要增强父母的教育责任以及内心情感的表达，消除孩子因对周围环境不信任而产生的沟通障碍，提升安全感，树立积极乐观的生活态度。

再次，重视文化建设与文化视野的敞开。文化是一种精神纽带，是一种软实力，更是一种生命力。家庭文化不仅仅是物质文化环境，也包括家风家教，家庭成员关系，家庭氛围，道德环境等。向孩子传授各种社会规范，以润物无声的方式将伦理亲情、道德观念、文化习俗等内化为下一代的价值观念。重视榜样示范作用，以文化素养提升和文化精神引领，给孩子上好人生第一课，帮助他们扣好人生第一粒扣子。孔子曰："其身正，不令而行；其身不正，虽令不从"。家庭文化熏陶对下一代人格形成发挥着重要影响力。同时，家庭教育还要注重文化视野的敞开。在家庭良好氛围中播撒求知的种子，在大自然中寻找万物孕育的真善美，在家庭成员的相互陪伴中共读、共写、共同生活。教育基于生活之上，就是要理解生活的文化内涵，尊重文化与生命的内在统一，激发生命活力并成就人生幸福。

（二）爱与丰富

教师是人类灵魂的工程师，每一位教师不仅是教书者，而且是教育者。教师是点燃学生求知欲和道德信念火把的第一颗火星，将生命中一切真、善、美传递给学生，以实际教育行动影响学生。首先，教师对学生的影响，离不开教师在是非、曲直、善恶、义利、得失等方面为人处世、于国于民、于公于私所持的人生观、价值观，因此要立教师之德，以身作则，引导和帮助青少年扣好人生的第一粒扣子。教师作为传统文化权威观概念中的文化资源掌控者，面向更加开放多元的教育时空，要从知识传授者向教育行动者转向。扎实的知识功底拓宽学生知识视野的广度，过硬的教学能力能够自如地掌握教材，把握学生的思维，创新精神和实践能力使自身在不断变革的教育环境中快速适应，科学的教学方法能够同时诉诸学生理智和心灵两个世界，在这个过程中，教师才能成为真正的能手、诗人和艺术家。

首先，注重师生主体间性教育影响。主体性是人作为主体，在与客体相互作用中表现出来的特性，突出个人主体的基本特征。而现象学提出了"主体间性"概念，现象学认为要从单数的"我"走向复数的"我们"，即从"主体性"走向"主体间性"，实现"自我"和"他我"的沟通，主张"应当将主体间的认知过程视为一种基于具体情境的意义建构活动，主张通过基于行动的、主体间的交互过程来理解其他主体的心智状态"[1]。对主体间性的倡导在本质上就是使教育成为一种完整的教育，既要把受教育者从客体生存状态下解放出来，让他们充分发挥自身的潜能与创造力，又要打破受教育者主体的封闭性与隔绝状态，使他们主体性发展保持合理的价值向度。教育作为教育者对受教育者施加影响的活动，都是以"主体—客体"的关系为思考框架的。而主体间性通过主体间的交往来实现，这种主体间的关系，将自我与他者同作为主体，在交往中既有对自我价值的肯定，也有对对方价值的尊重。既把自己当作主体，也把他人当作主体，主体间通过交往交流交融，达成共识，有利于师生交流，也有利于化解因文化冲突导致的教育问题。传统教育中教育者在教育活动中充分发挥主体的能动性，向受教育者传授知识。然而，教育对主体间性的培养不是靠外部力量，而是教育者与受教育者作为平等的主体进行交流互动与情感沟通。教育要培养主体间性丰富的人，需要进行课程内容的整合与创新。课程内容要体现综合性、生活性、现实性、实践性、探究性和建构性的特点，使移民子女学会处理与自然世界、社会世界、主观世界的关系，使他们能够敞开心扉，

---

[1] 何静. 社会交互与主体间性的具身性分析[J]. 苏州大学学报, 2020（1）: 18.

以开放的胸怀面对自身的发展以及对他人的尊重、理解和关爱。

其次，用爱与责任滋润心田，以高尚的人格魅力引领学生心灵成长。情感如同肥沃的土壤，知识的种子就播在土壤里。习近平总书记指出，"教育是一门'仁而爱人'的事业，爱是教育的灵魂，没有爱就没有教育"。《学记》写道，"故安其学而亲其师，乐其友而信其道"。教师对学生的教育和引导应该是充满爱心与责任的，教师要用爱培育爱、激发爱、传播爱。欣赏能够增强学生的信心，信任能够维护学生的自尊，让每一个孩子都健康成长，让每一个孩子都能享受成功的喜悦。爱心是启迪学生心智的开始，爱心能够滋润孩子纯真的心灵。正是因为爱学生、爱教育，很多教师才有了用一辈子备一堂课，用一辈子在三尺讲台无私奉献。知识不只在于它精深，更在于它亲切。作为教师，一定要在学生心灵的沃土中，让知识生根发芽。爱，唤起个体生命向着周遭世界的开放性，孕育个体积极乐观的生命体验；丰富，激励个体思维，激活个体心智，在积极彰显个体理智能力的同时促成个体的自我发现与向上生长。爱是孕育个体成长的基础形式，也即孕育个体成长的生命底色；丰富能够拓宽知识的视野、促使个性充分地发展。教师要从细微处做起，从点滴做起，用欣赏的眼光赞许学生，用发展的眼光激励学生，在爱的底色中帮助他们认识世界、认识自己。教师要有堪为人师的人格和品德，要有对学生无私的奉献，树立良好师德形象，对学生动之以情、晓之以理、导之以行，用心育人。教师良好的思想品行是教师最伟大的人格力量，以德立身、以身立教，关怀学生成长，使每一个不同的生命都能在爱与丰富中拔节生长。

再次，学做照亮他人前进的一束光，讲述"长大后我就成了你"的教育故事。时代楷模张桂梅老师，云南省丽江市华坪女子高级中学校长，一个无比响亮的名字。她曾是云南省丽江市华坪县民族中学的优秀教师，华坪儿童福利院孩子们热爱的"妈妈"。许多年前，一次次目睹贫困女生辍学悲剧,张桂梅老师心中萌生一个梦想,办一所免费高中,让大山女孩有书读。她坚信,帮助一个女孩子接受更高层次的教育,就是帮助了一个家庭。在她的全力推动下,一所全免费的女子高级中学在滇西偏远的华坪县成立。张桂梅老师帮助了1800多名女孩走出云南深山,圆梦大学。年逾花甲的她为教育事业鞠躬尽瘁、满身伤病,有人说她的故事连石头人看了也要流泪,她始终是那远山的阳光,点亮了大山深处的教育梦想。从教几十年,张桂梅老师每天都在为改变贫困学生命运而努力。一步一步,她走过山间小路,走进每家每户,帮助每一个孩子顺利上学;一步一步,她用自己的双脚硬生生走出了一条路,一条让孩子们走出大山的路,一条让孩子们摆脱贫困的路。她,就是孩子们的光,一束帮助大山女孩改变人生的希望之光,一束托起无数家庭并改变命运的梦想之光。她无私的大爱,也感动了走出华坪女高的一届届学生。周云丽是华坪女高第一届学生,大学毕业后考上了城市中学的教师岗位,听说母校紧缺数学教师就放弃正式编制,回女子高中当了一名代课教师。她说:"我要将自己学到的本领回馈社会,尽自己最大努力为别人点亮一盏灯,带来一点光亮。我要像张桂梅老师一样将奉献精神、实干苦干精神传承发扬,肩负起时代青年的责任与担当。"张桂梅老师用自己的一言一行教会了学生坚韧、感恩、奉献。走出大山的孩子们都像张桂梅老师一样,能吃苦、肯奉献,很多学生毕业后都去了艰苦地区工作或支教。在榜样的激励下,华坪女高讲述了一个又一个"长大后我就成了你"的教育故事。

最后,关注教师专业成长,坚持静心学习、潜心教研和乐心育人,使育人成为孜孜以求的事业。一是静心学习。当今世界知识日新月异,科学技术手段发展迅速,不仅知识在加快更迭,更主要是教育对象也在发生着巨大变化,这就要求教师必须树立终身学习的观念,让学习成为一种习惯,厚实底蕴。二是潜心教研。在教学之余不忘研究,将教学与课程,与学生成长的研究结合起来，让研究成为一种习惯。探寻教育规律，把握教育真谛，不断提高知识水平和专业深度。三是乐心育人。要乐于做学生学习的帮助者和引领者，帮助学生想方法、找对策，优化学生的学习思路，讲求学科学习效益最大化，还要乐于做青年教师的引路人，无私地与他们分享经验与做法，与教师和学校共同进步。

（三）支持赞许

亲子关系对孩子的行为习惯、心理健康、人格智力发展有直接而重要的影响，当儿童在社会化过程中遇到烦恼与困惑、紧张与焦虑时，如果没有亲情支持，他们也可以在同伴群体中得到宽慰、同情和理解，勇敢表达自己的情感，缓解情绪，这对个性发展具有极为重要的作用。同伴关系是指同龄人之间或心理发展相当的个体之间在交往过程中建立和发展起来的人际关系，孩子在同伴集体中被同伴接纳并建立友谊，同时在集体中占有一定的地位，受到同伴的尊敬和赞许，会获得依恋感、亲密感、同盟感和归属感等。

首先，同伴互助可以使移民子女摆脱封闭的心理倾向。他们通过共同的讨论和交流以及同伴之间的相互监督共同完成任务和解决问题，满足其获得知识、完成学业、缓解心理压力等需要，从而也有助于他们获得熟练的社交技巧，锻炼与他人的沟通能力，促进其身心健康。父母关爱缺失使同伴支持很大程度上发挥补偿家庭功能的作用，满足移民儿童对归属感、安全感的需要。

其次，在学习激励中培养良好的团队意识。同伴支持能够提高移民子女的知识水平和思维能力，使其通过共同讨论、交流与示范提高对知识的理解和运用能力。学习过程中把不同特点的个体组合在一起共同学习，这一性质决定了移民子女在互助学习中能够做到互相帮助、互相监督，组内的每一个成员都要对其他成员的学习负责。这种认知可以使移民子女在交往中获得心理相容，建立起和谐的人际关系，增强团队合作意识，从而增强集体归属感。

再次，榜样示范是移民子女成长过程中树立的群体道德样板，通过榜样引领增强自我发展能力。当移民子女缺少家庭教育与指导，还不能对自己的行为做出客观评价的情况下，会经常把同伴的行为作为自己学习的榜样。他们具有共同语言，在学习生活中彼此熟知，接纳程度较高。榜样示范为行为习得树立正确价值取向，有利于移民子女自我认同和自我激励，同时以说服力、感召力以及认同感激发向上向善的内生力量。

（四）关爱和谐

学校文化是学校的灵魂，其核心是它的教育思想体系、价值观念体系和行为风尚体系。如果说一所学校教育质量高、教育环境好，那么对于这所学校的每一个学生来说，意义定是不相同的，探究儿童教育生活的氛围环境——校园文化和班级文化具有重要意义。教育环境是温馨和安全的，学生会更愿意和老师、同学交流，愿意参加学校的各项活动，积极表达自己，即使面对可能出现的文化不连续性和文化冲突可以尽快调整，以更加理性的态度处理问题，体现出积极的融入意愿和融入行动。著名教育家苏霍姆林斯基指出，"我希望你们经常地让孩子把快乐带回家庭，而不是把烦恼带回家庭。如果这样，学校生活、班级生活和家庭生活就会交汇生长，学校生活、班级生活可以调整和弥补家庭生活情感关怀的缺陷和不足"。因此，首先要充分认识学生在学校生活和班级生活中的情感状态。每个孩子在班级生活中的情感体验如何，是经常性的快乐、惬意、合作、信任，还是烦闷、苦恼、焦虑，这些都会影响孩子的身心健康，也会影响良好个性的形成。关注每一个孩子，创建关爱型班级文化，营造良好的教育氛围。

通过电视、广播、报纸、网站，以表彰会、报告会等多种形式，充分展现各级党委和政府对教育工作的高度重视，全面反映新时代乡村教师队伍建设取得的重大成就。组织开展好教师节主题党日、团日活动，举办"师"情"话"意庆祝表彰活动，展览以感恩教师为主题创作的诗词、歌曲、绘画等艺术作品，营造尊师重教良好氛围。结合"互联网+教育"、乡村教育振兴等重点工作，从学生、教师、家长、社会不同角度，深入挖掘宣传学校育人典型，讲好身边榜样故事，弘扬尊师重教传统，广泛动员引导社会力量关心、理解、支持教育，让尊师重教蔚然成风。

四、文化心理性支持

教育既是一种文化过程，也是文化现象。人类学家认为，每一个社会和民族都有自己特定的文化传统，即思想信念、道德观念、价值取向、风俗习惯以及思维方式都要通过教育进行传递。文化的形成有赖于教育，而教育的进行必须以文化为前提和中介。美国著名文化人类学家玛格丽特·米德所著《文化与承诺：一项有关代沟问题的研究》一书中提出了"三喻文化"理论，即从文化传递的方式出发，将整个人类文化划分为前喻文化、并喻文化和后喻文化三种类型。"三喻文化"强调不同的教育主体，由此延展出不同的教育模式。教育作为文化传承的重要机制，教育过程也展现出三种不同的传喻主体，在现代社会发展浪潮中既体现了符合时代特点又遵循人才培养规律，契合家庭、学校、社会不同教育机构的文化作用对个体社会化的影响，丰富了教育实践，使移民子女教育展现出新的活力和可持续发展的内生动力。

前喻文化，即所谓的"老年文化"，是年轻一代对年长一代的遵从、沿袭与复制。传统社会生存环境恶劣、生活资源不足、社会发展速度缓慢，人们对于拥有超越祖辈生活的可能性不做憧憬，理所当然地，既定的生存意义与循规蹈矩的生活方式就是年轻人未来生活的图景。为了维系世代文化的源远流长，每一代长者都会以崇高的使命感和义不容辞的责任将文化因子传递到年轻一代的生活中，因此年轻一代的成长较多地依赖于年长者的监护、教育与影响。晚辈遵从长辈的意志，沿袭长辈的生活道路，习惯公认的生活方式，遵守简拙的是非观念，他们几乎不做选择地复制着长辈的生活模式，长辈也希望年轻一代能够顺利继承世代传统。米德认为，前喻文化之所以始终占据主导地位，是因为前辈文化的生命力使其在世代延续过程中仍然适用，并成为某一世族约定俗成的习惯传统。但关键是缺乏与时代并行发展的自我意识。

并喻文化，是存在于前喻文化和后喻文化之间的一种过渡性文化，是发生在年轻一代或年长一代之间的共学与共处。米德认为，并喻文化的产生源于科学发展和移民运动。文化中断使年轻一代意识到，前辈文化不再能够为他们提供现成的生活模式，相反，快速变迁的社会浪潮客观地助推了他们创造与时俱进生活的内生动力。于是，年轻一代将前辈文化作为经验的存在进行调整，并开始在"新的环境中视捷足先登的同伴为自己效仿的对象"，产生了文化传递的并喻方式。并喻文化在自我与他人的互动中进行交流与传播，并喻文化存在的张力使文化传递由主体与客体向主体与主体的主体间性转变，在自我与他人的社会关联中凸显互为主体性的相互交往意义。在并喻文化形成的时代背景下，年长者的生活方式、观念文化、情感价值观已经无法适应孩子们在新的世界发展潮流中的需要，年轻一代将有所期望和可能收获于不同的未来发展轨迹，他们在不断更新的环境中与不同群体的接触有了更多的自由度和适应新文化的高度可塑性，他们的社会化除了父辈的训导，逐步交由冷酷森严的社会来完成。可以说，并喻文化承前喻文化之时选择了传递文化传统的承诺，但正在发生的文化进化与整合又将开启后喻文化的新时代。并喻文化在形成过程中酿就了最初的代际冲突，但也蕴含了文化发展的巨大潜力。

后喻文化，是一种反向社会化，由年轻一代引领先进文化的交流与传播，带动年长一代对新文化的关注、行为模仿以及逐步接纳。米德认为，"这是一种和前喻文化相反的文化传递过程，即由年轻一代将知识文化传递给他们生活在世的前辈的过程"。后喻文化的产生是第二次世界大战后人类社会的深刻变革，年长者的经验传喻价值式微，那些凭着自己顽强的适应能力和开拓精神的年轻人，已经掌握了更多获取信息的途径，在他们身上蕴藏着新的创造力，也蕴藏着年轻一代影响年长一代的可能性。文化传递的教育活动不再是已知带动未知，而是通过年轻一代的直接参与，调整互动模式，实现共同学习、共同创造未来的新教育模式。

教育作为文化传承、人才培养的重要机制，其多元教育主体与"三喻文化"传承具有内在一致性。首先，家庭教育契合促进文化传承的前喻文化教育。一个群体独有的文化构成的意义体系是由每一个基本的文化特质构成，包括风俗习惯、行为方式、态度观念、价值倾向等。著名哲学家保罗·约翰内斯·蒂利希认为，发展个人潜能不是导入教育的终极，而是将个人生活中的所有文化因素导入集体与群体之中，在个体参与群体生活的过程中自发地产生，在一代代人们生产生活的符号互动中编织民族历史文化意义之网。因此，前喻文化教育模式下的文化传承，主要以长辈为主导，在家庭场域进行生活传统教育、道德教育与信仰教育。长辈们通过家庭生活潜移默化对子女言传身教，以自身的生活经历、为人处世德行感染晚辈。

其次，学校教育契合个体社会化的并喻文化教育。与家庭教育不同的是，学校是有计划、有组织的专门社会化的职能机构，学校教育是在一种开放、互动、社交的情境中塑造人、培养人，逐步完成个体社会化的教育。学校教育对群体形成全社会共同行为规范具有外显作用，即发展年轻人适应社会的观念体系和他所处社会的价值方向，培养了集体意识和社会共享的价值观念形成。同辈群体（Peer Group）的形成，是因为他们年龄相仿、兴趣爱好大致相同、社会地位大致相当，为了满足情感需要而自发形成的伙伴群体。学校是一个开放的系统，信守社会普遍和共享的价值观念，在相互尊重的基础上，任何一个同辈成员都可以完全自由地展现自己，充分发挥个性优势，学习科学文化知识，践行社会文化准则，以开放的姿态进行社会互动，相互帮助、彼此合作。因此，学校教育提供了培养所有社会成员共享价值观念、建构共同文化的平台，教育的社会化功能得以实现，并将特定的社会文化内化于个人。

再次，社会教育契合发展创新为动力的后喻文化教育。教育的文化功能并不是简单地保存和保持文化现状，教育要作为驱动力量生产、发展和传播新的文化、价值观和信仰，并培养这些具有新文化、价值观和信仰的新青年。通过这些赋有新时代印记的年轻一代对年长一代的反哺，提高年长一代在面对社会变迁之时的社会适应和社会融入能力，展现出可持续发展的文化生命力。新的文化传承模式出现有其历史必然，文化反哺是在急速的文化变迁时代所发生的年长一代向年轻一代进行广泛的文化吸收的过程。文化的开放与包容使文化传承逐步走向多元与现代，其广泛的现代教育意识，把教育作为求功效、求创新、求发展的条件。越来越多的青年涌向城市，他们带着个人梦想、世族期望来到城市学习、工作甚至出国留学。社会的进步拓宽了他们的眼界、增长了学识，他们已经毫不费力地学会使用各类电子产品，通过互联网积极将个人与时代相连接。他们已不局限仅从祖辈那里获取古老的谋生技能，而更愿意成为新生活中捷足先登的那一部分人，试图通过日益更新的知识、日益多元的生命体验改变贫困落后的面貌。他们重视社会形塑个体、个体改造社会的教育场，与此同时，将这些社会教化的经验以反哺的形式及时传递给他们的父辈，带动年长一代尽快适应并融入新的社会生活。年轻一代与年长一代的互动已经突破了时空和地域的界限，让远离的社会事件和社会关系及时交织在一起，更是以教育代际关系结构的转换带来生活的重塑体验。

（一）重视培养移民子女的乡土情怀

乡土情怀是各类高素质人才学成回乡、服务乡村振兴的精神动力，也是乡村振兴与乡村教育振兴互促共进的价值引领。我们应认识到，乡土情怀不仅是乡村教师坚守乡村、奉献乡村的内在力量，也是在乡村儿童心中增强文化自信的力量源泉。培养儿童乡土情怀是增强儿童乡村认同感的重要途径，同样有利于充实、丰盈乡村儿童的精神世界。乡村基础教育是培养乡村儿童乡土情怀的重要途径，与时俱进建立正确的乡土文化观，巧借资源建立完整的乡土文化库，分类实施打造系统的乡土文化链，家校结合构建丰富的乡土文化结，校际融合共绘多彩乡土文化图。家庭和学校是乡土文化传承和乡风文明建设的重要场域，这就要求乡村教育要走出"离农"的困境，重视前喻和并喻文化作用，担负起传承优秀乡土文化、促进乡村教育特色发展的任务，塑造文明乡风，为乡村振兴提供人才支撑，推动乡村教育与乡村社会共同发展。

（二）鼓励和支持社会组织参与移民子女教育

教育部《关于深入推进教育管办评分离促进政府职能转变的若干意见》提出，要建立健全政府、学校、专业机构和社会组织等多元参与的教育评价体系，基本形成政府依法管理、学校依法自主办学、社会各界依法参与和监督的教育公共治理新格局。近些年来，我国教育领域社会组织数量不断增长，如雨后春笋般在我国兴起，非政府组织作为新兴的社会力量是政府治理社会公共事务的有益补充，对促进义务教育的发展具有不容忽视的意义。社会组织参与移民子女教育，可以发挥其补偿作用，为移民儿童成长提供更多的机会和平台。通过公益性的筹资、捐赠、办学等多种手段，提供更多教育支持和帮助，例如对于艺术类和拓展类文化资源不足的社区，通过提供音乐课、美术课、外语课以及阅读课，为移民儿童提供长期、稳定、多元、优质的社区教育公益服务。同时，社会组织自身专业能力建设和自治水平提升才能最终确保资源共享和交流合作，这也是参与移民子女教育的关键支撑。具体而言，需要做出以下改进。一是社会组织应充分发挥独特优势，强化目标宗旨，利用自身公益性、中介性、民间性等优势，协同政府宏观政策安排和制度推进，修正市场化运作的资源配置失衡和成本过高，更多地关注移民子女多元化的教育需求，实现城市教育资源统筹与多重要求的综合回应。社会组织之间也要加强合作，提升协同思维，共同为移民儿童搭建各种教育服务平台，包括招生信息、家长教育、志愿互助、关系协调等等，确保每一个儿童学习成长所需。二是社会组织加强工作人员规范化和专业化建设，完善人才吸引、培养、开发、激励各项机制，优化工作人员的知识结构和胜任能力，为工作人员争取平等的发展和保障机会。以社会组织参与教育的积极运行，激发移民子女社会融入的主动性，利用平台各项资源和活动，发挥年轻人的文化反哺作用，促进移民家庭的社会融入。

（三）铸牢中华民族共同体意识

我国各族人民共同创造了璀璨辉煌的中华文明，铸就了伟大的中华民族。习近平总书记指出，"铸牢中华民族共同体意识，就是要引导各族人民牢固树立休戚与共、荣辱与共、生死与共、命运与共的共同体理念"[1]，"树立正确的祖国观、民族观、文化观、历史观"[2]。因此，我们应选择、营造、创设、对接有助于中华民族共同体意识培育的生活情境和社会氛围，使受教育者接受潜移默化的浸润和洗礼，实现对中华民族共同体意识培育的沉

---

[1] 习近平在中共中央政治局第九次集体学习时强调：铸牢中华民族共同体意识 推进新时代党的民族工作高质量发展[N]. 人民日报，2023-10-29.
[2] 习近平谈治国理政：第三卷[M]. 北京：外文出版社，2020：300.

浸式赋能，坚定移民儿童对伟大祖国、中华民族、中华文化、中国共产党、中国特色社会主义的高度认同。

第一，创设仪式情境。生活离不开仪式，仪式感强调的是一种基于仪式而获得意义的感知、感觉和感受。仪式所表征的深邃主题和营造的隆重氛围，能够激发受教育者主体内心的庄重感和敬畏感，感召人们内心升腾起一种对美好的、神圣的、崇高的精神向往和价值追求。把握重要时间节点，充分挖掘重大纪念日、公祭日、民间传统节日所蕴含的教育资源，开展富有特色的主题教育，使各类博物馆、纪念馆、爱国主义教育基地等重要场所成为中华民族共同体意识培育的有效载体。挖掘中华民族共享的文化符号，开发和运用以"大家庭""石榴籽"等为喻体的拟象符号，通过仪式情境的生活化展演，集中展现人民群众共享历史荣光，共促强国建设和民族复兴，共创美好未来的生活图景，形成情境映射、价值体认、行为模仿相贯通的教育机制。

第二，激发情感共鸣。集体情感的生成需要点燃个体的价值激情，使其在共同的情感体验中生发同属一个命运共同体的价值认知和情感归依。做好移民子女教育工作，要求深入移民群众的火热生活，进百家门，访百家情，结百家亲，真心诚意为群众做好事、办实事、解难事。讲好中华民族千百年来的民族团结故事，增强对中华民族共同体的认同感与归属感，使移民群众体认作为中华民族共同体成员带给他们的情感体验和价值意义，从而引发情感共振共鸣。

第三，集聚情感能量。一是厚植乡愁情，延续乡土中国的精神特质，滋养中国人的心灵之根。乡愁情源于个体对家乡的风土人情、自然风光、文化传统、生活方式的深情眷恋。乡愁因人而起，人因乡愁而聚。创建生产、生活、生态相统一的宜居宜业的和美家园，保留乡村风貌、存续乡土文化、展现乡土风情，使人民生活有奔头、有情趣、有意义，进而留住人、吸引人、团结人。二是加深同胞情，共同铭记各族人民在面对重大突发自然灾害和公共事件时患难与共、守望相助、手足情深的生活印记，在心理上萌生对中华民族的尊崇、归属和热爱，亲近祖国的壮美河山，认同中华民族的悠久历史、灿烂文化和辉煌成就，自觉维护国家安全、利益和荣誉，形成积极健康、理性平和的民族情感，推动各民族共同团结奋斗、共同繁荣发展。

第四，促进情理交融。强调心理情感在铸牢中华民族共同体意识中的感触、激发、驱动效能的同时，通过寓理于情、融情入理，将真情感化与真理说服相结合，引发移民群众的情感共鸣、思想共振，达到以情感人、以理服人的效果。情理交融合力的形成要着眼于日常教育生活中的需求关切点和情感关联点，把铸牢中华民族共同体意识的情理逻辑说清楚、讲明白，使受教育者个体发自内心地认同，并见之于自觉的理性行动。

(四)促进交往交流交融

搭建移民子女交往交流交融的有效平台，使交往交流因素自发地渗透在课堂教学、实践教学、志愿活动中，使交融成为现实可能。从学理意义上看，交融的前提是交往，目的是融合。在学校大家庭中，以社会主义核心价值观为价值目标，加强学生间的交流交往，鼓励吸收彼此优点和长处，促进相互学习，使有利于学业发展、兴趣发展、人格发展、人际交往等社会性共同因素得到加强，实现文化上的相互接纳，心理上的相互认同，精神上的相互融通。构筑互嵌的校园环境，通过教师交流、实践活动、民族团结教育课程等途径，使全体学生在一致的文化背景下成长，以互嵌这种空间距离的相互交叉缩短学生之间的心理距离。学校管理者、教师应保持文化敏感性，正确引导并谨慎处理可能由于不同文化解读引发的学生矛盾、群体性事件甚至校园暴力，避免无意识的文化区隔对学生个体心理产生的负面作用。良好的交往基础能够提高移民子女文化适应能力，由此在社会成员共同的理解方式和价值观认同方面做出一致的情感反应，促进每一个学生的全面发展。增强社会主义核心价值观的引领作用，以马克思主义民族理论、国家民族政策、民族团结进步教育为主要内容进行思想引领，促进全体人民像石榴籽一样紧紧抱在一起。在迈向共同富裕的新征程中，构建铸牢中华民族共同体意识教育协同育人机制，营造交往交流交融良好社会氛围，以充分而广泛的教育融入促进社会融入，着力培养担当民族复兴大任的时代新人。

参考文献

专著

［1］［德］费迪南·滕尼斯. 共同体与社会. 张巍卓，译. 北京：商务印书馆，2019.

［2］［俄］康·德·乌申斯基. 人是教育的对象——教育人类学初探. 郑文樾，译. 北京：人民教育出版社，2007.

［3］［捷克］夸美纽斯. 夸美纽斯教育论著选. 北京：人民教育出版社，2005.

［4］［美］奥斯卡·刘易斯. 桑切斯的孩子们：一个墨西哥家庭的自传. 上海：上海译文出版社，2014.

［5］［美］卢克·拉斯特. 人类学的邀请. 北京：北京大学出版社，2008.

［6］［美］露丝·本尼迪克特. 文化模式. 何锡章，黄欢，译. 北京：华夏出版社，1987.

［7］［美］约翰·杜威. 民主主义与教育. 王承绪，译. 北京：人民教育出版社，2001.

［8］［美］约翰·罗尔斯. 正义论. 何怀宏，等，译. 北京：中国社会科学出版社，1988.

［9］［美］约翰·杜威. 学校与社会：明日之学校. 赵祥麟，译. 北京：

人民教育出版，2017.

[10][苏]B. A. 苏霍姆林斯基. 给教师的建议. 杜殿坤，译. 北京：教育科学出版社，1984.

[11][苏]B. A. 苏霍姆林斯基. 家长教育学. 杜志英，等，译. 北京：中国妇女出版社，1982.

[12][英]格林. 教育、全球化与民族国家. 朱旭东，等，译. 北京：教育科学出版社，2004.

[13][英]罗伯特·莱顿. 他者的眼光——人类学理论导论. 罗攀，苏敏，译. 华夏出版社，2008.

[14][英]约翰·洛克. 教育漫话. 杨汉麟，译. 北京：人民教育出版社，2017.

[15]蔡国英. 素质教育的理论与实践. 银川：宁夏人民出版社，1998.

[16]蔡国英. 中国宁夏回族教育. 北京：科学出版社，2006.

[17]陈向明. 质性研究与社会科学研究方法. 北京：教育科学出版社，2000.

[18]陈学金. 中国教育人类学简史. 北京：人民教育出版社，2018.

[19]丁月牙. 行动者的空间——甲左村变迁的教育人类学研究. 桂林：广西师范大学出版社，2016.

[20]杜亮，王伟剑. 回归与希望——乡村青年教师口述史. 南宁：广西教育出版社，2018.

[21]范建荣，姜羽. 宁夏自发移民理论与实践. 银川：宁夏人民出版社，2012.

[22]费孝通. 乡土中国·生育制度·乡土重建. 北京：商务印书馆，2011.

[23]冯增俊，万明刚. 教育人类学教程. 北京：人民教育出版社，

2005.

［24］冯增俊．教育人类学教程．北京：人民教育出版社，2008.

［25］冯增俊．中国教育人类学研究．北京：人民教育出版社，2016.

［26］顾明远．中国教育的文化基础．太原：山西教育出版社，2018.

［27］胡德海．教育学原理．北京：人民教育出版社，2013.

［28］胡艳，沈晓燕，等．泥土上的脚印——新中国第二代乡村教师口述史．南宁：广西教育出版社，2018.

［29］胡玉顺，傅树京，王海燕．学校教育学教程．北京：中国经济出版社，1999.

［30］黄济，王策三．现代教育论．北京：人民教育出版社，2012.

［31］贾馥茗．西方教育名著述要．北京：北京联合出版公司，2016.

［32］[捷克]夸美纽斯．大教学论．傅任敢，译．北京：教育科学出版社，2016.

［33］李秉德，李定仁．教学论．北京：人民教育出版社，2012.

［34］李培林，渠敬东，杨雅彬．中国社会学经典导读．北京：社会科学文献出版社，2009.

［35］李培林，王晓毅．生态移民与发展转型——宁夏移民与扶贫研究．北京：社会科学文献出版社，2013.

［36］李书磊．村落中的国家——文化变迁中的乡村学校．杭州：浙江人民出版社，1999.

［37］联合国教科文组织．教育——财富蕴藏其中．北京：教育科学出版社，1996.

［38］联合国教科文组织．学会生存——教育世界的今天和明天．北京：教育科学出版社，2019.

［39］林耀华．民族学通论．北京：中央民族大学出版社，1997.

[40] 刘军. 社会网络分析导论. 北京：社会科学文献出版社，2004.

[41] 刘丽丽. 德国移民子女教育政策. 北京：中国社会科学出版社，2009.

[42] 刘铁芳. 乡土的逃离与回归：乡村教育的人文重建. 福州：福建教育出版社，2011.

[43] 卢德生. 留守与流动儿童受教育的社会支持研究. 北京：人民教育出版社，2017.

[44] 马戎. 民族社会学. 北京：北京大学出版社，2013.

[45] 马晓凤. 西北民族地区农村教师对新课程改革适应性研究——以宁夏甘肃青海为例. 北京：中国社会科学出版社，2015.

[46] 全国十二所重点师范大学联合编写. 教育学基础. 北京：教育科学出版社，2014.

[47] 色音，张继焦. 生态移民的环境社会学研究. 北京：民族出版社，2009.

[48] 史俊宏，赵立娟. 生态移民生计脆弱性研究. 北京：经济科学出版社，2019.

[49] 束锡红. 宁夏回族文化图史. 银川：宁夏人民出版社，2008.

[50] 司树杰，王文静，李兴洲. 教育扶贫蓝皮书：中国教育扶贫报告（2016）. 北京：社会科学文献出版社，2016.

[51] 滕星. 教育人类学通论. 北京：商务印书馆，2017.

[52] 王道俊，郭文安. 教育学. 北京：人民教育出版社，2001.

[53] 王文静，李兴洲. 教育扶贫蓝皮书：中国教育扶贫报告（2017）. 北京：社会科学文献出版社，2018.

[54] 魏曼华，等. 大山里的开拓与守护——少数民族乡村教师口述史. 南宁：广西教育出版社，2018.

[55]乌云特娜．当代民族教育发展的若干现实问题研究．北京：中国社会科学出版社，2014．

[56]吴康宁．教育社会学．北京：人民教育出版社，1998．

[57]杨健燕．大型水利工程移民教育资源配置研究——以南水北调中线工程为例．北京：人民出版社，2016．

[58]张莉莉，张燕，等．撑起教育的半边天——乡村女教师口述史．南宁：广西教育出版社，2019．

[59]张诗亚，王鉴，孙志远，等．中国民族教育发展报告（第1辑）．北京：人民教育出版社，2014．

[60]张诗亚，王鉴，孙志远，等．中国民族教育发展报告（第2辑）．北京：人民教育出版社，2014．

[61]张诗亚，王鉴，孙志远，等．中国民族教育发展报告（第3辑）．北京：科学出版社，2017．

[62]郑杭生．社会学概论新修．北京：中国人民大学出版社，2019．

[63]郑杭生．转型中的中国社会与中国社会转型．北京：首都师范大学出版社，1996．

[64]郑金洲．教育文化学．北京：人民教育出版社，2008．

[65]郑新蓉，武晓伟，熊和妮，等．开拓者的足迹——新中国第一代乡村教师口述史．南宁：广西教育出版社，2018．

[66]周福盛．教师个体知识的构成与发展．北京：科学出版社，2016．

[67]朱旭东，李兴洲．教育扶贫蓝皮书：中国教育扶贫报告（2018—2019）．北京：社会科学文献出版社，2021．

期刊论文

[1]巴战龙．中国乡村教育研究进程的回顾与评论．湖南师范大学教

育科学学报，2009年第5期．

［2］蔡志良，孔令新．撤点并校运动背景下乡村教育的困境与出路．清华大学教育研究，2014年第2期．

［3］陈成文，潘泽泉．论社会支持的社会学意义．湖南师范大学社会科学学报，2000年第6期．

［4］程建艳，丁凤琴．生态移民民族文化适应及其教育策略——基于宁夏生态移民的调查研究．民族高等教育研究，2014年第2期．

［5］代蕊华，于璇．教育精准扶贫：困境与治理路径．教育发展研究，2017年第7期．

［6］戴妍．乡村教师的主体自觉及其培育．陕西师范大学学报，2021年第4期．

［7］丁凤琴，高晶晶．西部少数民族聚居区生态移民人口迁移的文化适应——以宁夏中部干旱带地区为例．农业经济问题，2015年第6期．

［8］董亮．民族地区生态移民的文化教育与职业培训模式研究——以格尔木曲麻莱昆仑民族文化村为例．贵州民族研究，2014年第4期．

［9］杜发春．国外生态移民研究述评．民族研究，2014年第2期．

［10］杜亮，刘宇．"底层文化资本"是否可行——关于学校教育中的文化资本与社会流动的几个理论问题的探讨．中国青年研究，2020年第5期．

［11］段从宇，伊继东．教育精准扶贫的内涵、要素及实现路径．教育与经济，2018年第5期．

［12］樊秀丽．文化的中断·断裂——中国少数民族多元文化教育的现状．西南民族大学学报（人文社科版），2010年第9期．

［13］付卫东．学生相对贫困与新时代教育扶贫策略——基于中西部6个省18个扶贫重点开发县的调查．河北师范大学学报（教育科学版），2021年第2期．

［14］顾明远. 互联网时代的未来教育. 清华大学教育研究, 2017 年第 6 期.

［15］郭文革. 在线教育的真问题究竟是什么——"苏格拉底陷阱"及其超越. 教育研究, 2020 年第 1 期.

［16］何静. 社会交互与主体间性的具身性分析. 苏州大学学报, 2020 年第 1 期.

［17］贺寨平. 国外社会支持网研究综述. 国外社会科学, 2001 年第 1 期.

［18］胡庆芳. 美国新兴特许学校的现状研究. 外国教育研究, 2002 年第 4 期.

［19］江辰, 王邦虎. "互联网＋教育"扶贫模式机制建设分析. 理论建设, 2016 年第 4 期.

［20］姜峰, 肖聪. 法国移民子女教育政策述评. 外国教育研究, 2011 年第 5 期.

［21］孔炜莉, 孙鲁航. 教师视角下的留守儿童发展权利保障. 宁夏师范学院学报, 2017 年第 5 期.

［22］孔炜莉. 宁夏生态移民地区留守儿童生存现状和权利保障. 宁夏社会科学, 2015 年第 3 期.

［23］李海峰, 徐辉. 德国融合课程改革及启示. 比较教育研究, 2021 年第 5 期.

［24］李洪修, 李哨兵. 20 世纪 90 年代以来美国多元文化教育的特征与困境. 民族教育研究, 2016 年第 4 期.

［25］李丽坤, 蓝洁. 欠发达地区县域职业教育政策支持体系现状调查与分析. 当代职业教育, 2021 年第 5 期.

［26］李明, 么加利. 民族地区师范院校教师教育地方课程建构研究——基于地方性知识开发视角. 贵州民族研究, 2019 年第 6 期.

［27］李强．社会支持与个体心理健康．天津社会科学，1998年第1期．

［28］李祥，曾瑜，宋璞．民族地区教育精准扶贫：内在机理与机制创新．广西社会科学，2017年第2期．

［29］李晓明．贫困代际传递理论述评．广西青年干部学院学报，2006年第2期．

［30］李亚培，于海波．"城中村校"随迁儿童文化适应的困境分析与超越——基于赣北地区南郊小学的个案研究．教育学术月刊，2021年第2期．

［31］李怡明，刘延金．我国乡村教育质量监测体系构建．西南大学学报（社会科学版），2017年第1期．

［32］李政涛．校长思维方式的转型与变革．中小学管理，2012年第5期．

［33］梁成艾．瑞典外来移民教育的困惑及启示．贵州师范大学学报（社会科学版），2014年第2期．

［34］廖辉．基础教育课程改革：中国经验与治理逻辑．中国教育学刊，2021年第8期．

［35］林乘东．教育扶贫论．民族研究，1997年第3期．

［36］刘飞．生态移民区乡村中小学教师生存发展的困境及出路——基于宁夏生态移民区的现状研究．教师教育学报，2015年第3期．

［37］刘军豪，许锋华．教育扶贫：从"扶教育之贫"到"依靠教育扶贫"．中国人民大学教育学刊，2016年第2期．

［38］刘兰．加拿大地理课程中的多元文化教育——以安大略省"移民"的教学设计为例．全球教育展望，2006年第4期．

［39］刘天元．"孟母三迁"真的有必要吗？——社区环境对孩子学业成就的影响分析．北京社会科学，2019年第1期．

［40］刘铁芳．乡村教育的问题与出路．教育观察，2012年第2期．

［41］刘旭．我国老年教育支持系统的建构路径．理论与当代，2021年

第 4 期．

［42］刘远杰．城乡教育共生：一项教育哲学探索．教育学术月刊，2017 年第 3 期．

［43］陆一．强才智与强素质：素质教育改革新认识．国家教育行政学院学报，2020 年第 12 期．

［44］马多秀．乡村教师的乡土情怀及其生成．教育理论与实践，2017 年第 13 期．

［45］马晓玲．宁夏移民区中小学教师信息化教学设计能力提升策略研究．教育探索，2015 第 11 期．

［46］倪赤丹．社会支持理论：社会工作研究的新"范式"．广东工业大学学报（社会科学版），2013 年第 3 期．

［47］彭大松．内卷化与逆内卷化：流动人口社会交往的代际流向差异．深圳大学学报，2021 年第 5 期．

［48］蒲蕊．论教育治理中的社会参与．中国教育学刊，2015 年第 7 期．

［49］秦玉友．新时期农村教育的取向选择．教育发展研究，2019 年第 6 期．

［50］瞿连贵，石伟平．职业教育精准扶贫的政策设计、实施成效及优化策略．教育与职业，2020 年第 24 期．

［51］沈洪成．现代性与地方性交织中的民族教育：走向、困境与出路．青海民族研究，2013 年第 2 期．

［52］任慧敏．"互联网+"背景下新生代农民工市民化的社区教育支持．经济研究导刊，2020 年第 15 期．

［53］石中英．教师职业倦怠的一种哲学解释．中国教育学刊，2020 年第 1 期．

［54］石中英．教育公平政策终极价值指向反思．探索与争鸣，2015 年

第 5 期．

［55］隋艺，陈绍军．生态移民行为选择及其演化——以青海省德令哈市生态移民村为例．青海民族研究，2016 年第 1 期．

［56］孙杰远，乔晓华．地方性知识的内涵、特征及其教育意蕴——读吉尔兹《地方性知识——阐释人类学论文集》．教育理论与实践，2021 年第 13 期．

［57］孙进．文化适应问题研究：西方的理论与模型．北京师范大学学报（社会科学版），2010 年第 5 期．

［58］孙颖．美国移民儿童的生态公平与教育诉求．比较教育研究，2013 年第 8 期．

［59］王嘉毅，封清云，张金．教育与精准扶贫精准脱贫．教育研究，2016 年第 7 期．

［60］王静爱，史培军，郝璐，等．区域可持续发展中的生态教育移民．北京师范大学学报（社会科学版），2008 年第 4 期．

［61］王菊，张少兰，赵富雄，等．高职院校对口少数民族地区开展教育扶贫模式探究——基于内源式扶贫视角．开封教育学院学报，2018 年第 1 期．

［62］王军．法国的移民教育．外国教育研究，2001 年第 2 期．

［63］王晓毅．易地搬迁与精准扶贫：宁夏生态移民再考察．新视野，2017 年第 2 期．

［64］王新俊，肖聪．20 世纪 90 年代以来的芬兰移民教育．世界教育信息，2017 年第 5 期．

［65］吴红军，解光穆．宁夏生态移民工程中教育资源合理配置问题研究——基于银川市生态移民新村教育发展现状的调研．宁夏党校学报，2014 年第 1 期．

[66]武永亮,李沐凌.三江源生态移民的社会适应与思想政治教育.青海师范大学学报,2016年第6期.

[67]夏柱智,贺雪峰.半耕半工与中国渐进城镇化模式.中国社会科学,2017年第12期.

[68]冯帮,陈文博.乡村教师面临的现实困境与出路——对"会宁县教师集体出走"事件的反思.教育与教学研究,2017年第1期.

[69]向伟,钱民辉.我国少数民族教育研究主题回顾:基于"中华民族多元一体"的理论框架.民族教育研究,2017第2期.

[70]徐彬.后喻文化视域下乡村教育价值取向的异化与回归.教育理论与实践,2016年第35期.

[71]徐宏伟."工具化理论"视阈下的职业教育发展.教育发展研究,2016年第Z1期.

[72]许宇飞,罗尧成.后精准扶贫时代职业教育参与相对贫困治理的缘起、效能及推进策略.教育与职业,2021年第4期.

[73]薛二勇,朱月华.美国促进移民子女教育公平政策研究.比较教育研究,2016年第3期.

[74]袁飞,冯跃.增能视角下随迁子女家庭教育的社会支持体系建构研究.社会服务与救助,2021年第4期.

[75]杨茂庆,王远.加拿大流动儿童城市社会融入问题与解决策略研究.民族教育研究,2016年第5期.

[76]杨琴,徐辉.德国移民教育的现状与发展新趋势.西南大学学报(社会科学版),2017年第2期.

[77]姚荣.从"嵌入"到"悬浮":国家与社会视角下我国乡村教育变迁研究.清华大学教育研究,2014年第4期.

[78]易进.儿童社会支持系统——一个重要的研究课题.心理科学与

教育，1999年第2期．

［79］于喆，曲铁华．德国跨文化教师教育改革的发展与新动向．东北师范大学学报，2016年第4期．

［80］岳永杰，刘兆芙．多元文化背景下加强对民族院校大学生中华文化认同教育的思考．民族教育研究，2017年第6期．

［81］张宏文．城乡居民的社会支持网．社会学研究，1999年第3期．

［82］张健．教育治理体系的现代化：标准、困境及路径．教育发展研究，2014年第9期．

［83］张立新，张媛媛．民族地区地方高师院校教育支持乡村振兴的实施路径．中国民族教育，2021年第10期．

［84］张苏，刘莉莉．美国移民子女基础教育公平资助政策探究．外国教育研究，2009年第8期．

［85］张铁军．劳务移民城市适应问题探究．宁夏社会科学，2014年第6期．

［86］赵芳，林恭华，李元庆，等．三江源地区教育生态补偿机制研究．安徽农业科学，2010年第20期．

［87］赵冉然，方建群，张朝霞，等．人格、家庭与班级环境对生态移民儿童内化性行为问题的影响．中国临床心理学杂志，2015年第3期．

［88］钟慧笑．教育扶贫是最有效、最直接的精准扶贫——访中国教育学会会长钟秉林．中国民族教育，2016年第5期．

［89］仲敏．民族地区教育精准扶贫：内在逻辑、现实困境与路径建构．民族教育研究，2019年第6期．

［90］周爱民，王亚．留守儿童教育公平问题及其治理对策．湖南社会科学，2021年第3期．

［91］周红莉，冯增俊．恩格尔定律下中国家庭收入与教育投入关系的

实证研究. 当代教育科学, 2016 年第 3 期.

[92] 周丽莎. 基于阿玛蒂亚·森理论下的少数民族地区教育扶贫模式研究: 以新疆克孜勒苏柯尔克孜自治州为例. 民族教育研究, 2011 年第 2 期.

[93] 周宇, 付海鸿. 三江源生态移民迁出地教育现状研究. 北方民族大学学报, 2013 年第 3 期.

[94] 朱德全. 西部贫困地区农村"双证式"教育扶贫模式探索. 教育研究, 2004 年第 2 期.

[95] 自治区人民政府关于印发宁夏"十三五"易地扶贫搬迁规划的通知. 宁夏回族自治区政府公报, 2016 年第 17 期.

学位论文

[1] 巴战龙. 人类学视野中的学校教育与地方知识 [博士学位论文]. 北京: 中央民族大学, 2008.

[2] 曹晶. 教育社会分层功能的弱化——转型期农村教育的根本性危机 [博士学位论文]. 上海: 华东师范大学, 2007.

[3] 陈栋. 大结构与微权力: 俐侎学生教育生活与教育成就的田野研究 [博士学位论文]. 南京: 南京师范大学, 2017.

[4] 陈坚. 延续的痛苦——身体社会学视域中的农村教育研究 [博士学位论文]. 长春: 东北师范大学, 2009.

[5] 单丽卿. 教育如何拆解社会——一个乡镇的教育调整与社会再造 [博士学位论文]. 北京: 中国社会科学院, 2015.

[6] 杜井冈. 海南省农村城镇化进程中教育移民政策研究 [博士学位论文]. 重庆: 西南大学, 2012.

[7] 范国锋. 城镇化背景下农民工子女教育需求研究——基于家长视角的实证调查 [博士学位论文]. 武汉: 华中师范大学, 2015.

［8］高春梅．达斡尔族文化体认与传承［博士学位论文］．长春：东北师范大学，2012．

［9］何良．美国少数族裔的国家认同研究［博士学位论文］．北京：北京外国语大学，2015．

［10］季彩君．留守儿童的教育支持研究——以苏中地区为例［博士学位论文］．上海：华东师范大学，2016．

［11］李红婷．无根的社区 悬置的学校——大金村教育人类学考察［博士学位论文］．北京：中央民族大学，2010．

［12］李涛．底层社会与教育——一个中国西部农业县的底层教育真相［博士学位论文］．长春：东北师范大学，2014．

［13］李云星．学校变革中的冲突与观念生成一项教育人类学田野考察［博士学位论文］．上海：华东师范大学，2013．

［14］梁艳．农村初中生就读学校区位的影响因素研究——家庭社会资本与经济资本的双重视角［博士学位论文］．咸阳：西北农林科技大学，2021．

［15］廖传君．留守儿童安全感研究［博士学位论文］．重庆：西南大学，2015．

［16］刘陈陵．大学生日常生活压力社会支持及其相关研究［博士学位论文］．武汉：华中师范大学，2002．

［17］路宏．变迁与选择——拉卜楞地区的藏族教育研究［博士学位论文］．兰州：兰州大学，2020．

［18］吕进锋．少数民族文化教育空间研究［博士学位论文］．昆明：云南师范大学，2020．

［19］马明霞．民族地区生态移民金融服务问题研究［博士学位论文］．银川：宁夏大学，2014．

[20] 满忠坤. 民生改善视域下民族地区义务教育质量优化研究——基于黔东南侗乡和凉山彝区的比较考察 [博士学位论文]. 重庆：西南大学，2015.

[21] 尚伟伟. 流动儿童教育融入及其治理研究 [博士学位论文]. 上海：华东师范大学，2018.

[22] 时涛. 农村隔代抚养留守儿童抗逆力生成与提升策略研究 [博士学位论文]. 济南：山东大学，2020.

[23] 司洪昌. 嵌入村庄的学校——仁村教育的历史人类学探究 [博士学位论文]. 上海：华东师范大学，2006.

[24] 索兴梅. 民族院校少数民族大学生信息素养影响因素研究 [博士学位论文]. 北京：中央民族大学，2018.

[25] 汤美娟. 嵌入与变异：现代教育观念的乡村遭遇 [博士学位论文]. 南京：南京师范大学，2013.

[26] 唐开福. 城镇化进程中农村教师精神生活的田野考察 [博士学位论文]. 上海：华东师范大学，2014.

[27] 万国威. 社会福利转型下的福利多元建构：兴文县留守儿童的实证研究 [博士学位论文]. 天津：南开大学，2013.

[28] 王安全. 一个西部县农村教师结构五十年的变迁 [博士学位论文]. 西安：陕西师范大学，2012.

[29] 王红. 乡村教育在地化研究 [博士学位论文]. 长春：东北师范大学，2019.

[30] 王宏涛. 洼村：一个西北贫困村落的民族志 [博士学位论文]. 厦门：厦门大学，2018.

[31] 王升云. 少数民族移民的文化变迁与教育发展研究 [博士学位论文]. 武汉：中南民族大学，2012.

［32］吴亮奎．文化变迁中的课程与教学——南京市城北区义务教育学校的实地研究［博士学位论文］．南京：南京师范大学，2011.

［33］于影丽．社会转型期乡村文化传承与发展研究——B村教育人类学考察［博士学位论文］．兰州：西北师范大学，2009.

［34］张霜．民族学校教育中的文化适应研究——贵州石门坎苗族百年学校教育人类学个案考察［博士学位论文］．北京：中央民族大学，2008.

［35］赵磊磊．农村留守儿童学校适应及其社会支持研究［博士学位论文］．上海：华东师范大学，2019.

［36］周福盛．教师个体知识的构成及发展研究［博士学位论文］．兰州：西北师范大学，2006.

论文集

［1］滕星，苏德．教育人类学理论、方法与应用研究——中国教育人类学专业委员会首届年会论文集．北京：中央民族大学出版社，2015.

［2］万明钢．"一带一路"倡议与民族教育发展——中国人类学民族学研究会教育人类学专业委员会第三届年会暨"一带一路"倡议与民族教育发展学术研讨会论文集．北京：中央民族大学出版社，2017.

［3］钟海青．文化多样性与教育研究——中国教育人类学专业委员会第二届年会论文集．北京：中央民族大学出版社，2016.

英文文献

［1］Alicja Leix, Klára Záleská. Teachers' experiences with immigrant children in Czech elementary schools［J］. Human Affairs，2017（1）.

［2］Barrera. M. Preliminary development of scale of social support: Studies on college students［J］. AmericanJournal of Community Psychology，1981（9）.

[3] D J. A. Banks. Education in the 80's: Multiethnic Education, National Education As-sociation [M]. Washington, D. 1981.

[4] Eleanor B. Leacock. The Culnure of Poverty: A Critique [M]. New York: Simon and Schuster, 1971.

[5] Froland Helping Networks and Human Services [M]. London: Sage, 1981.

[6] Geertz C. Agricultural Involution: The Process of Ecological Change in Indonesia [M]. Berkeley, CA: University of California Press, 1963.

[7] J. A. Banks. Multiethnic Education: Theory and Practice [M]. Boston: Ally and Bacon, 1989.

[8] Lareau, A. Unequal Childhoods: Class, Race, and Family Life [M]. California: University of CaliforniaPress, 2011

[9] Marvin Harris. Cultural Materialism: the Struggle for a Science of Culture [M]. New YorkVintage Books, 1980.

[10] Mitchell. The Concept and Use of Social Networks [M]. Manchester: University of Manchester Press, 1969.

[11] Janese L. Free, Katrin Križ, Jenny Konecnik. Harvesting hardships: Educators' views on the challenges of migrant students and their consequences on education [J]. Children and Youth Services Review, 2014(7).

附　录

访谈提纲

学生访谈提纲

1. 请介绍一下你的基本情况，姓名、年龄、年级、家庭情况。

2. 你平时的学习生活是怎样安排的？有没有学习压力，成绩如何？希望得到哪些方面帮助？

3. 课堂上有没有听不懂的地方？课后作业是否能够独立完成？是否会主动向老师请教？有什么好的学习方法可以分享一下吗？

4. 你喜欢现在的学校吗，你最喜欢学校哪一方面？若不喜欢，是什么原因呢？

5. 听说你的生活很独立，那你放学回家后是怎么安排的呢？

6. 你的父母做什么工作，每天都能回来吗？父母对你的学习是否关心，是怎样关心帮助你的呢？你认为他们还需要加强哪些方面？

7. 遇到学习之外的困难，你是怎样化消极因素为积极动力？你认为是什么原因让你摆脱了不利环境的影响呢？在你成长过程中谁对你的影响较大呢？请举例说明一下。

8. 你回过老家吗？老家和现在的生活有什么不同？你更喜欢生活在哪里，为什么？

9. 你觉得城市和乡村有哪些不同？有没有去过城市里的公园、游乐场、科技馆、博物馆？

10. 你参加过研学活动吗？活动中最大的收获是什么？

11. 你平时有什么兴趣爱好吗？有没有参加学校的社团活动？你希望学校开展哪些方面的活动？

12. 你认为学习的目的是什么？未来期望和打算是什么？为什么有这个打算，自己有没有详细的计划？

家长访谈提纲

1. 请介绍一下您的基本情况，姓名、年龄、受教育程度、职业、住址、家庭人数。

2. 您的年收入大概是多少，家庭收入和家庭支出主要在哪些方面？

3. 您对孩子的教育支出都在哪些方面？是否给孩子报过课外班？您觉得课外辅导和才艺培训有没有必要？

4. 您对孩子的学业有什么期望？如果您在城镇务工，您是否会为孩子去城镇学校上学做一些努力和付出？您希望孩子未来从事什么职业？

5. 您觉得搬迁后孩子上学和以前相比有哪些变化？您是怎样为孩子创造良好学习环境的？

6. 您经常与孩子沟通吗，多长时间沟通一次？沟通方式是什么？外出打工之后您与孩子之间的关系怎样？

7. 老师平时和您联系吗？您参加过几次家长会？您认为老师对学生的影响在哪些方面？

8. 孩子在学校遇到过哪些困难，遇到问题您是怎么处理的？您希望得到哪些方面具体的帮助或者是改善？

9. 您参加过学校组织的家校合作活动吗？您觉得参加这样的活动有什么收获？

10. 作为父母，您平时对孩子有什么要求？您通常对孩子采取什么教育方式？

11. 您平时最关心孩子哪些方面的情况？例如，学习、品行、行为习惯、人际交往等。

12. 您希望学校或者社会为你们提供哪些帮助？

教师访谈提纲

1. 请介绍一下您的基本情况，姓名、年龄、学历、职称、教龄、任教学科、家庭住址。

2. 请简单介绍下您所在班级学生整体情况。例如，班级人数、班级成绩、班级文化、班级管理等。

3. 就您个人所接触到的情况看，学生学习主动性如何？例如，学生有问题是否会主动请教，上课是否积极回答问题，作业能否完成，怎样才能更好调动学生积极性？

4. 学生课堂学习表现是怎样的？学习最大困难在哪些地方？是否具备良好的学习习惯？

5. 您觉得移民儿童学业负担重吗？怎样看待"双减"政策？

6. 移民儿童与周边社区学生交往情况如何？

7. 您认为家校共育效果如何，还需要在哪些方面改进？

8. 学校有没有为学困生、留守儿童、困境儿童提供支持？

9. 当前教学改革有哪些好的做法？您怎么看待"互联网+教育"，技术变革对学生的影响有哪些方面？

10. 学校为移民儿童组织和开展了哪些活动？具体是怎么开展的，孩子在活动中收获了什么，表现优秀的学生，身上有哪些闪光点？不愿意参加活动的学生，他们需要得到哪些支持？

11. 您对教师这个职业有什么理解，您认为您的工作量大吗，如果有机会您愿意调离还是留任？

12. 您参加过哪些培训，您怎么看待教师专业发展？

13. 在个人发展方面您希望获得哪些方面帮助和支持？

后 记

半亩方塘一鉴开，天光云影共徘徊。问渠那得清如许？为有源头活水来。每当读到朱熹的这首《观书有感》，我深受感动并不断激励着自己。读书学习，就是一个使人生变得辽阔的过程。

时光荏苒，岁月如梭，参加工作多年后又能回到美丽的校园读书，幸运而又幸福。读博不仅仅是学术能力的提升，也是思想认知的升华。在博士阶段的学习过程中，我辛勤耕耘、孜孜不倦，主动接受最严格的学术锻炼，培养自己的韧性和毅力，撰写学术文章、申报科研项目，身体力行投身于社会调查，在行走的科学研究中与智者对话，与圣贤交流，顺利取得了博士学位。如今，在博士论文充实完善的基础上，这本以专著形式的研究成果《宁夏生态移民子女教育支持研究》即将付梓出版。

教育是有关人的学问，理解了人也就理解了教育。教育是实践的哲学，教师作为实践者，坚守教育初心，面向每一个不同的个体展开教育行动，主动探究教育实践之知。在国家扶贫历程中，生态移民是我关注的社会群体。宁夏为了解决山区贫困问题先后实施6次大规模移民搬迁，搬迁使贫困山区社会封闭状况逐渐打破并进入急剧变化期，移民群众在新的安置区安家落户，物质生活水平大幅提升，思想观念开始发生转变。移民家庭不仅要脱贫致富，还需具备可持续发展的能力，正是在这种背景下，移民子女教育得以大力推进。

党的二十大报告指出，中国式现代化是全体人民共同富裕的现代化。这里的共同富裕，不仅仅是物质生活的富有，还包括精神生活的富足。精神生活富足要靠教育自信和教育自觉，把美好生活的向往寄予教育发展和质量提升，满足人民群众对美好教育生活的期待。这是移民子女追求美好生活的可能性，也正是我一直坚守的教育情怀。通过充分的选题论证，我确定了生态移民子女教育支持这个选题，并展开了大量的田野调查。北京大学陈向明教授提出质性研究是一种重要研究方法，是以研究者本人作为研究工具，在自然情境下采用多种资料收集方法，通过与研究对象互动，从而对其行为和意义建构获得解释性理解的一种活动。于是，我深入研究对象的学习和生活，成为他们的朋友，建立信任和友谊，开展了大量教育访谈，获得了宝贵的第一手资料。在田野调查过程中，我始终带着这样的问题：什么样的教育是面向未来的具有生命关怀的乡村教育？生态移民子女需要怎样的教育支持？这些曾经的贫困群体，正以什么样的姿态走上共同富裕的道路……脱贫致富，不仅要让移民子女拥有富足的物质生活，还要让他们拥有健康的童年，活泼的生命，远大的理想，奋斗的青春，使每一个人都有人生出彩的机会。带着这样一份教育期待，我分别从移民政策与生态移民子女教育、文化变迁与生态移民子女教育两个维度深入调查，试图理解"扎根或离土"的纠结，"理想与现实"的困惑，"应试教育与素质教育"的摇摆，"追赶或守望"的迷失，在感同身受的描述与解释中，分析移民子女教育支持的困境和问题，尝试从政府、学校、家庭、社会多个方面构建生态移民子女教育支持体系。研究过程是艰辛的，也是欣慰的，这个过程使我更加深刻体悟到教育的重要意义，教育使更多的人跨越出身、阶层，实现社会流动和社会角色的转变。也感谢自己，在执着和坚守中，完成了这个有温度的研究课题。

饮水思其源，学成念吾师。感谢导师知遇之恩，给予我开拓视野，拓展兴趣，接受更高思想洗礼的机遇。老师广阔的视野，渊博的知识，崇高的学术追求，精益求精的治学态度，使我在博士阶段学习中收获了许多宝贵的知识和经验。每一次的讨论和写作都能使我的思想受到启发，老师的学术思想和学术精神，都是影响我不断追求更高学术目标的精神财富。还要感谢家人，读博的这几年时间，父母和先生始终给予我全力支持和鼓励，让我能够专注学业，正是因为他们作为坚强后盾，我才能没有后顾之忧地追逐自己的梦想。我的孩子从一个小不点儿成长为小小男子汉，与我共同学习，给了我很多生活的乐趣，写作的灵感，启发我对教育问题的思考和关注。最后，还要感谢宁夏人民出版社和编辑老师，他们为这本书做了很多工作，他们耐心细致地审读稿件并给予专业的指导和帮助。

著名学者王国维先生在《人间词话》中曾提出人生三境界："独上高楼，望尽天涯路"，此第一境界，要有对理想和目标的远见和追求，不畏艰难险阻；"衣带渐宽终不悔，为伊消得人憔悴"，此第二境界，对理想和目标的执着努力，孜孜以求；"蓦然回首，那人却在灯火阑珊处"，此第三境界，对理想和目标的顿悟和实现，豁然开朗有所创造。这也是古今之成大事业、大学问者的必经之路。学海无涯，只有勇于登高望远者才能面向理想中的未来，只有对生命的热爱迎难而上才能探索有成。谨以此书，激励我在未来学术研究的道路上勇攀高峰，勇毅前行！

2024 年 5 月于银川